성경공부 5

종말의 준비

성경예언의 정확한 성취 | 지구 역사상 가장 영광스러운 사건 | 갑자기 사라진 조종사 | 이스라엘 회복과 제3성전, 성경에 예언되었나? | 아마겟돈 전쟁 | 적그리스도를 찾습니다 | 하늘나라, 그곳은 정말 존재하는가?

11HN.NET

성경공부 5

종말의 준비

편 저 자 11HN 네트워크
발 행 인 손계문
발 행 일 2018년 12월 1일
출판등록 2007년 7월 4일
전 화 1544-0091, 010-9543-0091
이 메 일 11hnnet@gmail.com
웹사이트 www.11hn.net

ISBN : 979-11-6324-010-5 (세트)
ISBN : 979-11-6324-015-0 04230
값 8,000원

11HN(11th Hour Network : 열한시 네트워크)는
성경의 진리와 참된 복음을 회복하기 위해 힘쓰고 있으며 값싼 구원론과 교회성장, 기계적인 신앙으로 전락해버린 교회를 흔들어 깨우기 위해 회개운동, 거룩운동, 재림운동을 하는 신앙 운동체입니다.
예수 그리스도의 마음을 품은 예수님의 증인들이 세상 곳곳에서 일어나기를 소망합니다.

Contents

성경공부 5 종말의 준비

내가 처음부터 결말을 밝히 알리며
아직 이루지 아니한 일들을
옛적부터 밝히 알리고 이르기를,
나의 계획이 설 것이니
내가 나의 기뻐하는 일을 모두 이루리라,
하였노라

[사46:10]

성경공부
종말의 준비

1장

성경 예언의 정확한 성취

2300주야, 성소가 정결함을 입으리라(단8:14)

서론
성경에서 가장 긴 예언

1 성소 진리를 파괴한 작은 뿔

성경에는 긴 기간의 예언들이 여러 번 등장합니다. 1260년간의 중세기의 핍박에 대한 예언, 490년간 유대인들에게 다시 은혜의 기간을 허락하신 예언, 여섯째 나팔에 나오는 391년 동안 오토만 제국이 세력을 떨칠 것에 대한 예언 등등이 그것입니다. 그러나 그것들보다 훨씬 더 긴 기간에 대한 예언이 성경에 나타나는데 그것이 바로 2300주야에 대한 예언입니다.

그런데 한 가지 우리가 분명히 이해해야 할 성경적 사실이 있습니다. 그것은 다니엘과 요한 계시록에 예언들의 초점이 작은 뿔 곧 짐승의 표의 막후 인물인 교황권이 하나님의 교회에 어떠한 지장과 어려움을 가져오는지에 대한 활동을 미리 말해주는 예언이라는 것입니다. 이 문제가 두 예언서의 주류를 이루고 있는 주제입니다. 이것을 언급하는 이유가 있습니다. 그것은 이 2300년에 대한 예언이 교황권이 진리를 땅에 던져 짓밟고 성소에 대한 이해를 훼파하여 버리는 일과 관련되어 등장하기 때문입니다. 다음의 다니엘서에 내용이 선제하고 나서 하나님께서 다니엘에게 2300년의 긴 기간에 대한 언급이 기록되어 있습니다.

"그 중 한 뿔에서 또 작은 뿔 하나가 나서 남편과 동편과 또 영화로운 땅을 향하여 심히 커지더니 그것이 하늘 군대에 미칠 만큼 커져서 그 군대와 별 중에 몇을 땅에 떨어뜨리고 그것을 짓밟고 또 스스로 높아져서 군대의 주재를 대적하며 그에게 매일 드리는 제사를 제하여 버렸고 그의 성소를 헐었으며 범죄함을 인하여 백성과 매일 드리는 제사가 그것에게 붙인 바 되었고 그것이 또 진리를 땅에 던지며 자의로 행하여 형통하였더라" (단 8:9-12).

여기에 나타나는 작은 뿔은 교황권을 의미합니다. 이 세력이 남편과(아프리카 지방) 동편과(헬라, 바벨론, 페르시아, 앗시리아 지방) 또 영화로운 땅(유대 나라 지역)을 향하여 세력을 뻗어가는 것을 보아 이 세력은 서쪽으로부터 오는 세력임에 틀림이 없습니다. 교황권은 성경 지리상 예루살렘을 중심으로 하여 서쪽인 로마에서 오는 세력입니다. 이 세력이 진리를 땅에 던지며 짓밟는다고 말씀하였습니다. 다시 부연할 필요 없이 교황권은 중세기 동안에 많은 오류를 이교로부터 끌어 들여와 교회를 어둡게 하였고, 진리를 수호하는 많은 성도를 박해하였습니다.

그런데 그(교황권)가 한 일 가운데 가장 중요한 배도의 일은 매일 드리는 제사를 제하고 하나님의 성소를 헐어버린 사실입니다. 이 언급은 이 예언이 과연 누구에 대한 예언인지를 알아낼 수 있는 아주 중요한 힌트입니다. 로마 교황권이야말로 성경의 중심 사상인 성소 제도에 대한 진리를 훼손시켜 버린 장본인입니다. 하늘로 승천하셔서 사람의 손으로 짓지 아니한 하늘 성소에서 우리를 위하여 대제사장의 역할을 하고 계시는 예수 그리스도의 사역을 파괴하는 역할을 한 세력이 바로 교황권입니다.

그 세력은 인간 신부 제도를 만들어 놓음으로써, 죄를 범한 사람이 하나님께 직접 나아가는 것이 아니라 신부들에게 가서 죄를 고하도록 만들어 놓았습니다. 또한, 하나님께서 구원의 은혜와 권한을 교회에게 주셨다고 가르침으로써, 교인들은 교회가 만든 인간의 전통들과 오류의 가르침들에 얽매어 살게 되었고, 하늘에서 역사 하시는 예수 그리스도의 역할을 올바로 보지 못하게 되었습니다.

마리아상을 포함하여 수많은 성자의 상을 만들어 그것들에게 기도하도록 하여 유일한 중보자이신 예수님의 사역을 가려 놓았고, 성지들을 순례하는 등 여러 가지 자선 사업들과 헌금들을 통하여 공로를 얻게 하는 제도들을 만들어 놓음으로써, 믿음으로 구원을 얻게 되는 유일한 구원의 도리를 짓밟아 버렸습니다. 다시 말해서 하늘 성소에 대한 이해를 없애 버림으로, 하나님의 구속의 오묘를 설명해 주고 있는 성소를 허물어 버린 것입니다. 그러므로 다니엘의 이 예언이 너무나도 분명하게 교황권의 활동에서 성취된 사실을 볼 수가 있습니다.

2 심판의 시간과 2300년 예언

작은 뿔의 세력 곧 교황권에 대한 예언의 말씀 후에 하늘에서 하나님과 한 거룩한 천사 사이에 나누어지는 대화를 소개하면서 2300주야 예언이 등장하게 됩니다. "내가 들은즉 거룩한 자가 말하더니 다른 거룩한 자가 그 말하는 자에게 묻되 이상에 나타난바 매일 드리는 제사와 망하게 하는 죄악에 대한 일과 성소와 백성이 내어준 바 되며 짓밟힐 일이 어느 때까지 이를꼬 하매 그가 내게 이르되 이천삼백 주야까지니 그 때에 성소가 정결하게 함을 입으리라 하였느니라"(단 8:13,14).

이 문맥으로 보아 2300주야(일)에 대한 예언은 교황권 세력의 활동 중에서 구속의 의미를 담고 있는 성소 제도의 진리를 짓밟는 일과 명백한 관계가 있는 것입니다. 한 천사가 물었습니다. "다른 거룩한 자가 그 말하는 자에게 묻되 이상에 나타난바 매일 드리는 제사와 망하게 하는 죄악에 대한 일과 성소와 백성이 내어준 바 되며 짓밟힐 일이 어느 때까지 이를꼬 하매"(13절). 이 성경 절은 "언제 이 성소가 정결케 되겠습니까? 라고 묻는 말입니다. 이 질문의 의미는 "과연 언제나 하나님께서 이 교황권의 횡포를 심판하여 성도를 신원하여 주시겠습니까? 라고 묻는 것입니다. 다니엘은 이미 이 교황권의 활동에 대해 하나님께서 심판하시어 성도들의 한을 풀어 주실 것에 대하여 먼저 기록해 둔 사실을 볼 수 있습니다. "내가 본즉 이 뿔이 성도들과 더불어 싸워 이기었더니 옛적부터 항상 계신 자가 와서 지극히 높으신 자의 성도를 위하여 신원하셨고 때가 이르매 성도가 나라를 얻었더라"(단 7:21,22).

신원하신다는 뜻은 심판하여 변호하여 주신다는 뜻입니다. 다니엘 7장에 기록된 성도들을 위하여 변호하고 심판하여 주시겠다는 말씀이 8장에 와서는 더 자세한 내용으로 기록되어 있는데, 그 내용은 심판해 주실 시간에 대하여서 알려 주신 것입니다. 그 시간이 바로 2300일에 대한 예언, 곧 성경 예언 기간에 대한 해석의 원칙에 의하여서 2300년에 대한 예언인 것입니다.

3 성소 정결의 의미

이 예언의 초점은 "성소가 정결하게 함을 입으리라"는 언급에 있습니다. "그가 내게 이르되 이천삼백 주야까지니 그 때에 성소가 정결하게 함을 입으리라"(단 8:14). 성소가 정결해진다는 의미가 과연 무엇일까요? 이 표현은 유대인들이 성소 제도에서 사용하고 있는 의미를 살펴보아야만 그 뜻을 올바로 이해할 수 있게 됩니다. 성소가 정결케 된다는 의미는 대속죄일이 시작된다는 뜻입니다. 하나님께서 백성의 모든 죄를 심판하시고 도말해 없애심으로 성소에 있는 모든 죄를 씻어 정결케 하신다는 뜻입니다.

일 년 내내 고백한 죄악들이 상징적으로 양의 피에 포함되어 성소 안에 뿌려져 왔습니다. 그래서 성소는 백성의 죄들로 더럽혀져 온 것입니다. 그래서 하나님께서는 일 년 끝에 대속죄일을 제정하셔서 모든 자로 하여금 자기의 죄를 다시 살피고, 정말로 자기가 죄들을 회개하고 버렸는지를 곰곰이 생각해 보라고 하셨습니다. 그러므로 그날에는 하나님께서 믿는 자들의 생애를 하나씩 검토하시어 심판하시고 그들의 죄를 영원히 도말하여 버리심으로 인을 쳐주시는 날이었습니다. 그러므로 유대인들에게 있어서 대속죄일은 심판의 날로 여겨져 왔습니다. 구약시대의 대속죄일은 그리스도의 죄의 고백이 하늘 성소에 기록되어 있다가 말세에 하나님께서 대속죄일에 그 죄들을 말끔히 씻어 도말해 버리실 것을 상징해 주는 의식이었습니다. 그런데 하나님께서 그 죄들을 없애시기 전에 믿는 자들의 생애를 살펴보시는 심판이 먼저 선제해야 하는 것입니다. 그래서 대속죄일은 심판의 날이 되는 것입니다. 그때에 성소가 모든 죄로부터 드디어 정결케 되는 것이었습니다. 이것이 곧 성소 정결에 대한 성경의 표현입니다.

다니엘서 8장 14절은 선포하고 있습니다. 2300주야(일), 즉 2300년까지니 그 때에 성소가 정결해진다고 말입니다. 다시 말하자면, 그때에 가서 교황권의 배도의 역사를 심판해 줄 것이고, 그 세력에 억울하게 당한 성도들은 물론 그 외의 모든 믿는 자를 변호하시어 모든 죄를 도말하여 주시겠다는 선포입니다. 레위기서 16장은 대속죄일의 성소 정결 사역에 대하여 다음과 같이 설명해 주고 있습니다. "곧 이스라엘 자손의 부정과 그 범한 모든 죄를 인하여 지성소를 위하여 속죄하고 또 그들의 부정한 중에 있는 회막을 위하여 그같이 할 것이요"(레 16:16). 흥미 있는 일은 대속죄일 날에 백성 자체보다는 백성의 죄 때문에 더럽혀진 성소를 정결케 한다고 성경은 말씀하고 있는 사실입니다. 왜냐하면, 성소 자체가 고백된 죄의 기록들 때문에 더럽혀져 있기 때문입니다. 그러므로 그러한 죄들을 심판하여 영원히 도말하여 버림으로 성소를 죄의 모든 기록으로부터 말끔히 씻어 버리는 정결 사역이 필요하게 된 것입니다.

그래서 레위기 16장 29, 30절은 다음과 같이 말씀하고 있습니다. "너희는 영원히 이 규례를 지킬지니라 칠월 곧 그달 십일에 너희는 스스로 괴롭게 하고 아무 일도 하지 말되 본토인이든지 너희 중에 우거하는 객이든지 그리하라 이날에 너희를 위하여 속죄하여 너희로 정결케 하리니 너희 모든 죄에서 너희가 여호와 앞에 정결하리라." 그러므로 2300년 후에 하나님께서 하늘 성소에서 드디어 심판을 시작하시어 성소와 성도들을 정결케 하시는 일을 시작하시리라는 것이 바로 이 예언입니다.

구약 시대의 대속죄일

마지막 시대의 대속죄일

의미	유대인들의 심판의 날	믿는 자들에 대한 심판
기간	일년의 끝	2300년 예언이 끝나는 시점부터 시작 (지구 역사의 끝부분)
내용	죄로 인하여 1년 동안 지상 성소에 뿌려져 온 양의 피가 정결하게 됨	하늘 기록책의 죄의 기록들이 정결하게 도말됨

4 2300년 예언과 490년 예언의 관계

그런데 언제부터 이 2300년의 예언이 시작된다는 것인가요? 다니엘 9장은 그 힌트로 예루살렘을 중건하라는 명령이 날 때부터 시작하여 2300년이 지난 후부터라고 말씀하고 있습니다. 다음에 이어지는 기사에서 설명하겠지만, 어떻게 다니엘 9장에 나오는 유대인을 위한 은혜의 기간인 490년의 예언 기간이 2300주야 예언과 연결되는 것인지를 이해하는 일이 필요합니다.

8장에서 다니엘은 2300년에 대한 이상을 본 후에 그 의미를 이해하지 못하고 그만 기절해 버리고 말았습니다. 그래서 하나님께서는 그 중요한 계시를 다니엘에게 이해시키시려고 가브리엘 천사를 파송해 주신 것입니다. 여기에서 우리는 중요한 또 하나의 힌트를 발견하게 됩니다. "곧 내가 말하여 기도할 때에 이전 이상 중에 본 이 사람 가브리엘이 빨리 날아서 저녁 제사를 드릴 때 즈음에 내게 이르더니 내게 가르치며 내게 말하여 가로되 다니엘아 내가 이제 네게 지혜와 총명을 주려고 나왔나니 곧 네가 기도를 시작할 즈음에 명령이 내렸으므로 이제 네게 고하러 왔느니라 너는 크게 은총을 입은 자라 그런즉 너는 이 일을 생각하고 그 이상을 깨달을 지니라"(단 9:21-23).

여기에서 "이상"(계시)이라는 단어가 두 번 나오는데, 원래 히브리어로 각각 다른 단어가 사용되고 있습니다. 첫 번째 "그전 이상 중에 본"이라고 말할 때의 이상은 Hazon 이고, 두 번째 가브리엘이 말한 "그 이상을 깨달으라"의 이상은 Mare입니다. 그런데 다니엘 8장 17절에 2300년에 대한 이상을 언급할 때에 그 이상을 Mare 라는 단어로 표현되어 있습니다. "그가 나의 선 곳으로 나아 왔는데 그가 나아 올 때에 내가 두려워서 얼굴을 땅에 대고 엎드리매 그가 내게 이르되 인자야 깨달아 알라 이 이상(Mare)은 정한 때 끝에 관한 것이니라"(단 8:17).

그러므로 9장에서 가브리엘 천사가 깨달으라고 설명하여 주는 이상은 바로 2300년에 대한 이상, 즉 다니엘이 들었지만 이해하지 못하고 기절하였던(단 8:27절 참조) 그 이상을 말하는 것입니다. 또한, 다니엘 9장 24절 자체가 그 의미를 부여하고 있습니다. "네 백성과 네 거룩한 성을 위하여 칠십 이레로 기한을 정하였나니..." 여기에서 기한을 정하였다는 말은 무슨 뜻일까요? 그것은 영어 성경에서도 말하였듯이 Cut off, 즉 어디로부터 잘라내었다는 뜻입니다. 어떤 더 큰 것으로부터 잘라내었다는 뜻입니다. 자, 그렇다면 이 70 이레(주일), 즉 유대인들을 위하여 주어진 은혜의 기간인 490년에 대한 예언을 어디에서부터 잘라내었다는 말입니까?

물론 그것은 2300년의 긴 예언 기간에서부터 잘라내었다는 말입니다. 그러므로 하나님께서 이 대속죄일, 곧 심판하셔서 성도들을 신원하여 주시는 일을, 예루살렘 성을 다시 지으라는 중건령이 내릴 때부터 계산하여 2300년에 이르는 때에 시작하실 것이라는 뜻입니다. 예루살렘성 중건령이 내려진 때로부터 2300년 지난 후에 하늘 성소가 정결하여 진다는 뜻입니다. 그러나 그 시작 지점인 예루살렘 성의 중건령이 내려진 해로부터 490년 동안은 유대인들을 위하여 다시 은혜의 기간으로 주시겠다고 말씀하신 것입니다. 다니엘이 이 예언을 받은 당시에 유대인들은 자기들의 죄악들 때문에 바벨론의 포로가 되어 나라와 성소를 잃고 외국 땅에 거하고 있는 실정이었기 때문입니다.

성소가 정결하여진다는 말은 유대인의 성소 언어입니다. 그것은 대속죄일을 의미하는 말입니다. 그날은 심판의 날이었습니다. 그러므로 성경에서 가장 긴 이 2300년에 대한 예언은 우리 모든 믿는 자에게 중요한 의미가 있는 엄숙한 예언이 아닐 수가 없습니다. 예수님께서 이 땅에 다시 재림하시기 전에 심판이 먼저 시작된다는 사실을 이해해야만 합니다. 성경은 하나님께서 당신의 교회를 먼저 살피고 심판하신 후에야 이 땅에 재림하실 것이라는 사실에 대하여 명백하게 설명하고 있습니다. 이 이상은 끝날 마지막 때에 관한 일이라고 하나님께서 말씀하시고 있지 않습니까!(단 8:17참조) 이러한 이해를 하고 다음에 나오는 본론의 내용을 읽게 되시기를 바랍니다. 마음을 열고 읽는 분들에게는 하나님의 말씀이 분명하게 살아서 움직이는 영감을 느끼게 되실 것입니다.

(참고) 2300일 예언에 대한 성경학자들의 견해

이 책에서 소개하는 2300일 예언은 아래와 같은 성경학자들의 예언 해석에 기초하였습니다. 이들 성경학자들은 한결같이 2300일 예언을 예루살렘성의 중건령(B.C. 457년)으로부터 시작되는 2300년간의 긴 예언으로 해석하였습니다.

1 1190년도, Floris의 Joachim은 "1일 = 1년" 원칙을 적용하여 제일 처음으로 1840년 초기에 2300주야 예언이 끝날 것이라고 해석하였음.

2 1440년도, Cusa의 Nicholas도 이와 유사한 해석을 하였음.

3 1768년도, 독일의 Johann Petri 목사는 70주일 예언이 2300주야의 첫 부분이며 이 예언은 1840년대 즈음에 마쳐질 것이라고 해석함.

4 1800년도 초기에 영국의 John Aquila Brown 목사와 미국 South Carolina의 Cummins David 목사도 이와 유사한 해석을 하였음.

5 1826년도, 미국 인디애나 주의 대학교수였던 Th. R. Robertson 목사는 2300주야에 대한 책자를 펴내어 많은 관심을 불러일으킴.

6 장로교, 감리교, 침례교, 회중교, 성결교회등 많은 교회의 목사들이 1830년대에 들어와서 2300주야에 대한 예언 연구에 관심을 갖게 됨. 예를 들어, 버지니아 주의 Campbell 목사, 오하이오 주의 Wilson 목사, 테네시 주의 McCorkle 목사, 뉴욕 주의 Scott 목사, 캐나다의 Burwell 목사, 필라델피아의 A.J. Krupp 목사, 메인 주의 David McGregor 목사, 웨스트버지니아의 Charles Wheeler 목사.

7 남미에서, 천주교 신부였던 Lacunza 신부와 Jose Maria De Rosa 신부의 2300주야 연구와 해석은 멕시코와 남미의 기독교 교인들에게 많은 부흥을 일으켜 줌.

8 동시대 동안의 영국 성경학자들: Lewis Way, William cunnihame, William Anderson, Mathew Habershon, Joshua W. Brooks, Hugh McNeile, Geral T. Noel, Edward Bickersteth, John Cox, William Thorp, Joseph D. Sirr, Joseph Wolf

9 미국에서 1830년대 초기부터 1844년도까지 William Miller가 일으킨 재림 운동은 2300일 예언 해석에 기초한 초교파적인 운동이었음.

10 같은 당시에 뉴 햄프셔 주의 침례교회 전 교회들은 2300주야 예언이 1843년도에 끝났다는 해석을 받아들임.

11 초기 미국 대학들의 학장들은 2300년 예언 해석에 대부분 동일한 견해를 가지고 있었다. 예를 들어 예일 대학의 총장 Dweight 박사, 동부의 장로교회 신학 대학장이었던 George Junkin 박사, 켄터키 주의 Bacon College의 James Shannon 총장 등등.

한 가지 문제점:

2300주야에 대한 해석 및 수학적 계산 자체는 너무나도 성서적이었기 때문에 성경을 아는 사람들은 그들의 해석에 반대하지 못했습니다. 위에 열거한 성경학자들과 목사들의 예언 해석과 가르침은 1840년대에 기독교회에 커다란 부흥을 가져왔지만, 한 가지 문제를 가지고 있었는데 그 문제는 2300주야의 예언이 끝나는 때를 대속죄일의 시작 즉, 심판의 시작으로 해석하는 대신에, 예수님께서 이 세상에 재림하셔서 불로 세상을 정결하게 하실 것으로 해석한 데 있었습니다.

"2300주야까지니 그 때에야 성소가 정결하게 되리라."라는 다니엘 8장 14절의 말씀에서 "성소가 정결하게 되리라."라는 말씀은 하늘 성소의 기록 책에 기록된 죄들이 정결하게 되는 심판 사역을 의미합니다. 그러나 이것을 재림 전에 있어야 할 심판의 시작으로 해석하는 대신에 예수님의 재림으로 해석하였던 것이 그 당시의 해석이 가지고 있었던 문제였지요. 이번 소책자에서는 2300일 예언의 계산법 및 성소 정결의 참된 의미에 대해서 집중적으로 다루었습니다.

예수님께서 이 땅으로 임하시는 것이 아니라 하늘 지성소에서 재림 전에 있을 심판을 시작하신다는 사실을 그들이 잘못 인식했던 것입니다. 성소 정결은 이 땅을 불로 정결케 한다는 뜻이 아니라 하늘 성소의 죄에 대한 기록을 정결케 하신다는 대속죄일의 의미를 가진 예언이기 때문입니다.

제1부 하나님의 심판의 시간표

요한계시록은 성경 가운데서 가장 놀라운 책입니다. 계시록이 성경 제일 마지막 부분에 있는 것은 우연이 아닙니다. 요한계시록은 인간들을 예수 그리스도의 재림을 위해 준비시키기 위하여 특별하게 디자인된 책입니다. 계시록은 하나님의 계획을 보여 주고 있으며, 사탄의 기만들을 폭로해 주고 있습니다. 계시록은 그저 짐승들이나 예언적인 상징들만 있는 책이 아닙니다. 계시록은 그저 어둡고 두려운 장래에 대해서만 이야기 하고 있는 책이 아니라, 희망이 가득 차 있는 책입니다. 계시록은 하나님의 사랑이 물씬 물씬 풍기는 책입니다. 계시록은 이 세상 역사의 마지막 장면을 보여주는 책입니다. 계시록은 이 세상 역사가 인간의 손에 달려 있는 것이 아니라, 하나님의 손에 달려 있다는 사실을 보여주고 있습니다. 나라들이 일어났다가 사라지고 독재 정권들이 일어나 지배한다고 할지라도, 악한 정치가들이 세상을 혼란으로 몰아넣는다고 할지라도, 그리고 종교 자유가 곧 없어진다 할지라도, 그리스도와 하나님의 왕국이 궁극적으로 승리할 것입니다.

1 심판이 있기 전에 항상 경고가 주어져 왔다!

요한계시록은 이 마지막 시대를 사는 인류들에게 마지막 최후의 메시지를 전달해 주고 있습니다. 마치 노아 시대에 하나님께서 노아를 통하여 마지막 메시지를 그 세상에 말씀하셨던 것처럼 말입니다. 하나님께서는 이 세상을 홍수로 멸망하시기 전에 노아를 일으키셨습니다. 노아는 이 세상이 홍수로 멸망당할 것이라고 외치면서 120년 동안이나 전도하였습니다. 그러나 그 당시 대부분의 사람은 그를 정신 나간 미친 할아버지로 생각하면서 비웃었습니다. 그러나 실제적으로 노아의 메시지는 하나님께로부터 온 복음이었습니다. 그때에 노아의 말을 믿고 방주에 들어간 자들은 구원을 받았고 노아의 말을 믿지 않고 거절한 자들은 홍수에 의하여 모두 멸망당하고 말았습니다.

예수님께서 이 땅에 초림 하시기 직전에도 하나님께서는 침례 요한을 일으키셨습니다. 그 당시 사람들도 역시 그를 광신이며 미친 사람이라고 생각했고 또한 핍박하여 죽였습니다. 그러나 침례 요한이 전했던 메시지는 하나님께로부터 온 것이었고, 하나님께서는 그를 통하여 사람들을 그리스도의 초림을 위하여 준비시키려고 하셨던 것입니다.

그렇다면, 예수님께서 이 땅에 두 번째 다시 오시기 전에도, 이 세상 역사에 있어서 가장 중요한 사건인 그리스도의 재림이 있기 직전에 하나님께서 특별한 복음을 세상에 보내지 않으시겠습니까? 이 세상이 물로 멸망되기 전에 노아를 일으키셔서 복음을 세상에 보내신 그 하나님께서 이 세상이 불로 멸망하기 전에도 특별한 메시지를 보내주시지 않는다면 얼마나 이상한 일이겠습니까? 예수님의 초림 당시에 침례 요한을 통해서 복음의 소식을 주셨던 그 하나님께서 예수님께서 재림하시는 사건을 위해서도 메시지를 보내시지 않으시겠습니까? 하나님께서는 말세를 살아가는 세상 사람들을 경고하기 위하여 마지막 복음을 보내주셨습니다! 요한계시록은 마지막 시대에 하나님께로부터 온 메시지를 긴급하게 전달하는 일들이 있을 것에 대하여 예언하고 있습니다.

2 마지막 시대를 위한 심판의 메시지

요한계시록 14장 6절은 말씀하기를 "또 보니 다른 천사가 공중에 날아가는데, 땅에 거하는 자들 곧 여러 나라와 족속과 방언과 백성에게 전할 영원한 복음을 가졌더라"고 했습니다. 여기에서 천사가 공중에 날아가면서 복음을 전한다는 뜻은 이 복음이 하늘에서 왔다는 말이며, 또한 온 세상에 빠르게 전파될 것을 뜻하는 것이고, 그가 전하는 메시지가 이 세상에 있는 모든 민족과 사람에게 전파되어야 할 전 세계적인 메시지라는 사실을 말하고 있는 것입니다. 이 세상의 어느 세력도 이 메시지의 전파를 막지 못할 것입니다. 어떤 종교적인 지도자나 정치적인 지도자도 말세에 이루어지는 하나님의 역사를 막지 못할 것입니다. 이 복음은 물을 건너고 바다를 건너 산을 넘고 평야들을 지나 온 땅에 전파될 복음입니다.

요한계시록 1장 1절은 다음과 같이 말씀하고 있습니다. "예수 그리스도의 계시라 이는 하나님이 그에게 주사 속히 될 일을 그 종들에게 보이시려고 천사를 그 종 요한에게 보내어 지시하신 것이라." 요한 계시록 속에는 마지막 시대에 사는 인간들을 예수 그리스도의 재림을 위하여 준비시키기 위한 긴급한 복음이 들어 있습니다.

자, 그러면 도대체 하나님께서 말세에 사는 인간들에게 주시는 긴급한 복음이 무엇입니까? 천사가 날아가며 외친다고 해서 하늘을 쳐다보아서는 안 됩니다. 독자 여러분은 큰 날개를 달고서 하늘을 날아가는 천사를 아마 보지 못할 것입니다. 왜냐하면, 여기서 천사가 외친다는 것은 상징적인 표현이기 때문입니다. 요한계시록에 나오는 천사는 여러 경우에 있어서 하나님의 종(사람)들을 상징하고 있습니다.

이제 천사 즉, 하나님의 종들이 특별한 복음을 전 세계의 사람들에게 전파한다는 말씀 바로 뒤에 이어지는 계시록 14장 7절을 읽어 보도록 합시다. "그가 큰 음성으로 가로되 하나님을 두려워하며 그에게 영광을 돌리라 이는 그의 심판하실 시간이 이르렀음이니 하늘과 땅과 바다와 물들의 근원을 만드신 이를 경배하라 하더라." 자 여기에 있는 말씀 가운데서 "심판하실 시간이 이르렀음이니"라는 말씀에 주의를 기울여야 합니다. 이 말씀은 예수님께서 재림하시는 시간 얼마 전에 인류는 하나님께로부터 심판을 받게 될 것이라는 말씀입니다. 다시 말하자면, 우리가 주님의 재림을 고대하며 사는 동안에 우리의 운명이 결정지어지는 심판의 시간이 먼저 이르러 올 것이므로 진리의 말씀대로 경건하게 살라는 복음입니다.

사람들이 여전히 먹고 마시고 시집가고 장가가며, 장사하고 사고팔면서 여전히 이 세상이 몇 십 년 아니 몇 백 년 동안 이러한 식으로 계속될 것으로 생각하며 여유 있게 살아가고 있는 바로 그 시간에 그들의 운명을 결정짓는 하나님의 심판의 시간이 먼저 이르러 올 것이라는 말씀입니다. 노아 시대에 홍수가 내리기 전에 이미 방주의 문이 닫혀 버리고 사람들의 운명이 결정된 것처럼 말입니다. 창세기 7장 10절은 노아의 식구들이 방주에 들어가고 문이 닫힌 후 7일 후에 홍수가 왔다고 말씀했습니다. 홍수가 올 때에는 회개할 시간이 더 이상 주어지지 아니했습니다. 사람들이 그때 믿고서 방주에 들어가려고 애를 썼지만 들어갈 수가 없었습니다. 사람들은 자신도 모르는 사이에 이미 하나님의 심판을 통과 받았고, 그것을 통하여 그들의 운명이 영원히 결정지어져 버렸기 때문입니다.

3 심판에 대한 경고 이후에 이어지는 추수

요한계시록 14장 7절에 나오는 하나님의 심판의 경고에 대한 말씀 이후에 14장 14,15절에는 다음과 같은 말씀이 기록되어 있습니다. 경고의 메시지가 주어진 후에 곧 이어서 추수의 장면이 나오고 있다는 점에 유의해야 합니다. "또 내가 보니 흰 구름이 있고 구름 위에 사람의 아들 같은 이(예수님-필자 주)가 앉았는데 그 머리에는 금 면류관이 있고 그 손에는 이한 낫을 가졌더라. 또 다른 천사가 성전으로부터 나와 구름 위에 앉은 이를 향하여 큰 음성으로 가로되 네 낫을 휘둘러 거두라 거둘 때가 이르러 땅에 곡식이 다 익었음이로다 하니"

이 장면은 한 천사가 예수님께 보고하는 장면입니다. 천사가, "하나님, 이 땅에 추수가 준비되었습니다. 곡식들이 익었으니 낫을 대어 추수하실 때입니다"라고 말하는 장면입니다. 하나님의 복음의 진리가 인간의 마음속에 뿌려져서 그 의의 열매들을 맺은 것입니다. 성령의 열매인 사랑과 희락과 화평과 오래 참음과 절제 같은 하나님의 자녀가 된 증거인 성품의 열매들 말입니다. 뿌려진 모든 씨는 추수 때에 다 드러나게 됩니다. 모든 씨는 종류대로 그 열매를 반드시 내도록 되어 있습니다. 의로운 자들은 의롭게 추수될 것이고, 악인들은 악인들대로 거두어져서 유황불 속에 던지우게 될 것입니다.

마지막 시대에는 하나님을 사랑하고 순종하며 섬기는 의인들의 품성이 드러날 것입니다. 그러나 반면에 악한 영에 사로잡힌 마음들과 불신과 죄를 사랑하는 자들 역시 그들의 열매로 그 본성을 드러내게 될 것입니다. 마지막 시대에는 중간이란 있을 수가 없습니다. 모든 사람은 예수 그리스도의 영으로 채워져 있든지 아니면 마귀의 영으로 채워져 있든지 둘 중의 하나가 될 것입니다. 하나님의 진리와 성령에게 등을 돌리고 핑계하게 되면, 마귀에게 마음 문을 활짝 열어 주게 되는 것입니다. 계시록 22장 12절은 말씀하고 있습니다. "보라 내가 속히 오리니 내가 줄 상이 내게 있어 각 사람에게 그의 일한대로 갚아 주리라." 예수님께서 재림하시는 때는 그것으로 모든 것이 끝납니다. 성경은 두 번째 기회에 대해서 단 한 번도 언급하지 않습니다.

그런데 만일 예수님께서 오실 때에 우리의 일한대로 갚아 주기 위하여 오신다면, 이 땅에 재림하시기 전에 누구에게 어떤 상급을 주실지에 대하여 결정하시고 심판하시는 일이 먼저 선재되어야 하지 않겠습니까? 그렇습니다! 요한계시록은 말세에 하늘에서 인간들을 위한 심판 사역이 진행될 것이라는 경고를 우리 모두에게 주고 있습니다. 혹시, 지금 하늘에서 진행하고 있는 하나님과 천사들의 심판 사역을 모르고 무관심하게 지내고 있지는 않습니까?

4 다니엘서에 기록되어 있는 심판의 시기

어떤 분들은 이렇게 말할지 모릅니다. "지금이 마지막 시대인지 어떻게 알 수 있습니까? 예수님의 재림의 징조인 전쟁과 기근과 지진 같은 것들은 역사적으로 항상 있어 왔지 않습니까? 지금이 말세라는 증거가 어디에 있습니까?"

물론, 전쟁과 지진과 기근은 항상 있어 왔습니다. 그러나 요즘처럼 이렇게 크게 그리고 빈번하게 세계적으로 가속화되어 가는 때는 과거에 없었습니다. 또한, 원자 폭탄의 발명으로 인류 스스로가 지구를 자멸하게 할 수 있는 가능성이 있는 때는 과거에는 없었습니다.

요한계시록은 지금과 같은 상황이 벌어질 때에 "땅을 망하게 하는 자들을 멸망" 시키시려고 예수님께서 재 강림하실 것이라고 기록하고 있습니다. "주의 진노가 임하여 죽은 자를 심판하시며 종 선지자들과 성도들과 또 무론 대소하고 주의 이름을 경외하는 자들에게 상주시며 또 땅을 망하게 하는 자들을 멸망시키실 때로소이다"(계 11:18). 또한 중요한 것은 다니엘서와 요한 계시록에 "마지막 때" 혹은 "말세" 또는 "심판의 때"에 대한 정확한 시간적인 예언들이 기록되어 있다는 사실입니다. 성경의 예언을 연구하면 지금 우리가 사는 이 시대가 말세라는 사실을 도무지 부인할 수 없게 됩니다.

특히 마지막 때에 관한 예언들이 다니엘서에 기록되어 있는데, 다니엘서의 예언은 수천 년 전부터 예수님께서 언제 이 땅에 태어나실 것과 언제 십자가에 돌아가실 것과 또한 언제부터 말세가 시작될지에 대하여 말해 주고 있는데, 그 예언은 역사적으로 정확한 때에 분명하게 성취되었습니다. 물론, 예수님의 재림에 대한 정확한 날짜와 시간은 아무도 알 수 없습니다. 마태복음 24장 36절에서 예수님께서는 당신께서 재림하시는 날과 시는 아무도 모른다고 말씀하셨습니다. 이 예언 연구에서 우리는 예수님께서 오시는 정확한 날짜를 알아내려고 애쓰고 있는 것이 아닙니다.

정확한 날짜와 시간은 알 수 없지만, 예수님께서 언제쯤 재림하실 것이며 언제쯤부터 말세가 시작되는지에 대한 시기는 성경에 분명하게 기록되어 있습니다. 사실상 사도행전 17장 31절에 기록되어 있는 "이는 정하신 사람으로 하여금 천하를 공의로 심판할 날을 작정하시고"라는 말씀을 통해서 우리는 하나님께서 세상을 심판하실 시간을 이미 작정해 두시고 있다는 사실을 알 수 있습니다. 어떤 사람들은 예수님의 재 강림과 심판을 동일한 사건으로 이해하고 있지만, 성경은 심판과 예수님께서 오시는 재림의 날을 분리하여 말하고 있습니다. 바로 이러한 이유 때문에 요한계시록은 예수님께서 오시기 전에 심판하시는 시간이 먼저 있을 것이라고 경고하고 있고, 구약의 예언서인 다니엘서는 말세에 시작될 심판의 때에 대한 말씀을 기록하고 있는 것입니다. 자, 그러면 이제부터 다니엘서가 다루고 있는 하나님의 심판의 장면과 그때에 대한 예언을 연구해 보도록 합시다.

5 하늘에서 벌어지는 심판에 대한 이해

먼저 다니엘 7장 13절을 읽어보도록 합시다. "내가 또 밤 이상 중에 보았는데 인자 같은 이가 하늘 구름을 타고 와서 옛적부터 항상 계신 자에게 나아와 그 앞에 인도되매" 이것은 예수님께서 하늘에서 하나님 아버지 앞으로 나아가시는 장면입니다. 하나님 아버지와 아들 예수님께서 함께 모여 어떤 일을 하기 위해서 만나시는 것입니다. 무슨 목적으로 만나시는 것일까요? 몇 절 앞으로 가서 다니엘 7장 9,10절을 읽어보면 그 궁금증이 풀리게 됩니다. "내가 보았는데 왕좌가 놓이고 옛적부터 항상 계신 이가 좌정하셨는데 그 옷은 희기가 눈 같고 그 머리털은 깨끗한 양의 털 같고 그 보좌는 불꽃이요 그 바퀴는 붙는 불이며 불이 강처럼 흘러 그 앞에서 나오며 그에게 수종하는 자는 천천이요 그 앞에 시위한 자는 만만이며 심판을 베푸는데 책들이 펴 놓였더라." 이 말씀은 예수님께서 기록책을 펴고 살피는 심판을 하기 위해서 하나님 아버지 앞으로 나아가시는 장면입니다.

사탄은 태초부터 하나님이 불공평하시다고 고소하였습니다. 그래서 하늘에 우주적인 고소 사건이 생긴 것입니다. 또한, 하나님께서 인류를 구원하시는 문제에 있어서 이의를 제시해 왔습니다. 그래서 하나님께서는 사탄의 고소와 이의가 부당하다는 사실을 우주 앞과 천사들이 모두 보는 앞에서 분명하게 나타내 보이셔야만 합니다. 예수 그리스도의 피의 공로를 믿고 주님 앞으로 나아오는 모든 자를 용서하시고 그 마음을 변화시킴으로써 구원하시는 하나님의 구속 사역이 얼마나 공정하고 의로운 일인가 하는 것을 나타내 보이시고 변호하셔야만 합니다. 그런데 하늘 법정에서 벌어지고 있는 이 재판을 통하여, 의인들의 구원에 대한 공정성도 입증되지만, 진리와 복음을 거절하고 믿지 않거나, 믿는다고 말은 하지만 진실 되게 살지 않는 가짜 그리스도인들을 가려냄으로써, 하나님의 구원이 얼마나 정확하고 의로운 판단인가가 드러나게 됩니다.

그래서 다니엘 7장에 하나님 아버지와 인류의 구원을 위하여 피 흘려 돌아가신 예수 그리스도께서 함께 모여서 책들을 펴 놓고 심판하시는 장면이 기록되어 있는 것입니다. 그러나 다니엘 7장에는 심판의 장면이 기록되어 있

지만, 마지막 시대에 벌어지는 하늘 심판의 시기에 대한 시간 예언은 언급되어 있지 않습니다. 심판의 때에 관한 예언은 8장에 가서야 발견하게 됩니다.

다니엘은 8장에서, 메대 페르시아 시대부터 중세기의 핍박의 역사와, 말세에 이르기까지 하나님의 진리가 짓밟히게 되는 사건들을 예언해 준 다음에, 이러한 일들이 다 일어날지라도 하나님께서 모두 심판하고 깨끗하게 처리할 것이니 염려하지 말라고 말씀하시는 과정에서 다음과 같은 심판의 때에 대한 예언을 기록하고 있습니다. "그가 내게 이르되 이천삼백 주야 까지니 그때에 성소가 정결하게 함을 입으리라"(단 8:14). 다시 말해서 "그때에 내가 심판하겠다"는 뜻입니다. 계속해서 이어지는 17절에서 우리는 "2300주야(일)"에 대한 천사의 설명을 읽을 수 있습니다. "그가 나의 선 곳으로 나아 왔는데 그 나아올 때에 내가 두려워서 얼굴을 땅에 대고 엎드리매 그가 내게 이르되 인자야 깨달아 알라 이 이상은 정한 때 끝에 관한 것이니라." 이 계시는 어떠한 때에 관한 것이라고 하였습니까? 천사는 "정한 때 끝"에 관한 계시라고 말하였습니다. 다시 말해서 말세에 관한 계시라는 뜻입니다.

6 성소가 정결하게 된다는 말의 의미

여기서 이런 질문이 나올 수 있을 것입니다. "성소가 정결하게 된다는 말과 심판과는 무슨 관계가 있습니까?" 이 질문에 대한 답은 구약시대에 있었던 유대인들의 성소제도에서 찾아볼 수 있습니다. 하나님께서는 구약시대에 성소에서 이루어지는 의식들을 통하여 당신의 구원에 관한 모든 계획을 알려주셨습니다. 하나님께서는 모세에게 하늘에 있는 하나님의 성전을 계시 가운데 보여주심으로써, 하늘 성소를 모방하여 이스라엘 백성을 위한 지상 성소를 짓도록 명하셨습니다. "저희가 섬기는 것은 하늘에 있는 것의 모형과 그림자라 모세가 장막을 지으려 할 때에 지시하심을 얻음과 같으니 가라사대 삼가 모든 것을 산에서 네게 보이던 본을 좇아 지으라 하셨느니라"(히 8:5).

또한 히브리서 9장 11,12절에 나오는 "그리스도께서 장래 좋은 일의 대제사장으로 오사 손으로 짓지 아니한 곧 이 창조에 속하지 아니한 더 크고 온전한 장막으로 말미암아 염소와 송아지의 피로 아니하고 오직 자기 피로 영원한 속죄를 이루사 단번에 성소에 들어가셨느니라"는 말씀을 통해서도 우리는 하늘에 성소가 있다는 사실을 확인할 수 있습니다. 하늘에는 성전이 있는데, 예수님께서 부활하시고 승천한 다음에 우리를 위한 대제사장이 되셔서 그곳 하늘 성소에서 봉사하고 계십니다. "그리스도께서는 참 것의 그림자인 손으로 만든 성소에 들어가지 아니하시고 오직 참 하늘에 들어가사 이제 우리를 위하여 하나님 앞에 나타나시고"(히 9:24).

자, 이제 잘 생각해 보시기 바랍니다. 구약 시대의 지상 성소는 두 칸으로 나누어져 있었습니다. 첫째 칸에서는 성소 뜰에서 죽은 희생제물의 피를 가지고 들어와 휘장 앞에 뿌리고 그 죄를 고백한 죄인을 위하여 제사장이 중보 기도하는 일이 이루어졌습니다. 다시 말하자면 죄를 지은 죄인이 양을 끌고 와서 자기의 죄를 지고 대신 돌아가실 메시아를 상징하는 양의 머리에다 죄를 고백한 후에 그 양을 죽여서 그 피를 흘리게 하는 것입니다. 그때에 제사장은 그 양의 피를 받아서 성소 안으로 들어가서 피를 휘장 앞에 일곱 번 뿌리고 난 다음, 성소의 둘째 칸 곧 지성소를 향하여 서서 이 죄인의 죄를 메시아의 피 공로에 의지하여 용서해 주실 것에 대하여 기도하는 것입니다. 상징적으로 그 피 속에 죄인들의 죄가 담겨 있는 것이었습니다. 그러므로 그렇게 뿌려진 피가 일 년 내내 성소 안에 쌓이는 것입니다. 일 년 동안 뿌려진 피(죄)에 의해서 더럽혀진 성소를 정결하게 하려고 매년 연말에 한번 대속죄일 의식이 거행되었습니다.

그리스도의 십자가로 말미암아 지상 성소 제도는 폐지되었습니다. 예수님께서 부활 후 승천하셔서 하늘 성소에 들어가신 후부터는, 지상에서 올려 보낸 인간들의 죄의 고백이 하나님의 성전에 들어와서 쌓이게 되었습니다. 하늘에는 죄는 없지만, 인간들의 죄에 대한 기록이 하늘 성소의 기록책에 기록되어 있습니다. 유대인들이 매년 연말에 대속죄일을 통하여 성소를 정결하게 했듯이, 지구 역사가 끝나는 종점에도 하늘에 있는 죄에 대한 기록을 씻음으로써 하늘 성전을 정결케 하시는 역사가 반드시 있어야 합니다.

앞에서 언급했듯이 그 일은 유대인들의 경우에 있어서는 매년 연말인 대속죄일에 이루어졌습니다. 그날에는 누가 진정으로 죄를 용서함 받고 깨끗하게 되었는지가 최종적으로 드러나는 시간이었습니다. 누가 진실로 모든 죄를 고백했으며 깨끗한 마음을 가졌는지를 심판하는 시간이었습니다. 대속죄일은 하나님의 백성이 죄로부터 완전하게 해방되고 정결하게 되는 날이었습니다. 그러나 죄를 다 고백하고 버리지 아니한 자들은 이스라엘 백성에게서 끊어지는 날이 바로 대속죄일이었습니다.

그러므로 성경적으로 성소를 정결케 하는 날인 대속죄일은 그들에게 있어서 심판의 날이었습니다. 레위기 16장 30절은 "이 날에 너희를 위하여 속죄하여 너희로 정결케 하리니 너희 모든 죄에서 너희가 여호와 앞에 정결하리라"라고 말씀하셨고 또한 33절에는 "지성소를 위하여 속죄하며 회막과 단을 위하여 속죄하고 또 제사장들과 백성의 회중을 위하여 속죄할지니"라고 말씀하여 대 속죄일에는 사람들뿐만 아니라, 성소 그 자체도 정결케 될 것을 상징하고 있는 것입니다.

그러므로 다니엘 8장 14절에 나오는 "2300주야까지니 그때에 성소가 정결함을 입으리라"는 말씀은 하나님께서 당신의 백성의 죄를 심판하시어 모든 죄를 정결케 하시고 하나님의 성소에 들어온 모든 죄의 고백을 정리하신다는 의미입니다. 모든 사람의 생애를 통하여 나타나게 되는 그들의 회개와 고백의 진실성을 심판하여 의인으로 판단되는 사람들은 그들의 죄의 기록을 하늘 기록책에서 영원히 지워버림으로써 그들의 영원한 운명을 결정지을 것이라는 뜻인 것입니다.

그러므로 성소를 정결케 한다는 말의 성서적 의미는 세상 끝에 가서 하나님께서 당신의 법과 자비롭고 공의로우신 판단에 의하여 사람들의 생애와 성품을 심판하셔서 그들의 죄를 하늘 기록책으로부터 완전히 도말해 버리신다는 의미입니다. 그러므로 "2300주야까지니 그때에 성소가 정결하게 되리라"는 말은 "그때에 가서야 심판 하리라"는 뜻입니다.

그런데 여기서 확실하게 이해해야 할 한 가지 사실이 있습니다. 대속죄일에 죄를 도말(정결케)하기 위해서는 대제사장이 성소의 둘째 칸인 지성소로 들어가야만 했습니다. 그곳은 하나님의 임재와 영광의 광채가 있는 곳이기 때문에 아무도 들어가지 못하며 심지어는 일반 제사장들도 들어가지 못하는 곳이었습니다. 오직 대제사장만 일 년에 단 한 번 대속죄일에 들어갈 수 있었습니다. 그날에 대제사장은 모든 이스라엘 백성의 죄를 대신 가지고 지성소에 들어가 그들의 죄를 위하여 하나님 앞에서 속죄하는 기도를 드렸습니다. 이것이 성소 제도에서 최종적인 의식이요, 이 의식이 끝나야 비로소 백성은 자신들이 범한 모든 죄로부터 정결함을 받았습니다.

이러한 대속죄일의 과정을 거쳐야만 드디어 누가 진정으로 용서받을 자격이 있는지에 대한 심판이 이루어지게 됩니다. 유대인들은 지성소에서 이루어지는 속죄 사역을 Rosh Hashanah 라고 불렀는데, 그 뜻은 곧 "심판의 날"이라는 뜻이었습니다. 그러므로 앞에서 읽은 다니엘 7장에 있는 심판의 장면인, 예수님께서 하늘 아버지 앞으로 나아가시는데 하나님 앞에서 심판이 베풀어지고 책들이 펴 놓여 있다고 한 말씀은 바로 예수님께서 우리의 대제사장으로서 하늘 지성소에 계시는 하나님 앞에 나아가셔서 우리의 죄를 변호하시는 마지막 심판의 사역을 하시는 광경에 대하여 말하고 있는 것입니다. 자, 이제 이러한 이해를 하고 성경에서 가장 긴 기간의 예언 문제를 풀어나가 보도록 합시다.

7 1일 = 1년의 원칙이 적용됨

2300주야 곧 2300일은 약 7년이 채 못 되는 기간으로서 이 기간을 실제적인 기간으로 해석하면, 다니엘 시대로부터 이 말세의 시대까지 오기에는 어림도 없는 짧은 기간이 되고 맙니다. 그래서 우리는 이 2300일을 상징적인 해석으로 풀어야만 합니다. 성경 에스겔 4장 6절은 이렇게 상징적으로 표현된 기간 예언을 풀 때에 힌트로 사용되는 열쇠가 기록되어 있습니다. "그 수가 차거든 너는 우편으로 누워 유다 족속의 죄악을 담당하라 내가 네게 사십일을 정하였나니 일일이 일년이니라." 1일이 얼마라고 하였습니까? 1일을 1년으로 환산하라고 하였습니다. 그러므로 2300일은 2300년이라는 긴 기간인데, 이것은 성경 전체에서 가장 긴 예언입니다. 이 예언의 시작점으로부터 2300년이 지나면 그때에 하나님께서 하늘 성소에서 모든 인간의 운명들을 결정하여 그들이 일한대로 갚아 주기 위한 심판을 시작하실 것이라는 말입니다.

그렇다면 이 2300년 동안의 긴 기간이 언제부터 시작됩니까? 이제부터 2300일 예언의 시작점에 대해서 살펴보도록 합시다. 어떤 분들은 너무 어려워서 잘 이해할 수가 없다고 말씀하시는 분들이 있을지 모릅니다. 그러나 염려할 필요가 없습니다. 이 계시를 받은 다니엘 자신도 처음에는 이해하지 못하고 기절하였었다고 하였습니다. 다니엘 8장 26,27절에 말씀하기를 "이미 말한바 주야에 대한 이상이 (2300주야에 대한 계시 즉, 2300년 기간 동안의 계시) 확실하니 너는 그 이상을 간수하라 이는 여러 날 후의 일임이니라 이에 나 다니엘이 혼절하여 수일을 앓다가 일어나서 왕의 일을 보았느니라 내가 그 이상을 인하여 놀랐고 그 뜻을 깨닫는 사람도 없었느니라." 다니엘도 처음에는 깨닫지 못하고 기절하였었다고 하였습니다. 그러나 독자 여러분이 이 계시를 이해하게 되면 하나님의 예언의 확실성과 그 정확한 성취를 보면서 깜짝 놀라게 되실 것입니다.

8 2300년 예언의 구성과 내용

2300년의 예언이 언제부터 시작되었습니까? 다니엘 8장에서 이 계시에 대한 이해가 끝나지 않고 지나갔으므로 9장에서 그 해석과 설명이 나올 것을 기대할 수 있습니다. 다니엘 9장 21-23절은 이렇게 설명합니다. "곧 내가 말하여 기도할 때에 이전 이상 중에 본 그 사람 가브리엘이 빨리 날아서 저녁 제사를 드릴 때 즈음에 내게 이르더니 내게 가르치며 내게 말하여 가로되 다니엘아 내가 이제 네게 지혜와 총명을 주려고 나왔나니 곧 네가 기도를 시작할 즈음에 명령이 내렸으므로 이제 네게 고하러 왔느니라 너는 크게 은총을 입은 자라 그런즉 너는 이 일을 생각하고 그 이상을 깨달을지니라."

다니엘은 앞서 이상 중에 만났던 천사 가브리엘을 다시 보게 되었는데, 가브리엘 천사는 다니엘에게 그 이상을 깨닫게 도와주고 지혜를 주기 위해서 왔다고 하였습니다. 왜 그럴까요? 다니엘이 8장에서 본 2300년에 대한 이상을 깨닫지 못하고 기절하였기 때문에 가브리엘 천사가 다시 와서 그 계시를 다니엘에게 설명하여 깨닫게 해 주기 위하여 파송된 것입니다.

그러므로 다니엘은 2300년에 대한 기간 예언의 해석을 드디어 천사의 입을 통하여 직접 듣게 되었습니다. 다니엘 9장 24절에 기록된 천사의 설명을 들어봅시다. "네 백성과 거룩한 성을 위하여 칠십 이레로 기한을 정하였나니 허물이 마치며 죄가 끝나며 죄악이 영속되며 영원한 의가 드러나며 이상과 예언이 응하며 또 지극히 거룩한 자가 기름 부음을 받으리라." 자 여기에서 "네 백성" 곧 다니엘의 백성은 누구입니까? 물론, 유대인들을 뜻합니다.

그러면 그들을 위하여 칠십 이레 곧 70주일의 기한을 정했다는 뜻은 무슨 뜻인가요? 여기서 "정했다"라는 말은 히브리말로 "어디로부터 떼어 내었다"는 뜻입니다. 어디로부터 떼어 내었다는 말일까요? 바로 2300년의 기간 예언에서 떼어 내었다는 뜻입니다.

여기에 나오는 70주일 역시 상징적으로 표현된 기간 예언의 해석 원칙에 따라 1일=1년의 환산법을 적용하면 됩니다. 70주일은 일주일이 7일이므로 490일이 되는데(70주일x7일=490일), 이것에 기간 예언의 해석 원칙을 적용하면, 490일은 490년으로 환산할 수 있습니다.

그 당시, 다니엘의 백성 즉 이스라엘 백성은 하나님께 반역한 결과로 바벨론으로 끌려가서 포로 생활을 하던 중이었습니다. 하나님께서는 그러한 유대인들에게 490년간 이라는 은혜의 기간을 다시 주실 것이라는 뜻이 70주일 예언에 포함되어 있습니다. "네 백성과 거룩한 성을 위하여 70 이레(Weeks, 주일)로 기한을 정하였나니"(단 9:24).

그러므로 2300년 예언은 다니엘 시대의 어느 시점에서부터 시작하는데, 처음 490년 동안은 유대인들을 위한 은혜의 기간이 될 것이고 그 이후 나머지 기간의 끝 즉, 2300년에서 490년을 뺀 나머지 기간인 1810년이 지나면 성경의 말세가 시작되면서 마지막 시대의 심판이 하늘 성소에서 시작된다는 뜻입니다. 다시 말해서 총 2300년의 기간에서 490년의 기간이 지나고 또다시 1810년의 기간이 지나면 마지막 시대가 시작된다는 뜻인 것입니다.

하나님께서는 70주일(490년)의 예언에서 비로소 처음으로 예수님께서 정확하게 어느 해 몇 월에 이 세상에 오셔서 메시아의 일을 시작하실 것이라는 사실을 공개해 주셨으며, 또한 유대인들이 어느 해 몇 월에 예수님을 십자가에 못 박아 죽일 것이며, 결국에는 그들이 예수님을 죽이고 진리를 거절함으로써, 드디어 복음이 이방인들에게 전파되기 시작할 것이라는 자세한 시간표가 이 2300년의 예언 기간 속에 모두 들어 있습니다.

9 1일 = 1년 원칙

상징적인 기간을 나타내는 예언 해석에 있어서 1일을 1년으로 해석하는 원칙은 오래전부터 인정되어 온 예언 해석법입니다. 수많은 성경학자뿐 아니라 종교 개혁자들도 다니엘서와 요한계시록에 나오는 상징적 예언인 1260일, 1335일, 2300일 등의 예언 해석에 1일=1년이라는 원칙을 적용하였습니다. 1일=1년 원칙에 대한 교회사적 증거들을 살펴보면, 이 원칙이 초기 그리스도 교회 때부터 시작하여 중세기의 가톨릭교회, 종교 개혁시대, 그리고 근내 기독교회에 들어와서까지 일관성있게 적용됐다는 사실을 확인할 수 있습니다.

1. 초기 기독교회 성경학자: 터툴리안, 클레멘트, 유세비우스, 테오도렛, 데오도시우스, 안드로니쿠스
2. 중세의 유대인 학자: 나하웬디, 알리, 라시, 나하메니데스, 라시바즈
3. 중세의 가톨릭 학자: 요아킴, 아놀드, 우베르티노, 데리라, 부르테, 니콜라스 크렙
4. 종교 개혁자: 마틴 루터, 멜란히톤, 풍크, 불링거, 존 낙스, 존 베일, 토마스 브라이트만, 요한 웨슬리의 조력자인 플레셔르
5. 1700년대의 성경학자: 루터교회의 신학자인 벵겔, 만유인력을 발견한 아이작 뉴톤경
6. 1800년대의 성경학자: 장로교회 일반의회 의장인 죠 슈아 윌슨 박사, 감독교회의 주교인 존 핸셔, 예일 대학의 총장인 티모디 드와이트, 유니온 대학의 총장인 엘리팔리트 노트, 오하이오 대학 총장인 조지 정킨

이와 같이 예언 해석상 1일 = 1년 원칙은 어떤 개인이나 교단의 독창적인 견해나 돌발적인 해석 방법이 아니라, 오랜 역사를 통해서, 그리고 여러 교파에서 소속되어 있는 다양한 성경학자들의 심도있는 성경 연구의 열매로 거두어진 결론입니다.

제2부 수학으로 계산하는 초림, 침례, 십자가 그리고 하나님의 심판 날짜

1 2300년 예언의 시작점과 70주일 예언

2300년의 예언은 언제부터 시작되는 것일까요? 그것은 이 예언의 첫 부분인 490년의 예언 기간의 시작점에서 함께 시작됩니다. 왜냐하면, 490년 예언은 2300년 예언 속에 포함된 첫 부분이기 때문입니다. 그러면 이 예언은 과연 언제 시작되는 것일까요? 다니엘 9장 25절은 그 시작점에 대해서 이렇게 기록하고 있습니다. "그러므로 너는 깨달아 알지니라 예루살렘을 중건하라는 영이 날 때부터 기름 부음을 받은 자 곧 왕이 일어나기까지 7이레(7주일)와 62이레(62주일)가 지날 것이요 그때 곤란한 동안에 성이 중건되어 거리와 해자가 이룰 것이며" 가브리엘 천사는 70주일 예언을 7주와 62주와 마지막 1주로 나누면서 이 모든 예언의 시작점에 대해서 "너는 깨달아 알지니라 예루살렘을 중건하라는 영이 날 때부터"라고 다니엘에게 가르쳐 주었습니다. 그렇습니다! 2300년 예언의 시작점은 바벨론의 침공에 의해서 무너져서 폐허가 된 예루살렘 성이 바벨론으로부터 해방된 후에 유대인들에 의해서 다시 중건되는 때로부터 시작됩니다.

12 그리스도의 초림과 유대 민족의 마지막 유예 기간을 가리키는 70주일 예언

구약에 나타난 유대 민족의 역사는 반역과 불순종의 역사입니다. 하나님께서는 40년 동안의 광야 생활과 70년 동안의 바벨론 포로 생활 등과 같은 고난을 통하여 유대 민족이 하나님의 선민처럼 살기를 고대하였지만, 그들은 불순종의 길을 떠나지 않았습니다. 이러한 때에 드디어 하나님께서는 이스라엘에 마지막 유예 기간을 주시는 것이 다니엘 9장 예언입니다.

다니엘서 9장에서, 하나님께서는 다니엘 선지자에게 예수 그리스도의 초림에 대한 예언을 주시면서, 그들이 메시아와 그분의 복음을 거절할 때 이스라엘 민족이 하나의 국가로서 가진 특권을 상실하게 될 것이라는 예언을 주셨습니다. 다시 말하면, 예수 그리스도를 메시아로 영접하고, 복음을 온 세상에 전파하는 것을 조건으로 유대 민족은 하나님의 선택된 백성으로 남아 있을 수 있게 된 것입니다.

하나님께서는 이 중요한 예언을 가브리엘 천사를 통하여 다니엘 선지자에게 전달하셨습니다. "네(다니엘) 백성과 네 거룩한 성을 위하여 70 이레(주일)로 기한을 정하였나니"(단 9:24). 이 70주일 예언은 70년간의 바벨론 포로 생활에서 귀환한 유대인들에게 다시 한 번 주어진 마지막 은혜 기간입니다. 이 예언적 기간 동안 유대인들은 메시아의 오심을 위하여 잘 준비해야만 하였습니다.

이 예언의 의미를 이해하기 위해서는 먼저 70주일이라는 암호를 풀어야만 하는데, 기간적인 예언을 해석할 때를 대비해서 하나님께서는 그것을 풀 수 있는 암호 해독법을 성경에 기록해 두셨습니다. "1일은 1년이니라"(겔 4:6, 민 14:34). 건축기사들이 1 미터를 1 센티미터로 환산하여 축소 도면을 그리는 것처럼, 하나님께서 주신 기간적 예언을 해석할 때에도 그분께서 지정하신 이 특별한 계산 원칙을 따라야 합니다.

그러므로 70주일은 490일(70주일x7일)이고, 이것은 기간적 예언의 계산 원칙에 따라 490년이 됩니다. 그런데 490년이 시작되는 시점은 언제일까요? 계속되는 가브리엘 천사의 설명을 들어 보도록 합시다. "그러므로 너는 깨달아 알지니라 예루살렘 성을 중건하라는 영이 날 때부터 기름 부음을 받은 자 곧 왕 곧 메시아가 일어나기까지 일곱 이레(7주)와 육십이 이레(62주)가 지날 것이요, 그때 곤란한 동안에 성이 중건되어 거리와 해자가 이룰 것이요"(단 9:25). 자, 이제 모든 것이 분명해졌습니다. 70주일 즉, 490년의 시작점은 예루살렘 성을 중건하라는 명령이 내려질 때이며, 그때부터 시작해서 7주일과 62주일 즉, 69주일(69 x 7=483일, 즉 483년)이 지나면, 기름부음을 받은 자 곧, 메시아가 나타날 것이라는 것이 가브리엘 천사의 설명입니다.

그런데 여기에서 "기름 부음을 받은 자"란 누구일까요? "기름 부음을 받은 자"란 그리스도를 가리킵니다. "그리스도"는 "기름부음을 받은 자"라는 뜻을 가진 헬라어이고, "메시아" 역시 "기름 부음을 받은 자"라는 뜻을 가진 히브리어입니다. 그러므로 "기름 부음을 받은 자 곧 왕이 일어" 난다는 말은 예수 그리스도의 나타나심을 뜻합니다. 성경은 예수님께서 이 땅에 오셔서 생애 하시는 정확한 기간을 말하여 주고 있습니다. 예수 그리스도는 보통 인간이 아닙니다. 그분께서는 하나님의 아들이시며 성경에 정확하게 예언하여 둔 우리의 구세주이십니다. 이 성경 절에서 가브리엘 천사는 우리에게 "깨달아 알라"고 말하고 있습니다. 그렇다면 우리가 이해할 수가 있다는 말인가요? 그렇습니다. 반드시 이해해야만 하는 중요한 예언입니다.

3 예언의 시작점

앞에서 잠시 언급하였던 것처럼, 490년(70주일)과 2300년(2300일) 예언은 모두 예루살렘 성을 중건하라는 명령 즉, 바벨론에 의하여 멸망되고 파괴된 예루살렘 도성을 다시 지으라는 명령이 날 때부터 시작된다고 가브리엘 천사는 설명하였습니다. "너는 깨달아 알지니라 예루살렘을 중건하라는 영이 날 때부터" 이것은 2300년 예언의 비밀을 풀 수 있는 중요한 열쇠가 아닐 수 없습니다. 왜냐하면, 이제부터는 언제 포로로 잡혀가 있던 유대인들에게 고향 땅으로 돌아가서 예루살렘을 다시 건설하라는 명령이 났는지만 찾으면 되기 때문입니다. 에스라서 7장 7,13절에는 유대인들이 예루살렘으로 돌아가서 성을 다시 건축하라고 명령이 내려진 그 연도가 분명하게 기록되어 있습니다.

바벨론을 무너뜨리고 페르시아 제국이 들어섰는데, 그 당시 페르시아 제국의 왕이었던 아닥사스다 왕은 은과 금과 재료들을 주면서 유대인들이 고향 땅으로 돌아가 자기들의 무너진 성전을 다시 건축하도록 허락하는 명령을 내렸던 사실이 성경에 기록되어 있는데, 그것이 에스라서 7장 7,13절입니다. "아닥사스다 왕 7년에 이스라엘 자손과 제사장들과 레위인들과 노래하는 자들과 문지기들과 느디님 사람 중에 몇 사람이 예루살렘으로 올라올 때에 ... 조서하노니" 여기에 분명히 이 예언의 시작점인 예루살렘을 중건하라는 명령이 난 해가 정확하게 기록되어 있습니다. 그 해는 역사적으로, 페르시아 나라의 아닥사스다 왕 7년 즉, B.C. 457년입니다.

4 정확한 시간에 성취된 그리스도의 침례와 공중 봉사 사역의 시작

가브리엘 천사는 기름 부음을 받은 왕 곧 그리스도가 나타나기까지 62 이레와 7 이레를 지날 것이라고 말하였습니다. 62 이레(주일)와 7 이레(주일)는 62에 7을 더하여 69주일이 됩니다. 69주일은 며칠인가요? 483일입니다(69주일x7=483일). 예언 기간의 원칙은 1일이 1년이므로 483일은 483년으로 환산할 수 있습니다. 그러므로 예루살렘을 중건하라는 명령이 내린 B.C. 457년부터 시작하여 483년 후에는 메시아 곧 그리스도가 나타난다는 예언입니다. 예루살렘성의 중건령의 조서가 그 효력을 발휘하는 B.C. 457년 가을부터 시작해서 483년을 내려가면, 역사의 연대표에서 가장 영광스러운 사건이 일어나는 해를 만나게 되는데, 그 해는 바로 그리스도께서 침례를 받으셨던 해입니다.

한 가지 우리가 계산하기 전에 알아야 할 것이 있는데, 그것은 B.C.에서 A.D.로 넘어갈 때에, 다시 말해서 기원전에서 기원후로 넘어갈 때에는 "0"년이 없기 때문에 B.C. 1년에서 그다음 해가 A.D. 1년이 되어 버렸기 때문에 실제적인 계산에서는 1년을 더해야 하는 것입니다. 자, 그러면 함께 계산해 보도록 합시다. B.C. 457에서부터 69주일인 483년을 앞으로 더해 가면 얼마가 나옵니까? A.D. 26년이 나오는데, B.C에서 A.D.로 넘어가는데 1년을 더해 주어야 하므로 실제적으로는 A.D 27년이 됩니다. A.D. 27년에 어떠한 일이 있었습니까? 놀랍게도 그 해는 예수님께서 요단강에서 침례를 받으시고 메시아로서 공중전도 사역을 시작하신 바로 그 해입니다. 얼마나 놀라운 예언입니까? 사도행전 10장 38절은 "하나님이 나사렛 예수님에게 성령과 능력을 기름 붓듯 하셨으매"라고 말씀하였습니다. 예수님께서 요단강에서 침례를 받고 올라오실 때에 성령이 비둘기 같이 임한 사실을 우리는 잘 알고 있습니다.

누가복음 3장 1절은 침례요한이 회개의 침례를 전파한 해가 디베료 가이사 제 15년이라고 말씀하고 있는데, 디베료 가이사 15년은 바로 역사적으로 A.D 27년이었습니다. 그 해에 예수님께서 요한에게 침례를 받으시고 드디어 메시아로서 복음 사역을 시작하신 것입니다. 예수님께서는 바로 이러한 예언을 근거로 당신의 지상 사역을 시작하셨기 때문에, 다음과 같은 말씀을 하셨던 것입니다. "하나님의 복음을 전파하여 가라사대 때가 찼고 -The time is fulfilled, 때가 성취되었고"(막 1:14,15). 무슨 때가 찼다는 것입니까? 다니엘 9장에 예언된 69주일(483년)이라는 예언의 때가 찼던 서기 27년에, 예수님께서는 침례를 받으셨으며, 성령으로 기름 부음을 받은 후, 공중 전도를 시작하셨습니다. 이 예언을 공부하는 사람들은 누구나가 다 성경을 하나님의 말씀으로 받아들이게 되고 예수님을 하나님으로 영접하게 될 것입니다. 왜냐하면, 하나님의 지혜와 미래를 예언하시는 초자연적인 능력이 아니면 이렇게 정확하게 미래를 예언하여 줄 수가 없기 때문입니다.

5 정확한 시간에 이루어진 그리스도의 죽음과 십자가

2300년 예언의 첫 부분인 70주일 예언 속에는 예수님께서 십자가에 못 박혀 돌아가시는 정확한 해가 나타나 있습니다. "육십이 이레 후에 기름 부음을 받은 자가 끊어져 없어질 것이며 ... 그가 장차 많은 사람으로 더불어 한 이레 동안의 언약을 굳게 정하겠고 그가 그 이레의 절반에 제사와 예물을 금지할 것이며"(단 9:26,27). 가브리엘 천사는 62주일 후, 즉 A.D. 27년 이후에 예수 그리스도께서 십자가상에서 "끊어져 없어"질 것이라는 사실을 언급한 후에, 예수님께서 메시아로서 하실 일에 대한 자세한 설명을 다음과 같이 덧붙이고 있습니다. "그가 장차 많은 사람으로 더불어 한 이레(1Week) 동안의 언약을 굳게 정하겠고, 그가 그 이레(Week)의 절반에 제사와 예물을 금지할 것이며"(27절 - 여기서 "이레(Week)의 절반"은 7년의 반이므로 3.5년 즉, 3년 반이 됨).

이 예언의 의미를 좀 더 자세하게 설명하자면, 예루살렘을 중건하라는 명령이 날 때부터 시작하여 7주일과 62주일 즉, 69주일(483년)이 지나면 그리스도가 일어날 것이요, 69주일(483년)이 지난 다음에 이어지는 마지막 주인 70번째 주(7년) 동안에는 유대인들을 위한 은혜의 70주일 기간, 즉 490년 기간이 끝마쳐지면서 메시아가 "끊어져 없어진다" 즉, 죽게 될 것이라는 뜻입니다. 2300일 예언의 첫 부분인 70주일(490년) 예언은 예루살렘 성을 중건하라는 중건령이 선포된 때로부터 시작하는데, 그때로부터 7주일과 62주일 즉, 483년이 지나가고 마지막 70번째 주일 즉 마지막 7년의 절반이 되는 시점에 그리스도께서 돌아가실 것이 70주일 예언의 핵심적 내용입니다.

다니엘 9장 27절은 그리스도가 70주일 예언 곧 490년 예언 기간 동안의 마지막 한 이레 곧 7년 동안 사람들과 더불어 언약을 굳게 정하겠다고 하였습니다. 마태복음 26장 27,28절은 이렇게 말씀하고 있습니다. "또 잔을 가지사 사례하시고 저희에게 주시며 가라사대 너희가 다 이것을 마시라 이것은 죄 사함을 얻게 하려고 많은 사람을 위하여 흘리는 나의 피 곧 언약의 피니라." 그러므로 예수님께서는 당신의 피로 인류와 언약을 굳게 정하셨습니다. 또한, 그가 그 마지막 한 주일 즉 7년의 절반에 다시 말해서 7년의 중간인 3년 반 만에, 다시 말해서 A.D. 27년에 침례 받으시고 복음 사역을 시작하신지 3년 반 후에 제사와 예물을 금하시겠다고 했습니다. "그가 그 이레의 절반에 제사와 예물을 금지할 것이며" 예수님께서 침례를 받으시고 공생애를 시작하신 A.D. 27년 가을부터 3년 반 후인 A.D. 31년 봄에는 어떤 일이 일어났습니까?

아담과 하와가 범죄한 이후 메시아의 죽음을 상징하여 드려온 "제사와 예물을 금지하"게 만드는 사건이 일어났습니다. A.D. 31년 봄 유월절 날에 십자가에 못 박혀 돌아가셨던 것입니다. 이 얼마나 놀라운 예언인가요? "...우리의 유월절 양 곧 그리스도께서 희생이 되셨느니라"(고전 5:7 하단). A.D. 31년 봄 유월절에 예수님께서는 여러분과 저의 죄를 위하여서 십자가에서 피를 흘리심으로써 다시 한 번 예언을 정확하게 성취시키셨던 것입니다. 이 얼마나 놀라운 예언이며, 얼마나 큰 사랑입니까?

오랜 세월 동안, 유대인들은 흠 없는 어린 양을 성소의 번제단 위에서 태움으로써, 장차 오실 메시아에 대한 믿음을 나타냈으며, 양의 죽음을 통하여 죄의 용서를 받아왔습니다. 그러나 마지막 70번째 주일의 중간인 A.D. 31년 봄, 예수 그리스도께서 속죄양이 되셔서 십자가에서 죽으심으로써, 더 이상 양을 잡아서 태워 죽이는 제사 제도가 필요없게 되었습니다. 성소 제도의 모든 제사는 바로 예수 그리스도의 대속의 죽음을 상징한 것들이었습니다. 그러므로 그 상징의 실체가 오신 다음에는 더 이상 양을 잡아서 제사 드리는 일이 필요 없는 것입니다. "하나님이 제사와 예물을 원치 아니하시고 오직 나를 위하여 한 몸을 예비하였도다 ... 이에 내가 말하기를 하나님이여 보시옵소서. 두루마리책에 나를 가리켜 기록한 것과 같이 하나님의 뜻을 행하러 왔나이다"(히 10:5-7). 또한 "이(구약 시대의) 제사는 언제든지 죄를 없게 하지 못하거니와 오직 그리스도는 죄를 위하여 한 영원한 제사를 드리"심으로써, "다시 죄를 위하여 제사드릴 것이 없느니라"(히 10:12,18). 얼마나 분명한 예언의 성취입니까?

예수님께서 십자가에서 돌아가심으로 더 이상 양을 잡아 죽이는 제사 제도가 필요없게 되었다는 사실을 알려주는 기적이 성소에서 일어났습니다. "예수께서 다시 크게 소리 지르시고 영혼이 떠나시자, 이에 휘장이 위로부터 아래로 찢어져 둘이 되고"(마 27:50). 성소 안에 있던 성전 휘장이 갑자기 찢어짐으로써, 모세가 제사 제도에 대해서 기록하였던 의문의 율법이 정하고 있는 제사와 예물이 더 이상 필요없게 되었음을 보여주셨습니다. "우리를 거스리고 우리를 대적하는 의문에 쓴 증서를 도말하시고 제하여 버리사 십자가에 못 박으시고"(골 2:14).

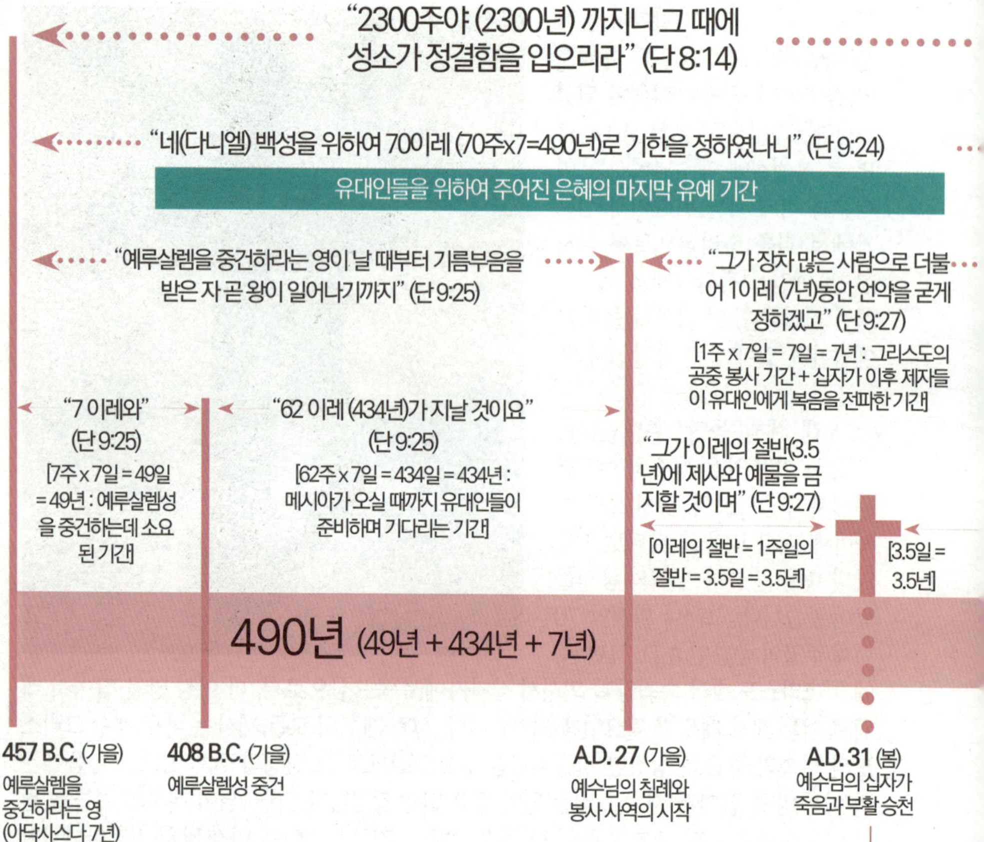

"아닥사스다 왕 칠년에 ... 조서하노니 우리 나라에 있는 이스라엘 백성과 저희 제사장들과 레위 사람들 중에 예루살렘으로 올라갈 뜻이 있는 자는 누구든지 ... 무릇 하나님의 전을 위하여 하늘의 하나님이 명하신 것은 삼가 행하라" (스 7:7,13,23)

■ 지상 성소제도가 폐지됨

"예수께서 다시 크게 소리 지르시고 영혼이 떠나시다 이에 성소 휘장이 위로부터 아래까지 찢어져 둘이 되고" (마 27:50,51)

"다시 죄를 위하여 제사 드릴 것이 없느니라" (히 10:18)

■ 모세의 의문의 율법이 폐지됨

"우리를 거스리고 우리를 대적하는 의문에 쓴 증서(모세가 책에 기록한 의문의 율법을 뜻함)를 도말하시고 제하여 버리사 십자가에 못박으시고" (골 2:14)

"원수된 것 곧 의문에 속한 계명의 율법을 자기 육체로 폐하셨으니" (엡 2:15)

■ 부활 후 하늘 성소(첫째 칸)에서 중보 사역을 시작하심

"염소와 송아지의 피로 아니하고 오직 자기 피로 영원한 속죄를 이루사 단번에 성소에 들어가셨느니라" (히 9:12)

성경에서 "성소가 정결하게 된다"는 말의 의미는 대속죄일에 대제사장이 백성의 죄를 심판하고 도말하기 위하여 지성소로 들어가는 것을 뜻함 (레위기 16장 참조)

복음이 이방인들에게 전파되기 시작함

1810년

현재

A.D. 34 (가을)
스데반의 순교 (행 7:51-60)

유대인들을 위한 은혜의 시기가 마쳐지는 동시에 복음이 이방인들에게 전파되기 시작한 해

"바울과 바나바가 담대히 말하여 가로되 하나님의 말씀을 마땅히 먼저 너희에게 전할 것이로되 너희가 버리고 영생 얻음에 합당치 않은 자로 자처하기로 우리가 이방인에게로 향하노라" (행 13:46)

"그러므로 내가 너희에게 이르노니 하나님의 나라를 너희는 빼앗기고 그 나라의 열매 맺는 백성이 받으리라" (마 21:43)

A.D. 1844 (가을)
하늘 성소가 정결하게 됨

예수께서 하늘 성소 첫째 칸에서 지성소(성소 둘째 칸)로 들어가심으로 대속죄일이 시작됨

재림 전에 있을 심판의 시작

예수님의 재강림

상징적으로 표현된 기간 예언 해석은 1일을 1년으로 계산한다.

"일일이 일년이니라" (겔 4:6)
"하루를 일년으로 환산하여" (민 14:34)

6 정확한 시간에 끝난 유대인의 은혜의 기간과 이방인들을 위한 복음 전파의 시작

70주일 예언 중에서 마지막 1주일의 절반 즉, 7년의 절반인 A.D. 31년에 십자가가 세워졌고, 이제 그 나머지 절반인 3년 반이 지나면, 하나님께서 유대 민족에게 허락하신 70주일의 전체 예언이 완전히 종결됩니다. 70주일 예언 중에서 마지막 70번째 주일의 절반 이후에 성취된 사건들은, 메시아를 십자가에 못 박은 백성에게 여전히 3년 반이라는 은혜의 기간이 남아 있었음을 보여줍니다. 십자가 이후에도 한동안 제자들은 유대 민족의 구원을 위해서 일했습니다. 그러나 예수님께서 돌아가신지 3년 반 후인 A.D. 34년, 새 언약의 복음을 끝까지 거절하는 유대인 지도자들을 향하여 경고와 호소의 설교를 하던 스데반에게 산헤드린 공회가 돌로 쳐서 죽이는 판결을 내림에 따라, 스데반은 그리스도 교회의 첫 번째 순교자가 되었으며(행 7:51-60), 이로써 유대 민족을 위한 70주일(490년)의 유예 기간은 완전히 끝났으며, 곧 이어서 일어난 핍박과 함께 그리스도의 제자들과 사도들은 온 세계로 퍼져나가 이방인들에게 복음을 전파하기 시작하였습니다(행 8:1-).

바로 이것이 70주일 예언의 끝을 알리는 최후의 신호였으며, 유대 민족의 운명이 영원히 결정되는 순간이었고, 온 세상을 위한 그리스도 교회 시대가 개막되는 시간이었습니다. "하나님의 말씀을 마땅히 먼저 너희에게 전할 것이로되 너희가 버리고 영생 얻기에 합당치 않은 자로 자처하기로 우리가 이방인에게로 향하노라"(행 13:46). 이것은 예수님께서 이미 마태복음 21장 43절에 "그러므로 너희(유대인)에게 이르노니 하나님의 나라를 너희는 빼앗기고 그 나라의 열매 맺는 백성이 받으리라"고 말씀하셨던 예언의 성취이기도 합니다.

7 정확하게 성취된 2300일 예언

다니엘의 예언은 빈틈없이 정확하게 성취되었습니다. 예수님께서 A.D. 27년에 메시아의 일을 시작하실 것이라는 예언이 정확하게 성취되었습니다. 또한, 주님께서 A.D. 31년 봄에 돌아가심으로 제사와 예물을 금하실 것이라는 예언도 정확하게 성취되었습니다. 또한, 유대인들이 예수님을 못 박고 진리를 거절하였으며 드디어 스데반을 돌로 쳐 죽이면서 그리스도교를 내어 쫓음으로 그들의 은혜의 기간이 A.D. 34년에 끝나게 될 것이라는 기간적인 예언도 놀랍게도 그대로 성취되었습니다. 이렇게 해서 2300년 예언의 전반부는 예수님의 초림에 그 초점을 맞추어서 예언되었고 또 그대로 성취되었습니다.

그렇다면 "2300 주야까지니 그 때에 성소가 정결함을 입으리라"(단 8:14)는 하나님의 심판의 시간에 대한 예언은 어떻게 이해해야 할까요? 2300년에서 유대인들에게 허락된 은혜의 기간이었던 490년을 빼고 나면 1810년이 남게 됩니다. 다시 말해서, 이 예언의 시작점인 B.C. 457년부터 시작해서 유대인들을 위한 은혜의 기간인 490년을 거슬러 올라가고, 또 그 후에 1810년을 더 올라가면 1844년이라는 해에 도달하게 됩니다. "2300주야까지니 그 때에 성소가 정결함을 입으리라"는 다니엘서 8장 14절의 예언 때문에 1830년도 말기부터 미국과 유럽 그리고 남미에서도 예수님께서 1844년도에 재림하실 것이라고 설교하는 일들이 열렬하게 일어났었습니다. 그들은 장로교회, 감리교회, 침례교회, 성결교회, 회중교회 등을 총 망라한 여러 교파에서 신앙생활을 하고 있던 그리스도인들이었습니다. 그러나 그들이 주님의 오심을 사모했으며 진실되게 준비하려고 했을지라도 그 예언의 적용을 잘못함으로 크게 실망하는 경험들을 하게 되었습니다.

예수님께서는 당신이 다시 오시는 날과 시간은 아무도 모른다고 말씀하셨지만, 그 당시 다니엘서 8장을 연구하였던 사람들은 "2300 주야까지니 그 때에 성소가 정결함을 입으리라"는 말씀을 예수 그리스도의 재림에 관한 예언으로 오해하였던 것입니다. 그 당시의 성경학자들도 1844년에 예수님께서 재림하신다고 설교하던 사람들이 설명하는 다니엘서 8장의 2300년에 대한 해석만큼은 성서적으로나 역사적으로 너무나 정확하게 성취되어 왔기 때문에 그 예언 자체에 대해서는 어떠한 반박도 할 수 없었습니다.

예언의 기간에 대한 해석과 계산 방법에는 아무런 문제가 없었지만, 2300년이 끝마쳐지는 시점에 이루어지는 사건에 대해서 오해하였던 것이 그들의 문세였습니다. 그 당시 그리스도의 재림을 사모하며 기다리던 그리스도인들은 2300년 예언이 마쳐지는 종점인 1844년에 하늘 성소가 정결함을 입는 하나님의 심판 사역을 가리킨다는 사실을 성서적으로 이해하지 못했습니다. 성소가 정결함을 입는다는 것은 세상이 불로 정결케 된다는 뜻이 아니라, 하늘 성소에 있는 죄의 기록들이 도말 되어 정결하게 된다는 뜻입니다.

그러나 그들은 하늘 성소에서 이루어지는 마지막 심판의 시작을 가리키는 "2300 주야까지니 그

때에 성소가 정결함을 입으리라"는 말씀을 이 세상에서 실제적으로 일어날 사건 즉, 예수님께서 재 강림하심으로 지구가 구속함을 받는 사건으로 오해하였습니다. 성소가 정결함을 입는다는 말씀에 대한 오해로 인하여, 그들은 1844년에 대실망의 경험을 하게 되었던 것입니다. 그러나 1844년에 겪은 대 실망의 경험으로 인하여, 많은 그리스도인은 마지막 시대에 이루어지는 하나님의 심판의 시간에 대하여 깊은 관심을 갖게 되었고 또한 그 문제에 대해서 올바로 이해하기 시작하였습니다.

8 말세를 위하여 준비된 심판의 메시지

이 세상은 2300년의 예언 기간이 끝나면서 이제 완전히 이 세상 종말의 때에 접어들게 되었습니다. 다니엘 예언 중에 또 하나의 기간 예언 1260일 예언은 1260년(중세기의 종교 암흑시대) 동안에 작은 뿔의 세력이 성도들을 핍박하는 시기에 대한 예언입니다. 1260년의 예언은 1798년도에 끝마쳐지는데, 그때부터 그리스도인들은 이 세상이 말세가 되었다고 말하기 시작하였습니다. 1798년도를 전후로 해서 교황권이 잠깐 몰락하게 되었고 불란서 혁명이 일어나 무신론 세력이 기치를 들기 시작하여 세계의 국가들과 사람들의 생각과 사상이 달라지기 시작하였고, 미국이 건국되어 일어났으며 이 세상 역사가 드디어 말세를 가리키고 있는 예언들의 시대로 접어들게 되었습니다.

그러나 2300년의 예언은 더 나아가서 온 인류가 드디어 하나님의 마지막 심판을 통과하게 되는 마지막 시대에 돌입한 사실을 알려 주고 있습니다. 1844년도가 지나자 이 세상은 벨하우젠의 성경의 권위를 비판하는 고등비판의 소리가 크게 나타나기 시작하였고 니체가 일어나 하나님의 존재를 의심하는 회의주의의 씨를 심기 시작하였으며, 1859년에는 드디어 다윈의 진화론이 소개되면서 하나님의 창조를 무시하고 부인하는 반역적인 운동들이 세상을 온통 뒤덮기 시작하였습니다. 1865년도에 멘델의 유전 법칙의 발표 결과 다윈의 진화론이 완전히 무너졌음에도 불구하고 하나님이 없었으면 좋겠다고 느끼는 인간들이 성경의 하나님을 부인하고 무신론적인 사상으로 이 지구를 가득 채우기 시작하게 된 것입니다.

이러한 때에 하나님께서는 요한계시록 14장 7절을 통하여서 말세를 위한 기별을 준비해 두셨습니다. "하나님을 두려워하며 그에게 영광을 돌리라 이는 그의 심판하실 시간이 이르렀음이니 하늘과 땅과 바다와 물들의 근원을 만드신 이를 경배하라."

여기서 독자 여러분 중의 어떤 분들은 마음 가운데 다음과 같은 의문이 떠오를 수 있을 것입니다. "2300년의 예언 기간이 끝난 지 벌써 150여년이 흘렀는데도 아직 아무런 일도 일어나지 않고 있지 않습니까?" 이 의문에 대한 답변으로 우리는 노아의 때를 되돌아보아야만 합니다. 예수님께서는 인자의 때도 노아의 때와 같으리라고 말씀하셨습니다. 노아는 120년 동안 홍수로 세상이 멸망하리라고 외쳤습니다. 120년간의 긴 세월 동안 아무런 일도 일어나지 않는 것처럼 보였습니다. 심판의 기별을 전하던 노아는 미친 사람처럼 취급을 받고 배척을 받았습니다. 그러나 하나님께서는 오래 참으시면서 하늘에서 인류들을 내려다보고 계셨습니다. 사람들이 노아의 말을 어떠한 태도로 받아들이든지 간에 노아는 하나님께로부터 받은 분명한 심판의 메시지를 가지고 있었습니다.

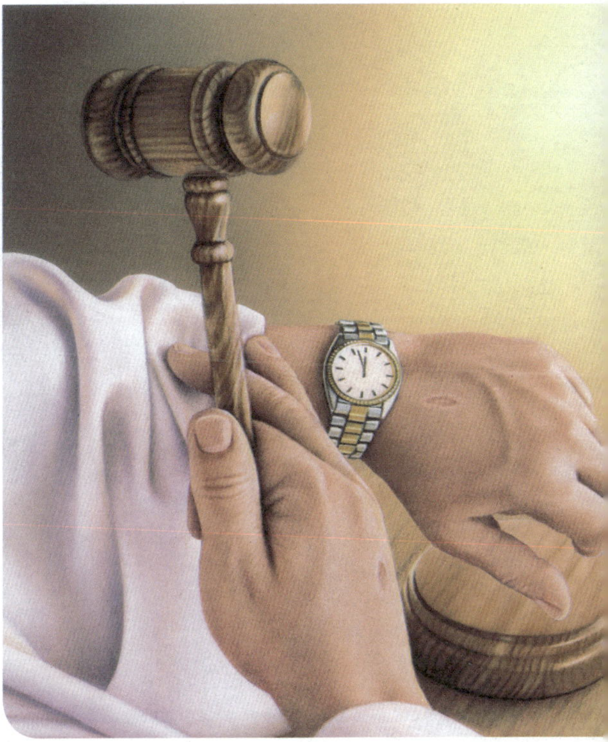

그 당시 인간들이 대담하여져서 그들의 생각하고 계획하는 모든 것이 악하여졌을 때에 하나님께서는 불순종하는 그들을 물로 멸망시키셨습니다. 지금 우리가 사는 이 세상도 악해질대로 악해져 있습니다. 지금도 하나님께서는 노아의 때처럼 하늘에서 이 세상을 내려다보고 계십니다. 이제 곧 하나님께서 더 이상 참지 아니하실 때가 다가오고 있습니다. 지금은 마지막 심판이 지나가고 있는 때입니다. 지금은 하나님께서 우리 각자의 죄가 기록되어 있는 기록 책을 중심으로 판단하고 심판하고 계십니다. 그 심판이 마쳐지면, 곧 예수님께서 이 세상에 임하실 것입니다. 그때에는 우리 각자가 행한 행위대로 보상 또는 처벌을 받게 될 것입니다.

만일 예수님께서 심판을 끝내시고 오늘 오신다면 아니 다음 주일에 오신다면 여러분은 준비되어 있습니까? 독자 여러분은 그때에 어디에 계실 것입니까? 여러분은 지금 예수님께 나아와 마음을 온전히 드리고 하나님의 심판을 위하여 준비하여야 합니다. 하나님의 사랑의 품으로 돌아가야 할 시간이 거의 끝나가고 있습니다.

그리스도인들에게 드리는 호소의 말씀

마태복음 24장 37절에서 예수님께서는 말세의 형편을 나타내는 다음과 같은 중요한 힌트를 주셨습니다. "노아의 때와 같이 인자의 임함도 그러하리라." 노아를 비롯하여 아무도 그날과 그 시간은 몰랐지만, 노아는 120년 동안 경고의 메시지를 전했었습니다. 모든 사람이 노아를 미친 할아버지라고 조롱하였지만, 노아는 신실하게 자신의 사명을 다했습니다. 그 당시 노아의 설교는 다음과 같았을 것입니다. "끝이 다가오고 있다. 홍수가 곧 올 것이다. 그대들의 마음을 정결하게 하라. 지금은 보통 때처럼 장사하고 놀 때가 아니다. 단순히 돈을 벌고 인생의 쾌락을 누릴 때가 아니다." 바로 이 설교가 그리스도께서 곧 오실 것이 기대되는 지금 해야 할 설교입니다. 노아가 120년 동안이나 믿음으로 마지막 경고의 메시지를 전했던 것처럼, 우리도 1844년 이후 지금에 이르기까지 150여년 동안 마지막 시대를 살아가고 있는 것입니다.

노아의 경고를 받아들이거나 거절함으로써, 그의 메시지를 들었던 사람들에게 대한 심판이 이루어졌던 것입니다. 하나님께서 앞으로 몇 년이나 더 우리에게 은혜의 기간을 허락할 것으로 생각하십니까? 아무도 모르지만, "노아의 때와 같이" 대다수의 사람이 경고의 메시지를 무시하고 있습니다. 해가 바뀔 때마다 우리는 그리스도의 재림 시간이 점점 더 가까워진다는 사실을 알아야 합니다. 하나님께서 우리 모두에게 "심판"과 "마지막 때"의 시작점에 대한 예언을 남겨주신 이유는 우리가 마지막 때의 끝인 그리스도의 재림을 위하여 준비할 것을 원하시기 때문입니다.

심판은 미래의 어느 때에 있는 것이 아닙니다. 심판은 지금 진행되고 있습니다. 마귀가 던지는 유혹의 덫이 그대 앞에 있을 때에 그것을 어떻게 받아들이는가에 따라서 그대의 심판이 이루어집니다. 그대가 진리를 앞에 두고 망설이며 두리번거릴 때에 심판이 그대 위에 머무르고 있습니다. 심판이 진행되고 있는 지금이야말로, 우리의 영원한 생명과 영원한 멸망이 결정되는 시간입니다. 예수님께서는 2300일 예언이 끝나는 순간, 하늘 지성소에 대제사장으로 들어가셨으며, 지금까지 모든 인류의 죄를 위해 중보(변호)하고 계십니다. 하나님과 그리스도의 앞에는 기록책이 펼쳐져 있는데, 거기에는 이 세상에 태어났던 각 사람의 이름과 생애가 기록되어 있습니다. 심판이 진행됨에 따라, 어떤 사람들의 이름은 생명책에 그대로 남아 있게 되며, 어떤 사람들의 이름은 회개하지 않고 용서받지 못한 죄로 말미암아 제거됩니다. 과거에 죽은 사람들부터 심판을 시작하여서 현재 살아있는 사람들에 대한 심판으로 전개될 것으로 생각할 수 있습니다.

아담의 예를 통하여 심판을 실제로 생각해 봅시다. 하늘 기록책에 아담의 이름이 기록되어 있습니다. 선악과를 먹음으로써 하나님께 범죄 하였던 기록이 적혀 있습니다. 그러나 그 죄에 대한 회개와 용서의 기록이 함께 쓰여 있습니다. 예수님께서는 즉시로 죄의 기록책과 하나님 사이에 들어가셔서, 자신의 피 묻은 손을 들어 올리면서 "아버지여, 나의 피를 보소서. 아담은 회개하였으며, 나의 희생은 그의 죄값을 치루었나이다."라고 변호하십니다. 그러면 주변에서 그 모습을 보고 있던 천사들이 증인의 자격으로 "그의 죄는 사함을 받았습니다. 그의 이름을 그대로 두십시오" 라고 큰소리로 증언할 것입니다.

이런 식으로 모든 세대의 사람들이 하나씩 지성소에서 벌어지는 심판대 위로 올라가게 됩니다. 사울의 이름도 불릴 것입니다. 그는 처음에 선한 왕으로 시작했지만, 자존심과 이기심이 그의 마음을 채우면서 시기와 질투를 하게 되었습니다. 그러나 그의 책에는 자신의 죄에 대한 회개와 용서의 기록이 보이지 않습니다. 예수님께서는 슬픔으로 머리를 숙이시면서 그를 위하여 변호할 수 없음을 통탄해 하십니다. 예수님께서는 사울을 위하여 "나의 피"를 주장할 수 없습니다. 그리하여 사울의 이름은 생명책에서 완전히 지워지게 됩니다.

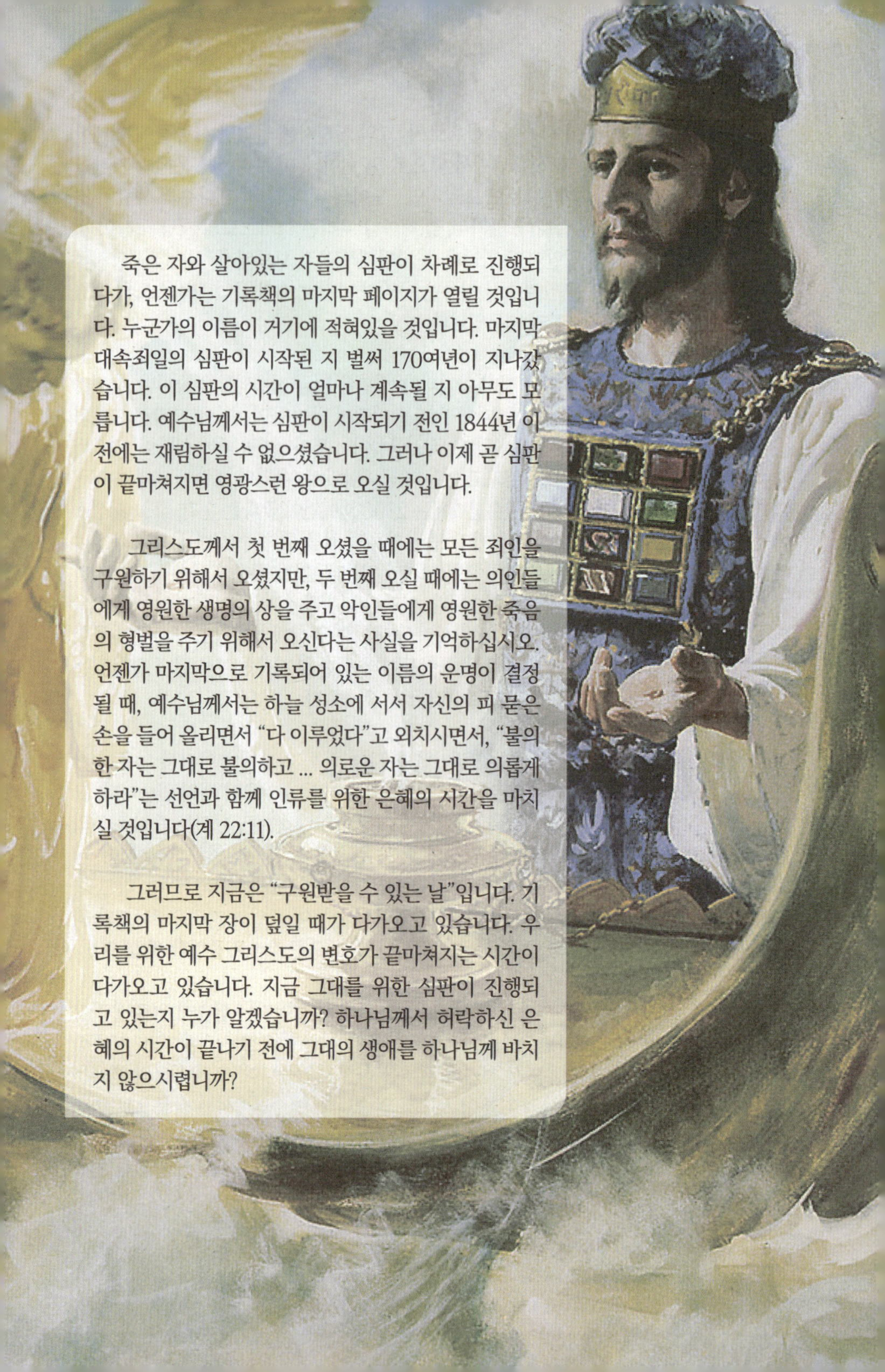

죽은 자와 살아있는 자들의 심판이 차례로 진행되다가, 언젠가는 기록책의 마지막 페이지가 열릴 것입니다. 누군가의 이름이 거기에 적혀있을 것입니다. 마지막 대속죄일의 심판이 시작된 지 벌써 170여년이 지나갔습니다. 이 심판의 시간이 얼마나 계속될 지 아무도 모릅니다. 예수님께서는 심판이 시작되기 전인 1844년 이전에는 재림하실 수 없으셨습니다. 그러나 이제 곧 심판이 끝마쳐지면 영광스런 왕으로 오실 것입니다.

그리스도께서 첫 번째 오셨을 때에는 모든 죄인을 구원하기 위해서 오셨지만, 두 번째 오실 때에는 의인들에게 영원한 생명의 상을 주고 악인들에게 영원한 죽음의 형벌을 주기 위해서 오신다는 사실을 기억하십시오. 언젠가 마지막으로 기록되어 있는 이름의 운명이 결정될 때, 예수님께서는 하늘 성소에 서서 자신의 피 묻은 손을 들어 올리면서 "다 이루었다"고 외치시면서, "불의한 자는 그대로 불의하고 ... 의로운 자는 그대로 의롭게 하라"는 선언과 함께 인류를 위한 은혜의 시간을 마치실 것입니다(계 22:11).

그러므로 지금은 "구원받을 수 있는 날"입니다. 기록책의 마지막 장이 덮일 때가 다가오고 있습니다. 우리를 위한 예수 그리스도의 변호가 끝마쳐지는 시간이 다가오고 있습니다. 지금 그대를 위한 심판이 진행되고 있는지 누가 알겠습니까? 하나님께서 허락하신 은혜의 시간이 끝나기 전에 그대의 생애를 하나님께 바치지 않으시렵니까?

성경공부
종말의 준비
2장

지구 역사상 가장 영광스러운 사건

Surely I Come Quickly

제1부
가장 감동적인 공중에서의 만남

1 서론

레드북(Red book) 잡지사가 미국에서 유명한 8개의 신학대학원 세미나리에서 여론 조사를 하였는데, 그 학생들 가운데서 1%만이 예수 그리스도의 재림을 믿고 있다는 조사 결과가 밝혀졌습니다. 이러한 회의주의의 원인은 위대한 전도자였던 D. L. 무디(D. L. Moody)선생의 경험에 의하여 설명될 수 있습니다. 그가 교회에 다닌 지 15년이 지난 후에야 비로소 그리스도의 재림에 관한 첫 번째 설교를 듣게 되었는데, 그 설교를 듣고 난 다음, 그는 다음과 같이 말하였습니다. "이제 나는 왜 마귀가 이 문제에 대해서 설교하는 것을 원치 않는지를 알았습니다. 예수님께서 곧 오신다는 교리만큼 교회를 깨우는 가르침이 없기 때문입니다."

무디 선생이 했던 지적이야말로 거의 모든 교회가 그 놀라운 사건에 대하여 아주 이상스러울 만큼 잠잠한 것에 대한 이유와 원인을 가장 정확하게 설명하고 있습니다. 사탄은 오늘날 라오디게아 교회를 깨울 수 있는 위대한 진리 위에 살며시 침묵의 이불을 덮어씌운 것은 아닙니까? 부인할 수 없는 사실입니다. 신약 성경에서만 331번이나 언급되어 있는 놀라운 예수님 재림에 관하여 교회와 그리스도인들이 너무도 적게 말하고 있는 것입니다. 과거나 현재 또는 미래에 있어서 이보다 더 강력한 증거가 있는 사건은 없습니다. 예수님께서는 아무도 의심하거나 혼돈할 수 없을 만큼 명확하게 말씀하셨습니다. "내가 너희를 위하여 처소를 예비하러 가노니 가서 너희를 위하여 처소를 예비하면 내가 다시 와서 너희를 내게로 영접하여 나 있는 곳에 너희도 있게 하리라"(요 14:2,3).

인류를 위한 하나님의 완전하신 계획은, 우리가 하나님께서 준비하고 계시는 완전한 본향으로 옮겨지기 전까지는 성취되지 않을 것이라는 사실이 성경에 분명하게 나타나 있습니다. 구속의 계획은 우리를 위하여 무한한 준비를 마련하여 왔지만, 우리가 죄의 오염으로부터 영원히 해방될 때까지는 성취되지 아니할 것입니다. 언제 그리고 어떻게 그리스도의 재림이 이 지구의 역사 속에 임하게 될까요? 그 질문에 답하기 전에, 먼저 어떠한 방식으로는 임하지 않을 것이라는 것을 이해하는 것은 매우 중요합니다. 오늘날 복음주의파 그리스도인들 가운데 불길처럼 번지고 있는 잘못된 가르침들 때문에 수백만의 기독교인이 기만당하고 있습니다.

주님의 제자들이 감람산 위에서 "주의 임하심과 세상 끝에는 무슨 징조가 있겠습니까?"라고 진지하게 물었을 때, 그리스도께서 대답하시기를 "아무도 너희를 미혹하지 못하게 하라."고 하셨습니다. 주님의 대답에 나타나 있는 분명한 암시는 주의 재림에 관하여 잘못 인도하는 많은 가르침이 있을 것이라는 것입니다. 계속해서, 예수님께서는 제자들에게 당신의 두 번째 오심을 표시하는 중요한 징조들을 열거하셨습니다. 마태복음 24장 거의 전체에는, 사탄이 이 문제에 대해서 온 세상을 기만하려고 하는 계략을 경고하는 말씀들로 가득 차 있습니다. 예수님의 말씀에 의하면, 택한 자들까지라도 악한 자의 기만적인 출현에 의해 공격과 위협을 당할 것이라고 했습니다.

주님께서는 거짓 그리스도들과 기만하는 선지자들이 마지막 때에 도무지 부인할 수 없는 기적들을 행하면서 나타날 것을 말씀하셨습니다. "거짓 그리스도들과 거짓 선지자들이 일어나 큰 표적과 기사를 보이어 할 수만 있으면 택하신 자들도 미혹하게 하리라"(마 24:24). 지금까지 이러한 과감한 종교적 기만들이 나타났습니까? 실제에 있어서, 세계의 유명한 신문들에 의해서 많이 보도되어 왔습니다. 자칭 예수님이라는 사람들이 이곳저곳에서 나타나고 있습니다. 비록 이러한 많은 거짓 주장이 거절되어 왔지만, 이 세상은 은연중에 초자연적인 거짓 그리스도의 출현을 위하여 준비되어 왔습니다. 성경 지식의 부족으로 인해서, 수백만의 그리스도인이 기만적인 주장들을 받아들이기 위해서 준비되어 있습니다.

예수님께서는 이 지구상의 어느 특정 지역에 임하실 것이라고 말씀하지 않으셨습니다. "그때에 사람이 너희에게 말하되 보라 그리스도가 여기 있다 혹 저기 있다 하여도 믿지 말라… 사람들이 너희에게 말하되 보라 그리스도가 광야에 있다 하여도 나가지 말고 보라 골방에 있다 하여도 믿지 말라"(마 24:23-26). 성경의 말씀을 잘 아는 참된 그리스도인들은 예수님의 강림을 흉내 내려고 꾀하는 사탄의 기만에 휩쓸리지 않을 것입니다. 그러나 유명한 TV 뉴스 아나운서들이 열띤 어조로 런던에, 뉴욕에, 로마에, 그리스도가 나타났다고 보도할 때에 거의 대부분의 사람은 그것을 예수님의 재림으로 믿게 될 것입니다.

2 사탄이 그리스도로 위장함

만일 여러분 자신이 그러한 기만에 넘어가지 않도록 잘 방어되어 있다고 생각하신다면, 다음과 같은 사람에 대해서 상상해 보십시오. 여러분이 어떤 교묘하게 위장한 사람을 폭로하기 위하여 현장으로 달려갔다고 생각해 보십시다. 그러나 거기서 여러분은 자신들이 그토록 장엄한 현실을 접할 수 있는 준비가 되어 있지 않은 사실을 알게 될 것입니다.

주위로 몰려드는 수많은 군중보다 훨씬 큰 키의 한 위엄 있는 사람이 빛나는 두루마기 옷을 입고 서 있습니다. 놀라운 힘의 광원이 그리스도의 형상을 한 이 사람의 주위를 두르고 있습니다. 예수님께서 이 땅에 계셨을 때에 사용하셨을 것 같은 온화한 음성으로 말을 합니다. 여러분은 놀라움으로, 그 사람이 손을 내밀어 장님과 절름발이와 그 앞에 엎드린 온갖 병자들을 만지는 모습을 바라봅니다. 즉시로 병자들이 모든 병과 허약한 점들로부터 고침을 받는 모습을 보게 됩니다. 수많은 군중의 외침이 하늘을 찌르고 있습니다. "예수님께서 오셨다!" 여러분은 거리들을 가득 채우고 있는 사람들의 움직임과 함성에 영향을 받게 될 것입니다. 수많은 종교 지도자와 정치인들이 그 성자 앞에 무릎을 꿇고 있는 모습을 보게 됩니다. 그때에 이 숭고한 모습의 성자가 말하기를, 자신은 바로 이 땅에서 거룩한 치료와 가르침을 다시 시작하기 위해 재림한 메시아라고 공언한다고 가정해 보십시다. 그 사람을 하나님의 아들로 찬송하고 싶은 충동을 억제하는 일이 쉬운 일일까요? 여러분의 감정은 흥분될 것이며, 눈에 보이는 증거들로 인해서 압도될 것입니다.

왜 전 세계가 그러한 휘황찬란한 과시에 매혹될 수 있을까요? 왜냐하면 모든 인간 속에는 신비하고 장엄한 광경에 이끌리는 선천적인 경향들이 있기 때문입니다. 사람들은 아무리 많은 돈이 들더라도 초자연적인 기적을 보기 위해서 어디든지 갈 것입니다. 사탄은 바로 이러한 인간들의 약점을 이용할 것입니다. 그러므로 택한 자까지 미혹될 위험성이 있다는 말씀을 깊이 생각해 보아야 합니다.

이제 우리는 예수님께서 어떠한 방식으로는 오시지 않을 것을 알았습니다. 그러면 주님께서는 어떻게 임하실 것인지를 함께 알아봅시다. 우리의 유일한 안전책은 성경에 나타난 그대로의 진리를 이해하는 것입니다.

두 천사가 하늘에서 내려와 그리스도의 재강림의 방법에 대해 명확하게 알려준 기록이 있습니다. 그 기록은 사람들로 하여금 이런 식으로, 또는 저런 식으로 잘못 해석을 할 여지를 주지 않습니다. "이 말씀을 마치시고 저희 보는 데서 올리워 가시니 구름이 저를 가리워 보이지 않게 하더라 올라가실 때에 제자들이 자세히 하늘을 쳐다보고 있는데 흰옷 입은 두 사람이 저희 곁에 서서 가로되 갈릴리 사람들아 어찌하여 서서 하늘을 쳐다보느냐 너희 가운데서 하늘로 올리우신 이 예수는 하늘로 가심을 본 그대로 오시리라 하였느니라"(행 1:9-11).

이 성경 절에 나오는 "저희 보는 데서", "보이지 않게", "자세히 하늘을 쳐다보고 있는데", "쳐다보느냐," "본 그대로"와 같은 다섯 가지 표현들은 예수님의 승천은 실제적 사건이었다는 것을 분명하게 나타내고 있습니다. 그것은 어떠한 신비적인 꿈이나 환상이 아니었습니다. 그들은 문자 그대로, 주님께서 먼 하늘로 올리어 가서 사라지는 모습을 육신적인 눈으로 바라보고 있었습니다. 천사가 말하였습니다. "하늘로 올리우신 이 예수는 너희가 하늘로 가심을 본 그대로 오시리라." 주의 오심은 당신께서 승천하셨을 때와 마찬가지로 눈에 보이는 실제적인 것입니다.

주께서 구름을 타고 가셨으므로 역시 구름을 타고 오실 것입니다. 또 다른 성경절이 이것을 확증해주고 있습니다. 요한이 기록하기를 "볼지어다 구름을 타고 오시리라 각인의 눈이 그를 보겠고."(계 1:7) 짧은 한 성경 절속에서, 사도 요한은 그리스도의 강림에 대하여 가장 놀라운 사실들 중 하나를 제시해 주고 있습니다. 주께서 하늘 공간을 통하여 서서히 강림해 오실 때, 이 세상에 있는 모든 살아 있는 사람의 눈이 그를 볼 것입니다. 지구상의 모든 나라의 악인이 다 같이 고개를 들고, 온 하늘을 가득히 채우면서 오시는 주님의 영광을 바라볼 것입니다. 예수님께서 다음과 같이 묘사하셨습니다. "그때에 인자의 징조가 하늘에서 보이겠고 그때에 땅의 모든 족속들이 통곡하며 그들이 인자가 구름을 타고 능력과 큰 영광으로 오는 것을 보리라."(마 24:30)

3 공중 재림의 광경

인간과 악령들이 주의 오심을 여러 가지 모양으로 위장할 수 있을지 모르지만, 주님께서 이 지구로 오시는 찬란한 광경을 흉내 낼 수는 없을 것입니다. 어느 때, 어느 곳에서도 그러한 영광과 장엄함을 인간의 눈에 나타내 보일 수 없을 것입니다. 우리는 마태복음 25장 31절에서 주님께서 오실 때에 모든 거룩한 천사들이 함께 수행할 것을 읽습니다. 사도 요한의 기록에 의하면 하늘에 수십억 이상의 천사들이 있는데, 그 모든 천사가 주께서 오실 때 그분을 수행할 것입니다. "그 수가 만만이요 천천이라"(계 5:11).

때때로 한 천사가 인간들 앞에 나타나서, 하늘의 영광의 힘을 나타내었을 때에 그 결과는 엄청난 것이었습니다. 한 천사가 앗시리아 군대를 밤에 쳤을 때에 18만 5천 명이 죽었습니다.(왕하 19:35) 그와 같은 영광을 수천만 배 이상 더한다고 생각해 보십시오. 그러면 가히 재림의 영광을 짐작할 수 있을 것입니다. 그 사건이 세상에 사는 모든 사람에게 보일까요? 예수님께서 말씀하시기를 "번개가 동편에서 나서 서편까지 번쩍임같이 인자의 임함도 그러하리라."(마 24:27)고 하셨습니다. 그래서 온 족속과 민족이 그 놀라운 광경을 볼 것이라고 한 것입니다. 어두운 밤에 밝은 번갯불이 각 사방으로 번쩍일 때에 누구나 다 볼 수 있는 것처럼 주의 오심도 그러할 것입니다. 지구는 이쪽 끝에서 저쪽 끝까지 환하여질 것입니다.

이미 우리들은 이 마지막 사건들이 어느 한구석에서만 이루어질 것이 아니라는 사실을 보았습니다. 눈에 완전히 보이게 임하는 것 외에도, 그리스도의 재림 시에는 굉장히 큰소리가 나게 될 것입니다. 사도 바울이 기록하기를 "주께서 호령과 천사장의 소리와 하나님의 나팔로 친히 하늘로 좇아 강림하시리니 그리스도 안에서 죽은 자들이 먼저 일어나고."(살전 4:16)라고 하였습니다. 그 놀라운 광경과 소리는 죽은 자들이 깨어 무덤에서 일어날 정도로 굉장한 일일 것입니다. 그 외치는 음성과 나팔 소리는 해 아래 있는 모든 피조물에게 다 들릴 것입니다. 한 가지 확실한 사실은 나팔은 조용한 악기가 아니라는 것입니다. 나팔은 불어서 많은 사람에게 들리도록 하기 위하여 만들어진 악기입니다.

종말을 고하는 또 다른 현상은 무엇인가요? 재림 시에, 큰 진동과 세계적인 지진이 있을 것인데, 그것은 이전에 전혀 없었던 파괴적인 것입니다. "번개와 음성들과 뇌성이 있고 또 큰 지진이 있어 어찌 큰지 사람이 땅에 있어 옴으로 이같이 큰 지진이 없었더라…. 각 섬도 없어지고 산악도 간 데 없더라"(계 16:18,20). 커다란 파도에 의해서 사람들이 사는 섬들이 바닷속으로 사라져 버리는 공포의 광경을 그려 보십시오. 선지자의 생생한 묘사에 의하면, 거대한 산맥들이 산산조각이 나서 무너져 내릴 것입니다.

그러한 광경을 근거로 해서 생각해 볼 때, 우리 주님의 강림은 유사 이래 가장 커다란 지각의 변동 사건을 가져올 것입니다. 이 지구상의 어느 한 사람도 숨을 수 있는 장소를 찾지 못할 것입니다. 특별히 악인들은, 지상으로 예수님을 에스코트하여 오는 수많은 하늘 천군들의 행렬이 다가올 때에 크게 동요하게 될 것입니다. 요한은 악인들이 자기가 거절하고 부인한 분의 임재 앞에서 피하려고 애쓰는 모습을 묘사하였습니다. "하늘은 종이 축이 말리는 것같이 떠나가고 각 산과 섬이 제자리에서 옮기우매 땅의 임금들과 왕족들과 장군들과 부자들과 강한 자들과 각 종과 자주자가 굴과 산 바위틈에 숨어 산과 바위에게 이르되 우리 위에 떨어져 보좌에 앉으신 이의 낯에서와 어린양의 진노에서 우리를 가리우라 그들의 진노의 큰 날이 이르렀으니 누가 능히 서리요 하더라"(계 6:14-17).

4 두 단계로 오시지 않음

사도 바울은 그리스도의 오심을 위하여 준비되지 못한 자들의 최후 운명에 대하여 다음과 같이 기록하고 있습니다. "환난 받는 너희에게는 우리와 함께 안식으로 갚으시는 것이 하나님의 공의시니 주 예수님께서 저의 능력의 천사들과 함께 하늘로부터 불꽃 중에 나타나실 때에 하나님을 모르는 자들과 우리 주 예수의 복음을 복종치 않는 자들에게 형벌을 주시리니 이런 자들이 주의 얼굴과 그의 힘의 영광을 떠나 영원한 멸망의 형벌을 받으리로다 그날에 강림하사 그의 성도들에게서 영광을 얻으시고"(살후 1:7-10). 의인들이 영화롭게 되는 동시에 주의 은혜를 거절한 자들은 그의 임재의 빛에 의하여 죽임을 당할 것입니다.

이 흥미로운 계시는 수백만의 그리스도인을 잘못 오도한 커다란 기만을 드러내고 있습니다. 성도들의 승천에 대해서는 비밀스러운 것이 하나도 없으며, 소위 "비밀 휴거"는 하나의 망상에 불과한 것입니다. 우리가 조금 전에 명확한 성경 말씀을 읽은 바와 같이, 의인들이 영원불멸의 몸을 받는 그 같은 시간에 악인도 심판받는 것입니다.

그리스도의 오심이 두 단계로 이루어진다는 이야기를 하는 그리스도인들이 있는데, 그들이 주장하는 것에 대한 어떠한 암시도 성경에서 찾아볼 수 없습니다. 매우 인기 있는 가르침인 "휴거" 즉, 예수님께서는 세상의 종말이 오기 7년 전에 오셔서 선한 사람들을 비밀리에 살짝 데려가신다는 관념은 아무런 성서적 뒷받침이 없는 것입니다. 의인들의 신비한 휴거 이후에 7년 동안 악인들이 지상에서 계속해서 생존한다는 가르침은 성경에서 찾을 수 없는 가상 이야기입니다. 바울은 말하기를 "예수님께서 강림하셔서 그의 성도들에게 영광을 얻으실 때." 악인들은 죽임을 당한다고 하였습니다.

얼마나 진리가 왜곡되었습니까? 악인들 역시 그리스도께서 오실 때, 예수 그리스도를 볼 것입니다. 바울은 "두 번째 나타나시리라(Will Appear)"(히 9:28)라고 말하였으며, 베드로는 "목자장이 나타나실 때에(Appear)"(벧전 5:4)라고 하였습니다. 만약에 주의 오심이 비밀스러운 것이거나 보이지 않는 일이라면, 그가 나타나시지 않을 것이라고 기록되었어야 합니다.

바울과 그의 동료가 바다에서 폭풍을 만나 흑암 중에 처해 있을 때에, 그가 표현하기를 "여러 날 동안 해와 별이 보이지 아니하고."(행 27:20)라고 말했습니다. 나타난다는 것은 눈에 보인다는 것을 의미합니다. 예수님께서 오실 때에 나타나실까요? 나타나지 않으실까요? 많은 성경 절들이 주께서 나타나실 것이라고 말합니다. 성경을 신뢰하시겠습니까? 아니면, 자신이 믿기 원하는 바를 지지하기 위하여 "나타나실 것이요."라는 말씀을 "나타나지 않을 것이요."라는 의미로 해석하시겠습니까?

5 도적같이 오심

예수님의 오심에 대하여 설명하는 두 가지 성경 구절을 잘못 해석함으로써 많은 혼돈이 생겨나고 있습니다. 그러나 주님께서는 편견이 없는 사람이라면 누구라도 오해할 수 없도록 명확하게 말씀하셨습니다. 자 이제, 주님의 말씀 중에서 비밀 휴거를 증명하는 말씀으로 사용되고 있는 "밤중에 도적같이"라는 말씀과, "하나는 데려감을 당하고 하나는 버려둠을 당하리라."라는 말씀을 자세히 살펴봅시다. 만일 우리가 마음을 열고 성경이 말하는 그대로를 받아들이고자 한다면, 예수님께서 하신 말씀 가운데 모호할 것이 전혀 없다는 사실을 발견하게 될 것입니다.

주님께서 "밤중에 도적같이" 임하실 것이라고 말씀하신 의미가 무엇일까요? 주께서 마태복음 24장 42-44절에 자세하게 설명하셨습니다. "그러므로 깨어 있으라 어느 날에 너희 주가 임할는지 너희가 알지 못함이니라 너희도 아는 바니 만일 집 주인이 도적이 어느 경점에 올 줄을 알았더면 깨어 있어 그 집을 뚫지 못하게 하였으리라 이러므로 너희도 예비하고 있으라 생각지 않은 때에 인자가 오리라."

바로 여기에 있습니다! 어린아이라도 이해할 수 있을 만큼 간단하지 않습니까? 주의 재림은 거의 모든 사람이 기대하지 않을 때에 이루어질 것입니다. 재림은 이 세상을 깜짝 놀라게 만들 것입니다. 주의 오심은 이 땅의 사람들이 가장 적게 기대하고 있을 때에 나타날 것입니다. 사람들은 밤중에 오는 도적을 예상하지 못하는 것처럼, 준비되지 못한 상태에서 그리스도의 재림을 맞이할 것입니다. 이 말씀은 주님께서 도둑처럼 아무도 모르게, 살짝 비밀스럽게 우리에게 오실 것이라는 의미가 아닙니다. 앞에서 배운 것처럼, 주님께서 오시는 광경은 온 세상 사람이 동시에 목격하게 될 장엄한 광경으로 이루어질 것입니다. 그러나 그분께서는 아무도 예상하지 못하는 때에 오실 것입니다. 예수님께서 50절에서 그 점을 다음과 같이 재강조해 주시고 계십니다. "생각지 않은 날 알지 못하는 시간에 그 종의 주인이 이르러."

베드로도 그리스도의 오심을 묘사하면서 똑같은 말을 사용하였습니다. "그러나 주의 날이 도적같이 오리니 그날에는 하늘이 큰 소리로 떠나가고 체질이 뜨거운 불에 풀어지고"(벧후 3:10). 이 성경 절 하나 안에도, 요즈음 많이 논란되고 있는 말의 의미를 알 수 있는 모든 증거가 포함되어 있습니다. 베드로는 예수님께서 도적같이 오실 때를 말하면서, 동시에 하늘이 큰 소리로 떠나가는 모습을 말하고 있습니다. 그것이 비밀스러운 일이 될 수 있겠습니까? 상식을 가지고 있는 그리스도인이라면, 이 장면을 예수님께서 공중에 살짝 임하심과 동시에 수백만의 사람이 하늘로 비밀스럽게 들려 올려지고, 나머지 다른 사람들은 전혀 무슨 일이 일어나고 있는지도 모르는 모습으로 생각할 수 없습니다. 그러한 해석은 성경 말씀이 의미하는 바와는 정반대입니다. 베드로가 언급한 "큰 소리"는 바울의 서신 가운데에서, 너무 소리가 커서 죽은 자들까지도 깨어 일어나리라고 말한 바로 그 외침과 나팔 소리입니다.

6 하나는 데려감을 당하고 하나는 버려둠을 당함

놀라운 사실은, 사람들이 이렇게 분명한 성경 절들을 자신들의 주장을 뒷받침하기 위하여 문맥에서 떼어내어 해석하는 것입니다. 똑같은 일이 맷돌을 가는 두 여인의 예화에도 생겼습니다. 예수님께서 "하나는 데려감을 당하고 하나는 버려둠을 당할 것이요."라고 말씀하셨는데, 이 성경 절이 포함된 문맥은 우리에게 어떠한 의미를 전해 주고 있습니까? 예수님께서 성도들의 비밀 휴거에 대하여 가르치신 어떠한 암시라도 있습니까?

문제의 성경 절인 누가복음 17장 34절부터 37절의 의미를 올바로 이해하기 위해서, 그 문맥의 전후를 읽어 봅시다. 26절부터 시작하여 예수님께서는 당신이 오실 때가 노아의 때와 같을 것이라고 말씀하십니다. "노아의 때에 된 것과 같이 인자의 때에도 그러하리라 노아가 방주에 들어가던 날까지 사람들이 먹고 마시고 장가들고 시집가더니 홍수가 나서 저희를 다 멸하였으며." 그 당시와 지금의 세태는 너무도 유사합니다. 홍수가 나기 전에 어떤 이들은 데려감을 받았고, 어떤 이들은 버려둠을 받았습니다. 데려감을 받은 자들은 방주로 들어가 구원을 받았습니다. 남아 있는 자들(버려둠을 당한 자들)은 흉용하는 물결에 의해 다 멸망되었습니다.

그리스도께서는 또 다른 예화를 가지고 설명하시었습니다. "또 롯의 때와 같으리니 사람들이 먹고 마시고 사고 팔고 심고 집을 짓더니 롯이 소돔에서 나가던 날에 하늘로서 불과 유황이 비 오듯 하여 저희를 멸하였느니라 인자의 나타나는 날에도 이러하리라"(28-30절). 또

다시, 유사한 장면이 반복되었습니다. 어떤 이들은 도시로부터 안전히 데려감을 받았고 어떤 이들은 버려둠을 당했습니다. 남겨둠을 당한 자들에게 어떤 일이 일어났습니까? 그들은 모두 불에 의하여 멸망하였습니다.

자, 이제 34절로 가봅시다. "내가 너희에게 이르노니 그 밤에 두 남자가 한 자리에 누워 있으매 하나는 데려감을 당하고 하나는 버려둠을 당할 것이요 두 여자가 함께 매를 갈고 있으매 하나는 데려감을 당하고 하나는 버려둠을 당할 것이니라." 여러분이 이 성경 절들을 해석할 때에, 바로 전에 그리스도께서 말씀하셨던 예증들과의 일치성을 꼭 마음에 두셔야 합니다. 매 경우 의인을 악인으로부터 골라내는 일이 있고 나서 악인이 죽임을 당했습니다. 문맥이 말하는 바와 같이, 노아와 롯의 때에 버려둠을 당한 자들이 죽음을 당했던 것처럼, 버려둠을 당하는 자들은 "죽음"을 당하게 된다는 사실을 이해해야만 합니다. 다음에 계속되는 성경 절을 읽으면, 예수님께서 말씀하시고 계신 바를 더욱 정확하게 알 수 있습니다. "저희가 대답하여 가로되 주여 어디오니이까 가라사대 주검(죽음) 있는 곳에는 독수리가 모이느니라 하시니라"(37절).

예수님께서 하나는 데려감을 당하고 하나는 버려둠을 당할 것이라고 말씀하시자, 제자들이 그들이 어디에 버려둠을 당할 것인지를 물었습니다. 주님의 대답은 명확하게 버려둠을 당할 자들은 죽을 것이라는 사실을 나타내고 있습니다. 버려둠을 당하는 자들의 시체는 독수리들의 먹이가 될 것입니다. 바로 이것이, 이 문제에 대해서 다른 성경 구절들이 말하는 바와 완전한 조화를 이루는 해석입니다. 마지막에 구원받을 자와 멸망받을 자들이 갈라지는 일이 어떤 비밀스러운 방법으로 될 것이라는 암시가 전혀 없습니다. 그럼에도, 근거 없는 전통을 유지하기 위해서, 영감의 말씀을 자신들이 기존에 가지고 있던 편견에 맞추려고 노력함으로써, 결국에는 성경 말씀을 곡해하게 됩니다.

먼저 비밀 휴거가 있고, 7년 후에 다시 재림이 있을 것이라는 비성서적인 두 단계 재림의 가르침이 계속해서 가르쳐져 왔기 때문에, 수많은 사람이 그것을 진리인 것처럼 믿게 된 것입니다. 그것은 매우 위험한 가르침입니다. 왜냐하면, 그것은 대다수 그리스도인을 멸망으로 인도하도록 기만할 가능성이 있기 때문입니다. 악인들은 예수님 재림 시에 버림받아 멸망하는 것이지, 비밀 휴거설이 주장하는 바와 같이 7년 환란기를 통과하면서 회개하고 구원받을 또 다른 기회가 주어지는 것이 아닙니다. 예수님의 공중 재림 이후에, 이 지상 어디에도 살아 있는 사람이란 없을 것이며, 소위 "7년 대환란"이라는 것도 있을 수 없습니다. 예수님께서는 마지막 때에 "너희가 사람의 미혹을 받지 않도록 주의하라"라고 경고하셨습니다. 여러분은 예수 그리스도의 경고를 심각하게 받아들이고 있습니까?

7 천주교회에서 태동한 휴거설

휴거설은 천주교회에서 500여년 전에 고안해 기초를 놓은 가르침입니다. 모든 그리스도인은, 어떻게 이러한 이론이 생기게 되었으며, 왜 이러한 이론이 생겼는가를 이해해야만 합니다. 만약 휴거설과 미래에 나타날 적그리스도에 대한 교리를 그토록 열렬히 지지하는 개신교인들이 다음과 같은 역사적인 사실을 알게 된다면 아마 경악을 금치 못할 것입니다.

종교 개혁 당시, 마틴 루터와 그의 동료 개혁자들은 과감하게 교황이 "죄의 사람"이라는 사실을 성경을 통해서 밝혔으며, 천주교회를 예언에 나타나 있는 적그리스도의 세력이라고 지목하였습니다. 이러한 공격에 대하여 천주교회의 지도층에서는 종교 개혁을 철저히 분쇄하기 위한 반 종교 개혁(Counter-reformation) 운동을 개시했고, 이 운동의 하나로, 그러한 공격을 피할 수 있는 예언 해석을 만들기 위하여, 두 명의 제수이트(예수회) 신부들에게 방어용 예언 해석의 책임을 맡기었습니다. 이 두 신부는 개혁자들의 해석을 반대하기 위한 학설을 만들어 내었는데, 그럼에도 두 신부의 이론이 세월이 흘러가면서 거의 모든 개신교 신학의 기초를 이루게 되었습니다. 그들은, 마틴 루터가 교황을 적그리스도로 지목하는 일을 효과적으로 방어했을 뿐 아니라, 개혁 운동의 결과로 생겨난 모든 개신교회의 항거 운동을 교묘하게 분리하고 희석하는 일에 성공하였습니다.

오늘날, 종교의 흐름을 주의 깊게 지켜보는 사람들은, 빌리 그래함 목사나 제리 폴웰 목사 같은 개신교회의 대표적인 지도자들이 미국과 바티칸의 정치적인 연합을 인정할 뿐만 아니라 지지하는 모습을 보면서 깜짝 놀라고 있습니다. 그토록 유명한 개신교의 대표자들이 로마 천주교회와의 연합에 대한 위험을 보지 못할 수 있습니까? 그것은 그들 역시 다른 수많은 그리스도인처럼, 종교 개혁자들의 역사적이고 성경적인 입장을 희미하게 만들어 버린 천주교회의 두 신부의 논리에 깊은 영향을 받았기 때문입니다. 만일 루터나 웨슬리의 영적 후계자들이 원래의 가르침을 지금까지 붙잡고 있다면, 오늘날 단 한 명의 루터교회나 감리교회 교인도 천주교회와의 어떤 종류의 동맹도 환영하지 않을 것입니다.

자, 이제 종교 개혁에 대항하는 두 학설로, 세계를 휩쓴 두 명의 스페인계 신부들의 가르침을 살펴봅시다. 먼저, 알카잘 신부는 요한계시록에 나오는 "짐승"에 대한 모든 예언을 안티오커스 에피파네스 즉, 교황이 로마를 지배하기 오래전에 살았던 한 장군에게 적용시킴으로써, 적그리스도에 관한 예언이 이미 과거에 성취된 것으로 설명하였고, 교황을 적그리스도라고 지목하였던 개혁자들의 공격을 피할 수 있게 만들었습니다. 그의 해석 방법은 예언 해석의 분류로는 과거주의 학파로 불려왔습니다.

그 반면에, 제수이트(예수회) 신부인 프란시스코 리베라는 미래주의로 알려진 학설을 창안해 내었습니다. 그는 적그리스도를 세상의 종말에 나타나서 3년 반 동안 세력을 유지하는 뛰어난 어떤 인간으로 가르쳤습니다. 따라서 그의 가르침도 교황을 향한 종교 개혁자들의 공격을 미래로 돌리는 일에 결정적인 역할을 담당하였습니다. 이러한 그의 비성서적인 학설이 현대 그리스도인들에 의하여 부활하였습니다. 오늘날 수백만의 침례교, 감리교, 오순절 파의 교인들이 예수회 신부들이 만든 잘못된 학설을 마치 오류가 있을 수 없는 교리처럼 받들고 있습니다. 만일 루터와 함께 천주교회의 오류들에 대항해서 용감하게 일어섰던 개혁자들이 오늘날 부활하여서 개신교회의 이름으로 가르쳐지고 있는 가르침들을 듣게 된다면 아마 깜짝 놀랄 것입니다.

1800년도 초기에 예수회 신부 리베라의 미래주의 견해는 잘 다듬어지게 되었고, 7년 환란과 성도들의 휴거 같은 가르침들이 보강되었습니다. 처음으로 그 가르침이 받아들여졌던 것은, 로마 천주교회와 화해의 길을 모색하던 개신교 지도자들에 의해서 이루어졌습니다. 영국의 플리머드 형제 교회의 쟌 넬슨 달비(John Nelson Darby)의 저술과 영향을 통하여, 이 새로운 교리가 미국에까지 퍼지게 되었습니다. 사이러스 스코필드가 1909년도에 펴낸 스코필드 주석 성경의 해설 속에 이 가르침을 집어넣음으로써, 19세기 중엽과 말엽에는 미래주의 가르침이 크게 확산하게 되었습니다.

8 구원과 보상

이제, 우리는 이 문제에 가장 극적인 국면으로 들어가 보겠습니다. 왜 예수님께서는 이 지구로 다시 돌아오실까요? 사도 요한은 이에 대한 답을 기록하였습니다. "보라 내가 속히 오리니 내가 줄 상이 내게 있어 각 사람에게 그의 일한 대로 갚아 주리라"(계 22:12).

길고 긴 수천 년의 고난 이후에, 하나님의 백성은 마침내 사탄의 악의 속박으로부터 구속함을 받게 될 것입니다. 마귀 세력의 증표는 지상의 공동묘지들과 전쟁 전사자들의 기념비들 위에 새겨져 있습니다. 성도들의 눈물과 부르짖음은 아담이 죄를 범한 이후부터 모든 세대의 역사를 통하여 점철됐습니다. 죄의 저주가 걷히고 모든 인류의 최대의 원수가 영원히 없어지는 그날이 어서 속히 오기를 얼마나 기다리십니까? 바울은 다음과 같은 글로 묘사했습니다. "주께서 호령과 천사장의 소리와 하나님의 나팔로 친히 하늘로 좇아 강림하시리니 그리스도 안에서 죽은 자들이 먼저 일어나고 그 후에 우리 살아남은 자도 저희와 함께 구름 속으로 끌어올려 공중에서 주를 영접하게 하시리니 그리하여 우리가 항상 주와 함께 있으리라"(살전 4:16,17).

그리스도께서 가지고 오시는 보상은 지구 위의 어느 언어로도 적당하게 묘사할 수 없는데, 무엇보다도 죽은 의인들의 부활의 광경은 장엄한 초점을 이룰 것입니다. 수 세기 동안 자고 있던 수많은 자는 마치 꿈도 꾸지 않고 하룻밤 자고 난 것처럼 깨어날 것입니다. 또 어떤 사람들은 일생 처음으로 자신을 괴롭혀온 통증으로부터 자유롭게 될 것입니다. 과거에는 그저 만지거나 소리를 들어야만 사랑하는 자들을 알아볼 수 있었던 맹인들의 눈이 열리게 될 것입니다.

바울은 성도들이 순식간에 변화하여 영원히 죽음과 고통의 영역을 벗어나는 일을 이렇게 묘사합니다. "보라 내가 너희에게 비밀을 말하노니 우리가 다 잠잘 것이 아니요 마지막 나팔에 순식간에 홀연히 다 변화하리니 나팔 소리가 나매 죽은 자들이 썩지 아니할 것으로 다시 살고 우리도 변화 하리라 이 썩을 것이 불가불 썩지 아니할 것을 입겠고 이 죽을 것이 죽지 아니함을 입으리로다"(고전 15:51-53). 부활한 자들이 공중에서 예수님을 만나기 위하여 일어나고 모든 살아 있는 성도가 순식간에 불멸하는 젊음의 몸으로 변화됩니다. 예수님의 발은 그때에 땅을 밟지 않을 것이며, 모든 구원받은 자들이 공중으로 끌려 올라가서 하늘에서 내려오시는 주님을 만나게 됩니다. 그 우주적인 재회는 기나긴 지구의 역사 가운데 가장 황홀하고 감동적인 순간이 될 것입니다. 성경의 많은 말씀이 그 절정의 사건을 가장 열띤 어조로 묘사하고 있는 것은 이상한 일이 아닙니다.

거의 모든 그리스도인이 그리스도 재림의 특수성과 그것이 어떻게 지구의 거민들에게 영향을 미칠 것인가에 대하여 이해하고 있다고 생각하십니까? 현실은 그렇지 않음을 증명하고 있습니다. 거의 모든 교회가, 개신교회를 세운 개혁자들의 성경적인 견해를 잃어버렸으며, 천주교회에서 유래된 휴거설을 받아들였습니다. 그 결과로 수많은 교회의 교인들이 결코 일어나지 않을 사건들을 간절히 고대하게 된 것입니다. 헤아릴 수 없이 많은 사람에게 있어서, 주님의 오심은 몹시 두렵고 황당무계한 주제가 되어버렸습니다. 많은 그리스도인이 재림 사건에 대해 무감각한 이유는 대개 그들이 주님을 맞이할 개인적인 확신이 부족하기 때문입니다.

9 훔친 달콤한 것들

재림에 대한 개인적인 준비와 확신의 부족 때문에, 많은 교인은 주님의 재림에 대하여 막연하고 무관심한 태도를 보이게 되었습니다. 많은 사람은 자신들이 주님을 보기 원하는지 또는 원하지 않는지조차도 모릅니다. 오늘날 현대 교회가 가지고 있는 가장 슬픈 이야기 중의 하나는 주님을 사랑한다고 말하지만, 주님을 만나게 될 재림을 간절한 마음으로 기다리지 않는 것입니다! 왜 우리가 우리를 사랑하시고, 우리를 위하여 돌아가신 분을 보기를 간절히 사모하지 않습니까? 모든 참된 그리스도인은 주의 오심에 대하여 열광적이어야 합니다. 우리는 그것에 대하여 말하고 노래하며 설교해야 합니다. 바울이 말한 것처럼 "그의 나타나심을 사모"하여야 합니다. 그것은 모든 하나님의 자녀의 "복스러운 소망"이기 때문입니다.

저의 어머니는 음식을 잘 만드는 분이셨는데, 특히 맛있는 케이크는 일품이었습니다. 어릴 때에 어머니께서 케이크를 겹겹이 놓고 그 위에 맛있는 크림을 덮는 모습을 지켜보던 것이 지금도 생각납니다. 제일 신이 나는 시간은 어머님께서 케이크를 덮고 남은 크림을 먹으라고 허락하실 때였습니다. 불행히도 어떤 때는 별로 많이 남지 않았지만, 항상 한 숟가락 정도는 긁어낼 수가 있었습니다. 나는 맛있고 달콤한 것들이 케이크 주위에 서서히 붙는 장면을 열심히 바라보곤 했습니다. 가끔 그 가장자리들이 너무 두꺼워져서 굳어진 크림이 떨어져 밑받침 위에 쌓일 때도 있었습니다. 나에게 있어서 가장 큰 시험은 어머니가 크고 아름다운 케이크를 테이블 중앙에 놓아둔 채, 나를 혼자 집에 남겨둔 날이었습니다. 새로 장식된 케이크에서 두꺼운 크림이 밑으로 흘러내린 것을 침을 흘리면서 바라보고 있었습니다. 그 달콤한 것들이 밑받침 접시에 거의 흘러내린 것처럼 보였을 때, 나는 더는 참을 수가 없었습니다. 조심스럽게, 손가락을 케이크의 주변에 떨어져 있는 것들을 먹기 위해서 뻗쳤습니다.

그때 갑자기 문을 열고 어머니께서 들어오셨습니다. 몰래 훔쳐 먹은 흔적을 없애기도 전에 어머니께서 방에 들어오셨던 것입니다. 어머니께서 하지 말라고 명하신 것을 제가 하고 있었기 때문에, 저는 그 순간 어머니께서 집으로 돌아오시는 것을 원하지 않았습니다. 저는 바로 이것이 많은 사람이 예수님께서 오시는 것을 두려워하는 이유라고 믿습니다. 그들의 손안에는, 이 세상에서 훔친 달콤한 것들로 가득 차 있기 때문입니다. 죄를 붙잡고 있는 사람마다 그리스도를 두려워하게 됩니다.

10 낙원으로 돌아감

하나님께서는 인류 가족을 태초부터 계획하신 죄 없는 상태로 회복하실 것입니다. 에덴 낙원의 완전한 상태뿐만 아니라 하나님께서 창조하신 원래 인간의 모습도 회복될 것입니다. 그러나 새 에덴과 옛 에덴 사이에는 생활의 질에 커다란 차이가 있을 것입니다. 아담은 조건적인 불멸의 몸을 받았지만, 구속 받은 자들은 절대적이고 무조건적으로 하나님의 생명으로 나아가는 길을 받을 것입니다.

비록 선택의 능력(자유의지)이 계속 남아 있을 것이지만 불멸을 입은 성도들 중 어느 누구도 다시는 하나님을 불순종하기로 선택하지 않을 것입니다. 그것은 하나님의 성품과 사탄의 성품이 오랜 세대에 걸친 대쟁투 속에서 분명하게 드러났기 때문에, 우주는 더 이상의 반역과 불순종을 하지 않게 될 것입니다. 모든 피조물은 죄의 결과를 보았으므로, 아무도 고통과 슬픔의 경험을 되풀이하려고 선택하지 아니할 것입니다.

예수님의 다시 오심은 참으로 영화로운 진리입니다. 이 세상은 산산조각이 난 평화의 계획들과 깨어진 조약들과 수포로 돌아간 희망들로 인하여 병들어 있습니다. 인류는 두려움과 불안을 완전히 제거할 수 있는 평화를 갈구하고 있습니다. 그리스도의 재림은 인간의 근심을 조장하는 모든 것들에 종지부를 찍을 것입니다. 빈곤과 질병, 전쟁과 죽음은 가장 흔한 스트레스의 원인인데, 그러한 모든 것들은 주께서 오실 때에야 비로소 사라질 것입니다.

그러나 가장 감격스러운 기대는, 우리가 예수님의 얼굴을 대하고 그분의 임재 속에서 영원토록 살게 될 것이라는 것입니다. 그 순간이야말로 우리가 모두 품어 왔던 소망과 꿈들의 가장 높은 클라이맥스가 될 것입니다. 그날을 위하여 준비하는 것이 우리 모든 생각과 행동의 중점이 되도록 해야 합니다. 하나님께서는 우리가 곧 오시는 주님의 재림을 사모하는 기도를 드리지 않은 채 하루를 보내기를 원치 않으십니다!

제2부 성경으로 살펴본 "비밀 휴거설"에 대한 허구성

1 서론

오늘날, 수백만 그리스도인의 마음을 어지럽게 하고, 현대 종교계에 엄청난 교리적 혼동의 요인이 되어온 신학적 질문이 있습니다. 그 질문은 세상 끝에, 그리스도께서 어떤 방법으로 이 땅에 임하실 것인가에 대한 문제를 둘러싸고 일어나는 의문입니다. 수많은 사람이 그리스도께서 비밀리에 재림하실 것으로 믿도록 유도하는 가르침을 받아왔습니다. 소위 휴거라는 가르침은 어떻습니까? 오늘날, 많은 그리스도인은 "세대주의자" 혹은 "미래주의자"들의 예언 해석을 듣게 되었는데, 그 결과로 심한 혼돈을 갖게 되었습니다.

이 견해에 따르면, 그리스도께서 앞으로 분리된 두 사건을 통하여 두 번 세상에 오신다는 것입니다. 먼저 비밀리에 오셔서 교회를 하늘로 데리고 가시고, 그 후 7년 후에 능력과 영광으로 다시 오신다는 것입니다. 이 두 사건의 사이 즉, 7년 동안 적그리스도가 세상을 장악하게 될 것이며, 이 기간이 대환란의 기간이 된다는 것입니다. 그러나 성경 어느 곳을 보아도, 이처럼 예수님께서 두 번 따로 오신다고 말한 곳은 없습니다. 먼저 "휴거"가 있겠고, 7년 후에 다시 그리스도의 강림이 있을 것이라는 말씀은 없습니다. "휴거"라는 말은 신학자들이 지어낸 말입니다. 성경에는 이런 말이 없으며, 그리스도의 강림을 말하기 위해 만들어진 용어입니다.

성경은 그리스도의 오심, 의인들의 부활, 성도들이 주를 뵙도록 공중으로 끌려감, 이 모든 것이 세상 끝에 동시에 일어나리라고 말하고 있습니다. 그래서 예수님께서는 "볼지어다 내가 세상 끝날까지 너희와 항상 함께 있으리라."(마 28:20) 고 말씀하셨습니다. 예수님께서 세상 끝이 되기 7년 전에 사람들을 세상에서 데려가시기 위하여 오실 것이라면, 왜 "세상 끝날까지 너희와 항상 함께" 하시겠다고 말씀하셨습니까? 휴거가 이루어질까요? 아니면 예수 그리스도의 약속이 이루어질까요?

2 비밀리에 오실 것인가?

휴거를 주장하는 사람들은 그리스도께서 "밤에 도적같이" 오실 것이라는 성경 절에 집착되어 있습니다. 그들은 그리스도의 재림이 "밤에 도적같이" 고요하고 비밀리에 이루어진다고 생각합니다. 그러나 이것이 그런 뜻입니까? 그 말씀이 전혀 그런 뜻이 아님을 설명해 주는 성경 절을 찾아봅시다. 베드로후서 3장 10절에서, "주의 날이 도적같이 오리니 그날에는 하늘이 큰 소리로 떠나" 간다고 하였습니다. 만약 "밤에 도적같이" 비밀리에 오신다는 말씀이 세상 끝이 되기 7년 전에 있을 휴거(비밀 승천)라면, 어떻게 베드로가 "그날에는 하늘이 큰 소리로 떠나"갈 것이라고 말할 수 있습니까?

예수님께서는, 당신의 오심이 어떻게 도적이 침입하는 것과 관련이 있는지를 분명히 설명하셨습니다. "그러므로 깨어 있으라 어느 날에 너희 주가 임할는지 너희가 알지 못함이니라 너희도 아는 바니 만일 집 주인이 도적이 어느 경점에 올 줄을 알았더면 깨어 있어 그 집을 뚫지 못하게 하였으리라"(마 24:42,43). 너무도 분명하고 단순하지 않습니까? 도적은 예기치 못한 때, 불시에 옵니다. 마찬가지로 주님의 오심도 사람들을 놀라게 할 것입니다. 많은 사람이 주님의 오심을 주의하지도, 고대하지도 않기 때문입니다.

3 그리스도께서 두 단계로 재림하실 것인가?

세대주의자들은 그리스도의 오심이 두 단계로 나누어질 것이라는 의미가 "헬라어"에 나타나 있다고 가르칩니다. 그들은 먼저 휴거(파루시아), 즉 비밀리에 오심이 있고, 그다음 7년 후에 나타나심(아포칼립시스), 즉 그분의 능력과 영광중에 오심이 있을 것이라고 주장합니다. 그러나 사실 이 헬라어 용어들은 두 가지의 분리된 사건을 말하는 것이 아니라, 동일한 사건에 대해서 서로 다른 용어로 표현하고 있을 뿐입니다. 두 용어는 동일한 사건을 말하는 것이며, 두 용어에는 7년간의 시간의 간격을 암시하는 의미가 없습니다.

4 7년 동안의 환란

휴거주의 신학이 7년 기간을 매우 자주 말하고 있기 때문에, 우리는 성경이 그 기간을 자주 언급하고 있는 것으로 생각하기 쉽습니다. 그러나 그렇지 않습니다. 성경의 단 한 구절도 7년을 세상 끝이나 그리스도의 오심과 관련하여 말하지 않습니다. 대부분의 휴거주의 저작물들은 성경상의 증명이나 설명을 제시하지 않은 채 7년 동안의 환란 기간을 언급합니다. 대다수의 사람은 이것이 너무도 잘 교리화 되어 있기 때문에 어떤 증명이 필요치 않다고 생각합니다. 그러나 사실은 그와 정반대입니다. 전혀 그렇지 않습니다.

성경을 깊이 연구하는 사람들은, 휴거주의자들이 7년 기간을 증명하기 위해서, 다니엘 9장 24-27절을 전체 구절의 문맥을 무시하고 인용하는 것에 놀랍니다. 하나님께서는 이스라엘 나라의 유예 기간에 대해서 놀라운 예언을 하셨습니다. 천사가 다니엘에게 말하기를, "네 백성과 네 거룩한 성을 위하여 칠십 이레(즉, "70이레의 해" RSV)로 기한을 정하였나니 허물이 마치며 죄가 끝나며."(24절)라고 하였습니다. 하나님께서는 이스라엘 백성에게 70주의 기간을 허락하셨는데, 이것은 하나님께서 메시아의 오심을 위해서 준비할 기간을 유대인들에게 주신 것입니다.

70주(Week)는 예언적인 기간인데, 이것은 성경의 예언 해석법에 따라 하루를 1년으로 환산해야 합니다.(겔 4:6을 참조할 것) 그러므로 70주는 실제로 490년의 기간이 되며(70주에 7일을 곱하면 490일이 되는데, 이것은 기간적인 예언을 해석하면 490년으로 환산됨), 그 후에는 이스라엘 백성이 더는 하나님의 선택받은 백성이 아닙니다. 왜냐하면, 그들은 메시아를 거절했기 때문에, 이스라엘 국가로서의 은혜의 기간이 끝나게 되었던 것입니다. 하나님께서는 490년이라는 긴 기간을 이스라엘 백성에게 허락하시면서, 그들이 회개하고 잘 준비하여 메시아를 영접하게 되기를 기대하셨던 것입니다.

또한, 다니엘 9장 25절의 70주에 관한 예언은 예루살렘 중건령과 함께 시작되었다는 사실을 잊지 말아야 합니다. 그 날짜는 잘 알려진 바와 같이 아닥사스다왕이 조서를 내린(스 7:7-13) 기원전 457년입니다. 기원전 457년부터, 유대인들이 메시아를 거절함으로써 그 죄악의 잔을 다 채우기까지 정확하게 490년이 걸렸습니다. 490년 동안의 유예 기간은 주후 34년에 끝나게 되는데, 이때 유대인들은 하나님의 선민으로서의 특권을 상실하게 되었던 것입니다.

다니엘 9장 25절은, 70주일 중에서 69주가 지난 후에 메시아가 기름 부음을 받을 것을 말합니다. 그것은 이 예언의 시작점인 기원전 457년 즉, 예루살렘 성의 중건령이 선포된 해로부터 483년 후입니다.(69주에 7일을 곱하면 483일이 되는데, 이것은 483년으로 환산됨) 이 예언의 시작점인 예루살렘 성의 중건령 선포 연도인 기원전 457년부터 483년을 내려가면, 주후 27년이 되는데, 그 해는 바로 예수님께서 요한에게 침례를 받으시고 성령의 기름 부음을 받으셨던 해이며, 동시에 지상 봉사를 시작하셨던 해입니다. 또한 "메시아"라는 단어의 뜻이 "기름 부음을 받은 자"라는 것을 생각해 볼 때, 이 사건은 메시아가 주후 27년에 나타날 것이라는 다니엘의 예언의 확실한 성취가 아닐 수 없습니다.

이 중요한 문제를 좀 더 연구해 봅시다. 70주일은 유대 나라의 유예 기간을 위해 주어진 것이었는데, 그리스도께서는 메시아로 나타나신 것은 69주가 마치던 해였습니다. 그러므로 유대인들의 유예 기간이 끝나기까지는 한 주일(70번째 주, 즉 7년)이 남아 있는 것입니다. 그런데 그 마지막 주에 무슨 일이 일어났습니까? 계속해서 27절에 나오는 예언은 70번째 주에 일어날 사건들에 대해서 정확하게 설명하고 있습니다. "그가 장차 많은 사람으로 더불어 한 이레 동안의 언약을 굳게 정하겠고 그가 그 이레의 절반에 제사와 예물을 금지할 것이며"

이레의 절반(일주일의 반, 즉 7년의 반은 3년 반임)은 예수님께서 침례 받으신 후에 공중 봉사하실 기간인 3.5일(3년 반)이 될 것입니다. 다시 한 번, 신약 성경은 다니엘의 예언을 정확하게 성취했습니다. 즉, 예수님의 지상 봉사가 3년 반 동안 이루어졌으며, 그리하여 주후 31년 봄에 그분은 십자가에 달려 돌아가셨습니다. 그때 성전의 휘장이 찢어졌는데(마 27:51), 그것은 희생 제도의 끝을 의미했습니다. 그리스도의 죽으심이 성소에서 양을 잡아 죽이는 희생 제도를 끝나게 했던 것입니다. 7년 기간에서 나머지 3년 반이 지나면 70주가 채워질 것인데, 그때에 유대인의 유예 기간이 끝날 것이었습니다. 나머지 3년 반 동안, 제자들은 주로 유대인들을 위해 일했습니다. 그러나 주후 34년(3년 반 후)에 스데반이 유대인들의 돌에 맞아 죽던 때에 드디어 70주일의 유예 기간은 끝났습니다.

스데반이 돌에 맞아 죽는 순교와 함께 유대 국가의 유예 기간은 마치게 되었고, 드디어 그리스도의 복음은 이방인들에게 전파되기 시작했습니다.(행 8:4) 유대인들은 끝까지 복음의 기별을 거절하였고, 그래서 다니엘이 예언한 그대로, 그들은 하나님 백성의 특권을 상실하게 되었습니다. 그때부터 그들은 이방인들과 똑같이 개인 단위로 구원을 받을 수밖에 없었습니다. 더 이상 한 국가로서 선택받은 백성이 되기를 거절했던 것입니다. 이스라엘 국가의 유예 기간의 끝을 알리는 다니엘 9장 27절에 대해서 신약 성경이 어떻게 말하고 있는지 살펴봅시다.

▣ 마태복음 21:43, "하나님의 나라를 너희는 빼앗기고…. "

▣ 마태복음 21:19, "길가에서 한 무화과 나무를 보시고 그리로 가사 잎사귀 밖에 아무것도 얻지 못하시고 나무에게 이르시되 이제부터 영원토록 네게 열매가 맺지 못하리라 하시니 무화과 나무가 곧 마른지라"(무화과 나무는 유대 국가의 상징이었음)

▣ 마태복음 23:38, "보라 너희 집이 황폐하여 버린 바 되리라."

▣ 갈라디아서 3:28, "너희는 유대인이나 헬라인이나 종이나 자주자나 남자나 여자 없이 다 그리스도 예수 안에서 하나이니라."

▣ 갈라디아서 3:29, "너희가 그리스도께 속한 자면 곧 아브라함의 자손이요 약속대로 유업을 이을 자니라."

▣ 로마서 10:12, "유대인이나 헬라인이나 차별이 없음이라 한 주께서 모든 사람의 주가 되사 저를 부르는 모든 사람에게 부요하시도다."

▣ 로마서 9:6-8, "이스라엘에게서 난 그들이 다 이스라엘이 아니요 또한 아브라함의 씨가 다 그 자녀가 아니라 오직 이삭으로부터 난 자라야 네 씨라 칭하리라 하셨으니 곧 육신의 자녀가 하나님의 자녀가 아니라 오직 약속의 자녀가 씨로 여기심을 받느니라."(신약 성경은 하나님께서 영적 이스라엘을 가납하시며, 육체적 이스라엘을 거절하실 것을 가르칩니다.)

▣ 로마서 2:28,29, "대저 표면적 유대인이 유대인이 아니요 표면적 육신의 할례가 할례가 아니라 오직 이면적 유대인이 유대인이며 할례는 마음에 할지니 신령에 있고 의문에 있지 아니한 것이라."

▣ 사도행전 13:46, "하나님의 말씀을 마땅히 먼저 너희에게 전할 것이로되 너희가 버리고 영생 얻음에 합당치 않은 자로 자처하기로 우리가 이방인에게로 향하노라."

이제, 우리는 휴거주의자들이 어떻게 7년이라는 환난 기간을 만들어 냈는지 알 수 있습니다. 그들은 다니엘의 70주 예언에서 마지막 한 주, 즉 7년을 역사의 중간으로부터 뚝 떼어서 저 멀리 미래 즉, 세상 끝으로 가져갔습니다. 그들은 70주 예언에서 마지막 한 주는 말세에 그리스도께서 오셔서 의인들을 비밀리에 데려가신 후에 성취될 것이라고 해석합니다. 그러나 자신들의 7년 환란설을 뒷받침하기 위해선 어떤 성경 절이라도 붙잡아야만 했습니다. 그들은 다니엘 9장 25절의 69주일이 그리스도의 초림 기간에 관한 예언이라는 사실에 동의합니다. 그러나 그들은 그 69주와 마지막 70번째 주 사이에 2000년의 간격을 집어넣는 실수를 범했습니다. 그들은 예언의 시간표를 483년(69주) + 2000년 + 7년(1주) 즉, 총 2,490년으로 만들어 사용합니다. 이렇게 하나님의 말씀을 비성경적이고 비역사적으로 곡해함으로써, 유대인의 유예 기간이 아직도 끝나지 않았다고 믿게 되었는데, 그들은 이것을 근거로 해서 모든 혈통적 유대인들이 휴거가 있은 후, 두 번째 기회에서 구원받을 것이라고 가르치고 있습니다.

휴거론이 만든 가장 큰 비극은, 예수 그리스도의 생애와 죽으심에 대한 예언인 다니엘 9장 24-27절을 마지막 때에 나타나는 적그리스도에게 적용시키고 있는 것입니다. 그들은 "이레의 절반에 제사와 예물을 금"하게 될 것이라는 예언을, 제사와 예물을 금지할 사람이 적그리스도라고 설명함으로써 그리스도의 생애의 목적에 대한 예언을 완전히 왜곡시키고 있는 것입니다.

5 언제 적그리스도가 나타날 것인가?

지금까지 우리는 휴거론이 얼마나 일관성이 없고 모순된 것인가를 살펴보았는데, 그들의 주장은, 세상 끝이 되기 7년 전에 성도들은 데려감을 당할 것이고, 그 후에야 비로소 적그리스도가 나타난다는 것입니다. 바울은 데살로니가후서 2장의 처음 몇 절에서 이 문제를 설명하고 있습니다.

"형제들아 우리가 너희에게 구하는 것은 우리 주 예수 그리스도의 강림하심과 우리가 그 앞에 모임에 관하여 혹 영으로나 혹 말로나 혹 우리에게서 받았다 하는 편지로나 주의 날이

이르렀다고 쉬 동심하거나 두려워하거나 하지 아니할 그것이라 누가 아무렇게 하여도 너희가 미혹하지 말라 먼저 배도하는 일이 있고 저 불법의 사람 곧 멸망의 아들이 나타나기 전에는 이르지 아니하리니 저는 대적하는 자라 범사에 일컫는 하나님이나 숭배함을 받는 자 위에 뛰어나 자존하여 하나님 성전에 앉아 자기를 보여 하나님이라 하느니라"(살후 2:1-4).

바울의 말은 너무도 자세하여 더 이상 설명할 것이 없습니다. 그리스도의 강림의 날에 앞서 "먼저 배도하는 일이 있고 저 불법의 사람 곧 멸망의 아들이 나타나기 전에는", 그리스도의 강림이 없을 것이라는 말입니다. 글을 읽을 줄 아는 어린아이나 개인적 편견이 없는 사람에게 이 성경 절의 의미를 물어보십시오. 그러면 그들은 이 성경 절들은 예수님께서 오시기 이전에 불법의 사람(적그리스도)이 나타날 것임을 말한다고 대답할 것입니다. 바울은 그가 이 편지서를 기록한 지 2000년 후에 갑자기 나타날 슈퍼맨에 대해 말하는 것이 아닙니다. 그는 "불법의 비밀이 이미 활동하였다."(7절) 고 말했습니다.

바울은 벌써 그 당시 나타나던 적그리스도의 영과 싸웠습니다. 주후 6세기쯤에는 적그리스도가 이미 성숙해 있었습니다. 그러나 대기만자인 사탄은 속임수로 주의 강림과 적그리스도의 출현의 순서를 뒤바꾸어 놓은 것입니다. "그때에 불법한 자가 나타나리니 주 예수님께서 그 입의 기운으로 저를 죽이시고 강림하여 나타나심으로 폐하시리라."(8절) 이것은 분명히 그리스도께서 오실 때, 적그리스도가 멸하여질 것을 말합니다. 그리스도의 강림 후에 적그리스도가 나타나서 7년 동안 세상을 장악하는 것이 아닙니다.

적그리스도의 정체를 밝히기에 앞서, 적그리스도가 미래에 나타날 것이라는 가르침이 어떻게 유래되었는지 알아봅시다. 종교 개혁 시대의 대부분 개혁자들은 적그리스도에 대한 예언이 중세 시대 동안의 엄청난 배도를 자행한 조직체를 말하는 것으로 이해하였습니다. 물론 로마 천주교회는 개혁자들의 해석을 존중하지 않았습니다. 개혁자들의 해석을 무효화하기 위해서 이루어졌던 노력을 살펴봅시다.

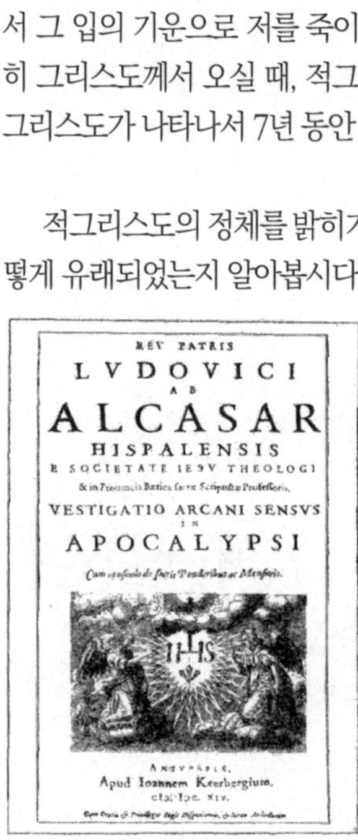
REV PATRIS
LVDOVICI
AB
ALCASAR
HISPALENSIS
E SOCIETATE IESV THEOLOGI
VESTIGATIO ARCANI SENSVS
IN
APOCALYPSI
Apud Ioannem Keerbergium.

교황권이 적그리스도라는 확신이 많은 사람의 마음을 지배하고 있었기 때문에 교황청은 마침내 분발하지 않으면 안 되겠다는 결론에 이르게 되었고, 따라서 교황청이 적그리스도라는 생각을 없애기 위해 다른 해석법을 내놓았습니다. "16세기 말쯤 로마 천주교회의 뛰어난 학자 두 명이 이 일에 자신들을 헌신하기로 하고, 동일한 목표를 달성하기 위해서 각기 달리 노력을 기울였다. 말하자면, 종교 개혁을 지지하는 사람들의 시선을 당시의 교황권 제도로부터 다른 곳으로 돌리도록 하기 위하여 적그리스도에 대한 새로운 예언 해석법을 창안해 내려고 하였다. 제수이트(예수회) 신부인 알카자(Spanish Jesuit Luis De Alcazar, 1554-1613)는 심혈을 기울여 예언해석의 과거주의를 고안해 냈다. 그래서 적그리스도에 대한 예언은 교황이 로마에서 통치를 시작하기 전에 이미 성취되었기 때문에, 다니엘의 예언을 교황권에 적용할 수 없다는 것을 사람들에게 보여주고자 애썼다.

반면에 제수이트(예수회)의 리베라 신부는 미래주의 해석 체계를 내놓음으로써, 적그리스도에 대한 예언을 교황권에 적용하는 것을 막고자 시도하였다. 그 해석 체계란, 적그리스도에 대한 예언은 교황권의 행적에 적용되어서는 안 되며, 아직 나타나지 않은 미래의 어떤, 초자연적 인물 즉, 3년 반 동안 권력을 행사하게 될 인물에 대한 예언이라고 해석하는 것이다. 이리하여, 알포드가 말한 바와 같이, 1580년경에 살았었던 제수잇 신부 리베라(Francisco de Ribera, 1537-1591)는 현대의 미래주의 해석 체계의 창시자라 볼 수 있다…. 오늘날, 미래주의 해석체계를 옹호하는 대부분의 사람은 개신교도들인데, 그들이 로마 천주교회의 영향력을 받아서 교황권이 적그리스도라는 성경적인 진리가 드러나지 않도록 가려주는 일을 돕고 있다는 것은 참으로 유감스러운 일이 아닐 수 없다."(요셉 태너, 다니엘과 계시록, 16,17페이지)

휴거의 이론과 미래의 적그리스도 이론은, 제수이트의 두 신부가 교황권을 보호하기 위해서 적그리스도에 관한 예언 해석을 왜곡시켜 놓았던 데에서부터 유래된 것입니다. 그리스도의 두 단계 재림론 역시 불미스런 역사에서 시작되었습니다. 이 견해가 가르쳐지기 시작한 것은 1830년경부터였습니다. 에드워드 어빙 (Edward Irving, 1792-1834) 목사가 시무하고 있던 교회에 다니던 마가렛 맥도날드 양은 그 당시 영감적인 발언으로 많은 사람의 주목을 받았습니다. 그녀는 영광스러운 그리스도의 재림에 대한 계시를 말했습니다. 그러나 뒤이어 또 다른 그리스도의 재림을 말했는데, 그 재림은 비밀스럽고 특별한 것이라는 것이었습니다.

그러나 이 가르침이 대규모로 받아들여지도록 크게 기여한 사람은 영국의 성공회 신부이었으나 그 후 플리머스 형제단의 창설자가 된 존 넬슨 다비(John Nelson Darby, 1800~1882)였습니다. 그의 가르침은 1850년대와 1860년대에 북미에 널리 퍼졌는데, 그의 그르침을 굳게 믿었던 사이러스 스코필드(Cyrus Ingerson Scofield, 1843-1921)가 그것을 1909년에 발행한 자신의 "Scofield Reference Bible" 난외주에 넣음으로써 대단한 각광을 받기 시작하였습니다.

그 후부터 이 견해는 널리 받아들여졌고, 특히 유전적으로 내려오는 가르침과 설교를 아무런 재고와 개인적인 성경 연구 없이 받아들인 수많은 크리스천에게 있어서 더욱 그러했으며, 지금도 수많은 크리스천이 이 견해를 받아들이고 있습니다.

토론토의 저명한 목사요 저술가인 오스왈드 스미스씨는 그의 작은 책자 "환난이냐 휴거냐."에서 "내가 전에는 두 단계 재림론을 주장했었으나, 스스로 성경을 연구해 보니 이 견해를 지지하는 말씀이 성경에 단 한 구절도 없음을 발견하였다"고 말했습니다.

그는 고백하기를, "나는, 헬라어로 '파루시아'는 항상 휴거를 뜻하는 말이며, 다른 단어들은 영광스런 그리스도의 재림을 뜻하는 것으로 배워 왔다…. 그러나 나는 이것이 진리가 아님을 발견하였다 …. 우리는 신약 성경을 모두 살펴보아도 주님의 오심이 소위 두 단계로 이루어진다는 암시를 전혀 찾아볼 수 없었다…. 이 이론은 사람이 스스로 만들어낸 것이다. 한 번 연구해 보라. 성경의 단 한 구절도 휴거에 대해서 언급하지 않고 있다."고 말했습니다.

6 두 번째 기회

끝으로 휴거주의자들은 휴거 되지 않은 자들도 구원받을 수 있는 두 번째 기회가 환란 기간 동안에 주어진다고 주장합니다. 단언하건대, 성경의 어느 곳에도 두 번째 기회에 대해서 언급한 말씀은 없습니다. 성경 어느 곳에서도 예수님께서 오신 후에, 두 번째 구원의 기회를 받는 사람이 있다고 말하지 않습니다. 이것은 인간의 마음을 즐겁게 하려는 또 하나의, 인간이 고안한 교리입니다. 이 성경 절들을 자세히 보십시오.

▣ 고린도후서 6:2, "보라 지금은 은혜 받을 만한 때요 보라 지금은 구원의 날이로다."

▣ 요한계시록 22:11,12, "불의를 하는 자는 그대로 불의를 하고 더러운 자는 그대로 더럽고 의로운 자는 그대로 의를 행하고 거룩한 자는 그대로 거룩되게 하라 보라 내가 속히 오리니 내가 줄 상이 내게 있어 각 사람에게 그의 일한 대로 갚아 주리라."

(분명히 유예의 기간은 재림 직전에 끝납니다.)

▣ 예레미야 8:20, "추수할 때(재림의 때)가 지나고 여름이 다하였으나 우리는 구원을 얻지 못한다 하는도다."

예수님께서 재림하실 때, 그는 "손에는 이한(예리한) 낫을" 가지고 오십니다.(계 14:14) 이 재림은 죄의 씨를 뿌려온 6천 년의 기간 후에 있는 추수 때를 말합니다. 또한 "추수 때는 세상 끝."(마 13:39)입니다. "구름 위에 앉으신 이가 낫을 땅에 휘두르매 곡식이 거두어 지니라"(계 14:16). 예레미야는, "추수할 때가 지나고 여름이 다하였으나 우리는 구원을 얻지 못한다."(렘 8:20)고 말했습니다. 그리스도의 재림 때, 세상의 추수가 끝난 다음에는 구원이 전혀 없습니다.

예수님께서 그의 거룩한 천사들과 함께 나타나실 때에는, “모든 민족을 그 앞에 모”으실 것입니다.(마 25:32) 그 큰 무리에는 오직 두 부류의 사람들만이 있게 될 것입니다. 각자의 운명은 그리스도의 재림 전에 자신이 한 일에 의해서 결정될 것입니다.

우리는 인간이 만들어낸 비밀 휴거설과, 인간을 즐겁게 하려는 모든 사상을 배격하고 오직 하나님의 말씀에만 굳게 서십시다. 우리가 지금까지 살펴본 대로, 성경은 예수님께서 당신의 구원받은 백성들을 본향으로 데려가시기 위해 영광 중에 재강림하실 것을 분명히 가르치고 있습니다. 그 재림은 살아 있는 모든 의인과 악인이 동시에 알 수 있게 실제적으로, 가시적으로, 가청적으로, 세계적으로 그리고 찬란하고 영광스럽게 일어날 것이고, 지진으로 천지가 진동하는 요란한 사건이 될 것입니다.(참고 성경 절 - 행 1:11, 요 14:3, 마 24:27, 계 1:7, 살전 4:16, 마 24:31, 마 16:27, 24:30, 계 6:14, 벧후 3:10, 계 16:18) 의인들은 공중으로 끌어올려 거기서 주를 뵙게 되는 반면, 악인들은 주님의 강림의 광채로 모두 죽임을 당할 것입니다.(살후 2:8) 성경을 주의 깊게 연구하여 우리의 최대의 놀라운 소망인 그리스도의 재림에 대해 속임을 당하는 일이 없도록 하십시다.

성경공부
종말의 준비

3장

갑자기 사라진 조종사

성경으로 검증해 본 비밀 휴거설

서론
그리스도 재림에 대한 8가지 오해

세상의 도덕이 감히 상상하지도 못할 정도로 타락해 가고 있으며, 자원이 고갈되고, 천연 재해가 빈번해지며, 불치의 질병이 난무함에 따라서, 사람들은 이구동성으로 말세가 되었다는 이야기를 하고 있습니다. 그리스도인들뿐만 아니라 세상 사람들까지도, 세상의 종말에 대한 관심이 그 어느 때보다 증폭되어 가고 있는 시대에 살고 있습니다.

재림이 너무나 중요한 사건이기에, 신약성경에만 331번이나 언급되어 있습니다. 과거나 현재 또는 미래에 있어서 이보다 중요한 사건은 없습니다. 그러므로 예수님께서는 아무도 의심하거나 혼동할 필요가 없을 정도로 분명하게 재림의 약속을 말씀하셨습니다. "내가 너희를 위하여 처소를 예비하러 가노니 가서 너희를 위하여 처소를 예비하면 내가 다시 와서 너희를 내게로 영접하리라"(요 14:2,3).

인류를 위한 하나님의 완전하신 구속의 계획은, 예수님께서 재림하셔서 우리를 하늘로 데리고 올라가실 때까지는 완전하게 성취되지 않습니다. 그런데 어떻게 그리스도의 재림이 이 지구의 역사 속으로 임하게 되는 것일까요? 이 질문에 답하기 전에, 먼저 우리는 어떠한 방식으로 임하지 않을 것이라는 것을 이해하는 것이 매우 중요합니다. 왜냐하면 오늘날, 재림에 관한 잘못된 가르침들이 수많은 그리스도인에게 불길처럼 번져나가고 있기 때문입니다.

제자들이 감람산 위에서 "주의 임하심과 세상 끝에는 무슨 징조가 있겠습니까?"라고 물었을 때, 예수님께서 대답하시기를 "아무도 너희를 미혹하지 못하게 하라"고 말씀하셨던 사실을 주목해야 합니다. 주님의 대답에 나타나 있는 분명한 암시는 주의 재림에 관한 잘못된 가르침들이 말세에 많이 있을 것이라는 사실입니다.

그런데, 말세가 된 지금, 주의 재림에 대한 심각한 오해가 기독교계에 들어왔습니다. 오늘날, 수백만의 그리스도인에게 아무런 검토 없이 받아들여지고 있으며, 기독교계에 엄청난 교리적 혼동의 요인이 되고 있는 신학적 질문이 하나 있는데, 그 질문은 세상 끝에 그리스도께서 어떤 방법으로 이 땅에 임하실 것인가에 대한 질문입니다. 수많은 사람에게 있어서, 그

리스도께서 비밀리에 공중 재림하실 것이라는 가르침이 널리 받아들여지고 있는데, 소위 비밀 휴거(The secret rapture)라는 가르침이 그것입니다. 휴거설을 가르치는 사람들은 예수님께서 환난 이전에 의인들만 비밀리에 살짝 들어 올려 가셔서 그들이 환난을 통과하지 않게 해주신다고 말합니다.

그래서 휴거설을 믿는 그리스도인들은 앞으로 지구에 일어날 엄청난 충돌 사고들을 예상하고 있습니다. 비행기 조종사와 버스와 자동차 운전기사들이 갑자기 들리어 올라가게(비밀 휴거) 되면 굉장한 사고들이 연발하여 일어나게 될 것이라는 공상 소설 같은 이야기입니다.

그러나 실제로 그렇게 믿고 있는 그리스도인들이 꽤 많이 있다는 사실에 우리는 놀라지 않을 수 없습니다. 또한 휴거론은 "세대주의(Dispensationalism)" 또는 "미래주의"를 지지하는 목사들에 의해서 전파되고 있는 예언 해석과 접목되어서 여러 가지 모양의 오해와 혼란을 빚어내고 있습니다. 이제, 먼저 비밀 휴거론자들이 만들어 놓은 종말론의 시나리오를 대략 살펴본 다음, 그들이 주장하는 바를 여덟 가지 면으로 나누어서 하나씩 차례로 분석하여 봅시다.

1 세대주의자들이 주장하는 비밀 휴거 시나리오

비밀 휴거 시나리오는 대략 다음과 같은 이야기로 전개 됩니다.

다니엘 9장 25절에 나오는 70주일에서 마지막 70번째 주일에 해당하는 1주일(7일) 즉, 7년을 사이에 두고 그리스도께서 각각 다른 모양으로 두 단계에 걸쳐서 재림하신다. 첫 번째는 7년 환난이 시작되기 직전에 비밀리에 공중에 강림하셔서 부활한 죽은 의인과 살아있는 그리스도인들을 아무도 모르게 공중으로 끌어 올려가는 비밀 휴거가 있다.

그런 다음 곧 이어서, 지상에 적그리스도가 나타나 제사 제도를 회복시키고 재건된 예루살렘 성전에 앉아서 자기를 하나님으로 자처하는 가증한 일을 행하고, 7재앙을 내리기 시작한다. 이에 자극 받아서 아랍과 아프리카 동맹세력이 일어나고, 러시아와 그 동조세력들이 개입하여 대결한다. 이렇게 위기가 고조된 상황 속에서 드디어 유대인들이 회심하여 그리스도께로 돌아오고, 요한계시록에 나오는 14만 4천은 복음전도자로서 세상에 나가, 그리스도를 믿지 않는 이방인들을 돌이키는 대역사가 전개되는 한편, 아마겟돈 전쟁이 일어나 위기가 고조에 달하게 된다.

이때에 예수님께서 공개적으로 지상에 재림하셔서 전쟁을 끝내시고 다시 유대인 위주의 천년 왕국을 이 땅 위에 세우신다.

이것이 세대주의자들이 가르치는 종말론의 시나리오입니다.

이러한 비밀 휴거론에는 다음과 같은 여덟 가지 주장이 포함되어 있습니다.

2 비밀 휴거론에 포함되어 있는 여덟 가지 주장

❶ 소리 없이 일어나는 휴거

그리스도께서 공중에서 교회를 휴거시키시는데, 이 사건은 구원받지 못하는 대다수의 사람이 인지하지 못하는 상태에서 일어난다. 즉, 그리스도의 비밀 공중 재림과 함께 휴거가 아무런 소리 없이 일어난다.

❷ 비가시적으로 일어나는 휴거

휴거는 비밀리에 일어나기 때문에 눈으로 볼 수 없는 상태에서 이루어진다.

❸ 살아남는 악인들

그리스도께서 교회를 휴거하실 때, 악인들은 지구에 살아서 존재하게 된다.

❹ 환난 전에 일어나는 휴거

하나님께서는 의인들을 보호하시기 위해서, 마지막 시대의 환난이 닥치기 전에 의인들을 휴거하신다.

❺ 예수 재림의 2단계론

예수 재림은 2단계로 일어날 것인데, 첫 번째 단계는 보이지 않고 들리지 않는 비밀 휴거이며, 두 번째 단계는 예수님께서 영광스러운 모습으로 실제적이고 공개적으로 지상에 강림하신다.

❻ 7년의 간격

2단계로 나누어진 그리스도의 재림 사이에는 7년이라는 시간적 간격이 있다.

❼ 적그리스도가 그리스도의 비밀 휴거 사건 이후 지상에 나타남

그리스도의 비밀 휴거는 적그리스도가 나타나기 전에 이루어지며, 적그리스도가 나타나서 세상을 장악한 후, 7년간의 환난에 돌입한다.

❽ 악인들은 위한 두 번째 기회가 주어짐

휴거 때에 악인들은 지상에 남아서, 회개하고 그리스도께 마음을 바쳐서 구원을 받을 수 있는 두 번째 기회를 갖게 된다.

위에 언급한 여덟 가지 주장들이 하나님의 말씀인 성경으로 확증될 수 있는 것들인지 하나씩 순서대로 성경에 비추어서 살펴보도록 합시다.

제1부
휴거는 아무런 소리 없이 조용히 일어나는가?

1 조용한 비밀 휴거가 아니라, 가장 떠들썩한 승천

"우리가 주의 말씀으로 너희에게 이것을 말하노니 주 강림하실 때까지 우리 살아남아 있는 자도 결단코 앞서지 못하리라. 주께서 호령과 천사장의 소리와 하나님의 나팔로 친히 하늘로 좇아 강림 하시리니 그리스도 안에서 죽은 자들이 먼저 일어나고 그 후에 우리 살아남은 자도 저희와 함께 구름 속으로 끌어올려 공중에서 주를 영접하게 하시리니 그리하여 우리가 항상 주와 함께 있으리라"(살전 4:15-17).

이것은 휴거를 주장하는 사람들이 휴거 또는 성도들을 모으는 사건을 설명하면서 사용하는 가장 대표적인 성경 절입니다. 살아있는 성도들이 죽은 자들보다 결단코 "앞서지 못"할 것이며, 죽은 성도들이 "먼저 일어날"것이라는 사실을 주목하십시오. 죽었던 자들이 무덤에서 나오면서 기쁨으로 소리치고, 감사의 찬송을 부르는 장면이 이 성경 절속에 그려져 있지 않습니까? 이 성경 절은 매우 비밀스럽고 조용한 장면을 나타내기 보다는 오히려 매우 커다란 소리가 울려 퍼지는 장면을 묘사하고 있음을 쉽게 알 수 있습니다.

이 성경 구절에서, 그리스도의 재림이 비밀리에 이루어지는 장면을 발견할 수 있습니까? 그리스도의 재림 시에는 "호령(Shout)"과 "천사장의 소리(Voice)"와 "하나님의 나팔(Trumpet)"이 온 천하에 울려 퍼질 것입니다. 그것은 죽은 사람을 깨워서 일으킬 수 있을 만큼 큰 소리여야 합니다. 들리지 않는 호령은 호령이 아니고, 소리 나지 않는 나팔은 나팔이 아닙니다. "우리가 다 잠잘 것이 아니요 마지막 나팔에 순식간에 홀연히 다 변화하리니 나팔소리가 나매 죽은 자들이 썩지 아니할 것으로 다시 살고 우리도 변화하리라"(고전 15:51,52).

무덤이 열려서 죽은 의인들이 부활하고 살아있는 성도들이 변화되어 승천하는 일이 어떻게 비밀스럽게 일어날 수 있습니까? 그 사건은 아무런 소리 없이 이루어지는 비밀 재림이 아니라 극도로 떠들썩한 재림이 될 것이며, 비밀 휴거가 아니라 가장 떠들썩한 승천이 될 것입니다. 그리스도께서 공중 재림하시고, 성도들이 하늘로 승천하는 사건이야말로 역사상 가장 시끄러운 사건이 될 것이라는 사실을 명백하게 입증하는 또 다른 성경 절들이 있습니다.

"우리 하나님이 임하사 잠잠치 아니하시니 그 앞에는 불이 삼키고 그 사방에는 광풍이 불리로다. 하나님이 그 백성을 판단하시려고 위 하늘과 아래 땅에 반포하여 이르시되 나의 성도를 내 앞에 모으라. 곧 희생 제사로 나와 언약한 자니라"(시 50:3-5). 하나님께서만 크게 외치시는 것이 아니라, 불멸의 몸을 가지고 부활하는 성도들도 "사망아, 너의 이기는 것이 어디 있느냐? 사망아, 너의 쏘는 것이 어디 있느냐?"라고 크게 부르짖을 것입니다(고전 15:55). "저가 큰 나팔소리와 함께 천사들을 보내리니 저희가 택하신 자들을 하늘 이 끝에서 저 끝까지 사방에서 모으리라"(마 24:31).

2 "도적같이" 임하신다는 의미

"보라, 내가 도적같이 오리니 누구든지 깨어 자기 옷을 지켜 벌거벗고 다니지 아니하며 자기의 부끄러움을 보이지 아니하는 자가 복이 있도다"(계 16:15).

비밀 휴거를 주장하는 사람들은 이 성경 절을 이용하여 예수님께서 도적이 비밀리에 조용히 남의 집 담을 넘어가는 것과 같은 방법으로 재림하신다고 설명합니다. 과연, 이 성경 절이 의미하는 바가 예수님께서 도적처럼 비밀리에 조용히 오신다는 것일까요? 성경의 다른 곳에 나오는 이와 유사한 성경 절이 그 의미를 분명하게 설명해 주고 있습니다. "형제들아 때와 시기에 관하여는 너희에게 쓸 것이 없음은 주의 날이 밤에 도적같이 이를 줄을 너희 자신이 자세히 앎이라… 형제들아 너희는 어두움에 있지 아니하매 그 날이 도적 같이 너희에게 임하지 못하리니."(살전 5:1,4).

여기서, 바울은 주께서 오시는 "때와 시기"에 대하여 언급하면서 "도적 같이" 오신다는 말을 사용하였습니다. "도적 같이"라는 말은 예수님께서 오시는 방법을 말하는 것이 아니라, 오시는"때"에 대한 묘사라는 사실을 이해해야 합니다. 사도 바울은 예수님께서 도적처럼 "갑자기" 오실 것이라는 사실을 표현했던 것입니다.

"도적 같이"라는 표현에 대한 또 다른 설명이 베드로후서 3장 10절에도 나와 있습니다. "주의 날이 도적같이 오리니 그날에는 하늘이 큰 소리로 떠나가고" 여기에 나오는 "도적같이"의 뜻은 "소리 없이, 아무도 모르게"라는 뜻이 아니라, "갑자기"라는 의미임을 알 수 있습니다. 만일 예수님께서 "밤에 도적같이" 오신다는 말씀이 비밀 휴거를 의미한다면, 어떻게 베드로가 "그 날에는 하늘이 큰 소리로 떠나" 갈 것이라고 말할 수 있겠는가?

마태복음 24장 43절에 나오는 "만일 집주인이 어느 경점에 올 줄 알았더라면"이라는 그리스도의 말씀에서도 그것이 시간에 관계된 표현임을 재차 확인할 수 있습니다. 성경에는 도적이 오는 것처럼 "때와 시기"를 알 수 없는 갑작스런 재림은 여러 번 강조되어 있지만, 소리 없이 이루어지는 비밀 재림이나 비밀 휴거에 대해서는 단 한 번도 언급된 적이 없습니다.

일본군의 진주만 공격 때에 기습 공격 날짜는 극비였지만, 그 공격이 시작되는 날은 하와이 전체가 폭음으로 진동하였던 것처럼, 예수님께서 재림하시는 날 역시 아무도 모르는 비밀이지만 "그 날과 때는 아무도 모르나니 하늘의 천사들도, 아들도 모르고, 오직 아버지만이 아시느니라"(마 24:36). 그 날은 인류 역사상 가장 시끄럽고 떠들썩한 날이 될 것입니다.

지금까지 살펴본 성경상의 증거들을 볼 때, "휴거는 아무런 소리 없이 조용히 일어날 것인가?"라는 질문에 대한 답을 독자들 스스로 얻을 수 있을 것입니다.

제2부
휴거는 보이지 않게 일어날 것인가?

휴거를 주장하는 사람들은 휴거가 다른 사람들의 눈에 뜨이지 않게 일어날 것이라고 말합니다. 정말 그럴까요? 성경이 그 문제에 대해서 무엇이라고 말하고 있는지 살펴보겠습니다.

"그 때에 인자가 구름을 타고 큰 권능과 영광으로 오는 것을 사람들이 보리라. 또 그 때에 저가 천사들을 보내어 자기 택하신 자들을 땅 끝으로부터 하늘 끝까지 사방에서 모으리라"(막 13:26,27). 여기서 예수님께서는 모든 사람이 그분이 영광 가운데서 오시는 모습을 볼 것이라는 사실을 분명하게 밝히셨습니다.

"그 때에 인자의 징조가 하늘에서 보이겠고 그 때에 땅의 모든 족속이 통곡하여 그들이 인자가 구름을 타고 능력과 큰 영광으로 오는 것을 보리라. 저가 큰 나팔소리와 함께 천사들을 보내리니 저희가 그 택하신 자들을 하늘 이 끝에서 저 끝까지 사방에서 모으리라"(마 24:30,31). 여기서 통곡하는 사람들은 누굴까요? 물론, 악한 자들입니다. 예수님께서 말씀하시기를, 악한 자들까지도 그분께서 당신의 백성을 온 세상에서 모으시는 모습을 볼 것이라고 하셨습니다. 의심할 여지없이, 악인들도 그 놀라운 장면을 목격하는 증인들이 될 것입니다.

"볼지어다, 구름을 타고 오시리라. 각인의 눈이 그를 보겠고 그를 찌른 자들도 볼터이요 땅에 있는 모든 족속이 그를 인하여 애곡하리니 그러하리라. 아멘"(계 1:7). 오직 의로운 사람들만 예수님의 재림을 볼 것이라고 말하였습니까? 아닙니다. 각인 즉, 각 사람의 눈이 그분의 오심을 볼 것이라고 하였습니다. 또한 악인들이 주께서 재림하시는 장면을 볼 때, 그들은 "그를 인하여 애곡"하게 될 것입니다.

"번개가 동편에서 나서 서편까지 번쩍임 같이 인자의 임함도 그러하리라"(마 24:27). 밤하늘에 치는 번개보다 우리들의 눈에 잘 보이는 것이 있습니까? 모든 사람이 볼 수 있도록 오시겠다는 사실을 이것보다 더 분명하게 설명할 수 있을까요?

자, 이제 "휴거는 보이지 않게 일어날까요?"라는 질문에 대해서 독자 자신들이 대답할 차례가 되었습니다. 이 질문에 대해서 확신을 가지고 대답할 수 있지 않습니까?

제3부 휴거 후에 악인들은 살아서 지상에 남아 있게 될 것인가?

1 노아와 롯의 때

비밀 휴거론자들은 자신들의 주장을 입증하기 위해서 문맥을 무시한 채 다음의 성경 절을 사용합니다. "노아의 때와 같이 인자의 임함도 그러하리라. 홍수 전에 노아가 방주에 들어가던 날까지 사람들이 먹고 마시고 장가들고 시집가고 있으면서도 홍수가 나서 저희를 다 멸하기까지 깨닫지 못하였으니 인자의 임함도 이와 같으리라"(마 24:37-39).

이 성경 절에서, 예수님께서는 노아의 때와 재림 사이에 존재하는 유사점을 비교 설명하셨습니다. 노아의 때에 방주에 들어간 사람들은 구원을 받았으며, 방주에 들어가기를 거절한 사람들은 밖에 버려짐을 당하였습니다. 왜 그렇습니까? 또 다른 기회를 주기 위해서였을까요? 아닙니다. 그들은 홍수에 휩쓸려 멸망당하였습니다. 마찬가지로, 믿음으로 재림을 준비한 사람들은 마지막 멸망으로부터 구원을 받을 것이며, 준비하지 않은 사람들은 멸망당하게 될 것입니다.

"롯의 때와 같으리니 사람들이 먹고 마시고 사고 팔고 심고 집을 짓더니 롯이 소돔에서 나가던 날에 하늘로서 불과 유황이 비 오듯 하여 저희를 멸하였느니라. 인자가 나타나는 날에도 이러하리라"(눅 17:28,29). 롯의 때에도 노아의 때와 마찬가지로, 예수님께서 "나타나는" 날에 악인들은 멸망당할 것이라는 경고가 이 성경 절이 강조하는 바가 아닙니까? 심판의 날에 악인들은 정녕 멸망당할 것입니다.

2 죽은 상태로 버려둠을 당함

비밀 휴거론자들이 가장 많이 사용하는 성경 절은 누가복음 17장 34, 35절 일 것입니다. "그 밤에 두 남자가 한 자리에 누워 있으매 하나는 데려감을 당하고 하나는 버려둠을 당할 것이요, 두 여자가 함께 매를 갈고 있으매 하나는 데려감을 당하고 하나는 버려둠을 당할 것이니라."

비밀 휴거론자들은 이 말씀의 뜻을 두 사람이 함께 있다가 한 사람이 상대방도 모르는 사이에 감쪽같이 하늘로 사라지는 것을 말한다고 주장합니다. 또한 그들은 말하기를, "성도는 하늘로 데려감을 당하고, 악인은 지상에 남아서 적그리스도를 만나게 되며, 적그리스도와 함께 환난을 통과하게 된다"고 합니다. 정말 그럴까요? 아닙니다. 누가복음 17장에 나오는 두 남자와 두 여자에 대한 비유는, 예수님께서 재림하시기 직전까지는 외적으로는 아무런 구분 없이 어울려 살지만, 재림하실 때에는 본인의 준비 여부에 따라서 운명을 달리하는 영원한 분리가 이루어짐을 강조한 말입니다. 한 무리는 예수님과 함께 하늘로 데려감을 당할 것이고, 다른 한 무리는 멸망을 위해서 버려짐을 당하게 될 것입니다.

자, 계속해서 이어지는 제자들의 질문과 그리스도의 답변에서, 우리는 이 성경 절에 대하여 예수 그리스도께서 직접 설명하시는 해석을 보게 됩니다. "저희가 가로되 주여 어디오니이까?" 제자들은 의인들이 하늘로 승천할 것을 알았지만, 하늘로 가지 못하는 악인들은 어디에 버려짐을 당하게 되는지 궁금해 하였습니다. 예수님께서 주시는 명확한 답변을 보도록 합시다. "가라사대 주검(죽음)이 있는 곳에 독수리가 모이느니라." 너무나 분명하지 않습니까! 예수님께서는 악인들의 시체는 지상에 버려져서 독수리의 먹이가 될 것이라고 대답하셨습니다.

예수님께서 재림하실 때에 의인들은 그분과 함께 승천할 것이며, 악인들의 시체는 땅 속에 묻히지도 못한 채 온 세상에 널리게 될 것입니다. 요한계시록 19장 17,18절에는 한 천사가 악인들의 죽은 시체를 먹으라고 새 떼들을 초청하는 장면이 나옵니다. "한 천사가 해에 서서 공중에 나는 모든 새들을 향하여 큰 음성으로 외쳐 가로되 와서 하나님의 큰 잔치에 모여 왕들의 고기와 장군들의 고기와 장사들의 고기와 말들과 그 탄 자들의 고기와 자유한 자들이나 종들이나 무론 대소하고 모든 자의 고기를 먹으라 하더라."

사도 바울이 기록한 성경 절을 다시 한 번 더 살펴봅시다. "주의 날이 밤에 도적같이 이를 줄을 너희 자신이 자세히 앎이라. 저희가 평안하다 안전하다 할 그 때에 잉태된 여자에게 해산하는 고통이 이름과 같이 멸망이 홀연히 저희에게 이르리니 결단코 피하지 못하리라"(살전 5:2,3). 바울은 마지막 시대에 평안과 안전의 기별을 전하는 사람들은 자신들에게 임하는 멸망을 결코 피하지 못할 것이라고 경고하고 있습니다. 누가 재림의 그날에 악인들도 살아남을 수 있다고 가르칩니까?

"그 날에 나 여호와에게 살육을 당한 자가 땅 이 끝에서 땅 저 끝에 미칠 것이나 그들이 슬퍼함을 받지 못하며 염습함을 입지 못하며 매장함을 얻지 못하고 지면에서 분토가 되리로다"(렘 25:33). 재림 후 적어도 7년간은 악인들에게 은혜의 집행유예가 계속된다는 가르침이 도대체 성경의 어디에 기록되어 있습니까?

자, 이제 다시 독자들이 대답해야 할 때가 되었습니다. 휴거 후에 악인들이 살아서 지상에 남아있게 될까요?

제4부 하나님께서는 의인들에게 환난을 면제해 주실 것인가?

비밀 휴거를 믿는 세대주의자들은, 진실한 그리스도인들은 마지막 대 환난이 시작되기 전에 지상으로부터 하늘로 휴거 당하기 때문에, 환난을 모면하게 된다는 이른바 전 환난설(Pretribulationism)을 주장하고 있습니다. 그러나 성경 어느 곳에도 이러한 주장을 뒷받침하는 말씀이 없습니다. 예수님의 감람산 설교를 살펴보면, 성도들은 오히려 환난을 당할 것이며, 하나님께서 환난 가운데서 그들을 지켜주실 것이라는 약속의 말씀이 나와 있습니다. "그 때 사람들이 너희를 환난에 넘겨주겠으며, 너희를 죽이리니 너희가 내 이름을 위하여 모든 민족에게 미움을 받으리라"(마 24:9). 예수님의 마지막 기도에서, "세상에서는 너희가 환난을 당하나 담대하라"고 하신 말씀은 마지막 날에도 적용됩니다.

1 "면케하리니"의 의미

비밀 휴거를 믿는 사람들은 마지막 환난이 오기 전에 의인들이 비밀리에 휴거할 것이라는 주장을 뒷받침하는 근거로 다음과 같은 요한계시록 말씀을 매우 자주 인용합니다. "네가 나의 인내의 말씀을 지켰은즉 내가 너를 지키어 시험의 때를 면케 하리니 이는 장차 온 세상에 임하여 땅에 거하는 자들을 시험할 때라"(계 3:10).

이 말씀을 잘못 해석하여서, 성도들은 마지막 대 환난이 시작되기 전에 휴거 하여 지상을 떠남으로써, 환난을 모면하게 된다고 주장합니다. 그러나 "말씀을 지켰은즉… 면케 하리니"로 번역된 헬라어(Tereo…ek)가 그러한 뜻이 아니라는 사실이, 동일한 단어가 사용된 요한복음 17장 6,15절에서 확인 할 수 있습니다. "저희는 아버지의 말씀을 지키었나이다 … 내가 비옵는 것은 저희를 세상에서 데려가시기를 원함이 아니요, 오직 악에 빠지지 않고 보전하시기(Tereo…ek)를 위함이니이다." 여기에 예수님의 뜻이 분명하게 나타나 있습니다. "저희를 세상에서 데려가시기를 원함이 아니요 … 오직 악에서 … 보전하시기" 위함이라고. 그러므로 요한계시록 3장 10절에 나오는 "면케하리니"라는 말의 의미는 악한 세상에서 살 수 밖에 없는 그리스도인들을 죄와 악의 세력으로부터 "보전 하시"겠다는 약속의 말씀임을 알 수 있습니다.

앞에서 언급한 두 성경 절에서 "말씀을 지켰다."의 의미를 잘 이해해야 합니다. 성도들은 하나님의 말씀을 잘 지켜왔으므로(순종), 시험(환난)의 때에도 하나님께서 악으로부터 지켜 주시겠다는 약속의 말씀을 잘못 오해해서는 안 됩니다. 하나님께서 환난 속에서 의인들을 지키시는 방법이 무엇일까요? "네가 나의 말씀을 지켰은즉" 바로 이것이 대답입니다.

참된 성경의 가르침은 성경의 어느 한두 구절에 기초하지 않으며, 성경 전체가 말하는 바와 정확하게 일치해야 합니다. 예수님께서 제자들에게 말씀하시기를 "이러므로 너희는 장차 올 이 모든 일을 능히 피하고 인자 앞에 서도록 항상 깨어 기도하라"고 하셨습니다. "장차 올 이 모든 일"을 어떻게 피할 수 있다고 하였습니까? 세상 끝에 환난이 닥치기 전에 그들을 하늘로 살짝 데려가는 휴거를 통하여 피할 수 있다고 하였습니까? 천만에요! 환난을 맞는 의인들을 위한 예수님의 기도를 다시 한 번 들어보십시오. "내가 비옵는 것은 저희를 세상에서 데려가시기를 위함이 아니요, 오직 악에 빠지지 않게 보전하시기를 위함이니다"(요 17:15) 이 성경 말씀은 휴거의 가르침을 전적으로 배격하고 있다고 생각지 않습니까?

2 환란을 통과한 의인들

비밀 휴거론을 주장하는 세대주의자들은 과거에도 종종 의인들은 환난을 하나님의 은혜로 모면하였기 때문에, 마지막 시대에도 의인들은 비밀 휴거를 통하여 마지막 환난을 모면할 것이라고 가르칩니다. 정말 그럴까요?

이스라엘 백성이 홍해를 건너서 출애굽하는 것을 허락하지 않았던 바로 왕 때문에 이집트에 내렸던 열재앙의 경우를 생각해봅시다. 하나님께서 이스라엘 백성을 환난 속에서 어떻게 취급하셨는가를 살펴봅시다. 처음 세 개의 재앙은 이스라엘 백성을 포함하여 이집트에 사는 모든 사람에게 내렸으며, 나머지 일곱 재앙은 이집트 사람들에게만 내려진 사실을 알 수 있습니다. 그러나 하나님께서는 무서운 재앙으로부터 당신의 백성을 보호하기 위해서 그들을 이집트 국경 밖으로 데리고 나가지 않으셨습니다. 열 가지의 재앙이 모두 끝마쳐진 다음에, 홍해를 가르시는 기적을 통하여 이스라엘 백성을 출애굽시키셨습니다.

마찬가지로, 마지막 시대에도 7재앙을 피하게 하기 위해서 그리스도 교회를 하늘로 휴거시키지 않으실 것입니다. 의인들은 하나님의 말씀을 인내로 지킴으로써, 환난 속에서 보호를 받게 될 것이며, 7재앙과 환난이 끝난 후에야 공중으로 승천하게 될 것입니다. 의인들도 재앙에 의해서 어느 정도 영향을 받을 것이지만, 그것 때문에 신앙을 포기하거나 좌절하지는 않을 것입니다. 그들은 성도의 인내로서 하나님의 말씀을 지킴으로써, 짐승의 표를 거절하고 환난을 통과하여 승리하게 될 것입니다. "성도들의 인내가 여기 있나니 저희는 하나님의 계명과 예수 믿음을 지키는 자니라"(계 14:12).

하나님께서 의인들을 환난 속에서 보호하신 예를 찾아봅시다. 창세기 6~8장에는 노아 홍수에 대한 이야기가 나옵니다. 하나님께서는 노아 가족을 하늘로 휴거 시키는 대신에 홍수 속에서 보존하셨습니다. 다니엘 3장에는, 하나님께서는 다니엘의 세 친구를 보존하시는 이야기가 나옵니다. 하나님께서는 풀무불이라는 환난 자체를 없애버림으로써 그들을 구원하지 않으셨습니다. 풀무불 속에서 그들과 함께 하심으로써, 그들의 머리털 하나도 불에 타지 않게 보호하셨습니다. 다니엘 6장에는, 다니엘을 사자굴에서 구하는 이야기가 나옵니다. 마찬가지로, 다니엘이 사자굴에 들어가지 않도록 하심으로써, 다니엘을 구원하신 것이 아니라, 사자굴 안에서 사자들의 입을 막으시는 기적을 행하심으로써 다니엘을 보전하셨습니다.

3 "올라오라"는 명령의 대상

"이 일 후에 내가 보니 하늘에 열린 문이 있는데 내가 들은 바 처음에 내게 말하던 나팔소리 같은 그 음성이 가로되 이리로 올라오라 이 후에 마땅히 될 일을 내가 네게 보이리라 하시더라"(계 4:1). 어떤 비밀 휴거론자들은 휴거를 증명하기 위해서 이 말씀을 인용합니다. 하나님께서 하늘의 문을 여시고 당신의 교회를 휴거시키기 위해서 "올라 오라"고 명령하시는 것으로 이 성경 절을 해석합니다.

그러나 여기서 "올라 오라"고 말하는 음성은 지상에 있는 교회에게 하시는 명령이 아니라, 계시를 받고 있는 요한에게 하셨던 말씀이라는 사실을 이해해야 합니다. 문장을 주의 깊게 읽어보십시오. 성경을 읽되, 다른 사람의 눈을 통해서 읽지 말고 자신의 눈으로 확인하면서 읽어야 합니다.

4 분리는 세상 끝에 일어남

마태복음 13장 24-30절, 36-43절에 나오는 알곡과 가라지의 비유는 비밀 휴거의 모순을 분명하게 드러내 줍니다. 인용 구절이 너무 길어서 다 소개하지는 못하지만, 비유를 설명해주는 예수님의 말씀을 읽어보겠습니다. "좋은 씨는 천국의 아들들이요 가라지는 악한 자의 아들들이요 가라지를 심은 원수는 마귀요 추수 때는 세상 끝이요 추수꾼은 천사들이니"(38,39절).

이 말씀은 하나님께서 세상 끝에 천사들을 보내셔서 추수하실 때, 오직 두 그룹의 사람들 즉, 구원받는 의인들과 멸망당하는 악인들로 나누어지게 된다는 사실을 말하고 있습니다. 그런데 여기에 한 가지 질문이 있습니다. 참된 그리스도인들은 환난과 재앙을 피하기 위해서 세상 끝이 되기 7년 전에 하늘로 조용히 휴거당하게 될까요? 결코 그렇지 않습니다. 예수 그리스도의 설명을 들어보십시오. "둘 다 추수 때까지 함께 자라게 두어라 추수 때에 내가 추수꾼들에게 말하기를 가라지는 먼저 거두어 불사르게 단으로 묶고 곡식은 모아서 내 곳간에 넣으라 하리라"(30절).

이 비유의 말씀은 의인과 악인의 분리가 추수 때인 세상 끝에 이루어짐을 분명하게 선언하고 있습니다. 세상 끝까지 함께 자라도록 놓아두라는 예수 그리스도의 계획은 세상 끝이 되기 7년 전에 의인들을 먼저 휴거시킬 것이라고 가르치는 비밀 휴거론자들의 계획과 얼마나 상반됩니까! 또한 의인들이 먼저 비밀리에 휴거당하는 것이 아니라, "가라지는 먼저 거두어 불사르게 단으로 묶"는다는 사실을 주목해야 합니다.

5 마지막 날에 있을 부활

비밀 휴거론자들의 주장대로, 의인들이 세상 끝이 되기 7년 전에 악인들로부터 분리된다면, 부활의 약속은 어떻게 되는 것입니까? 예수님께서는 "마지막 날에 내가 이를 다시 살리리라"는 말씀으로 세상 끝에 있을 의인의 부활을 약속하셨습니다. 여기서 "마지막 날"은 세상의 마지막 날을 의미한다는 사실을 부인할 사람은 없을 것입니다. 또한 바울은 죽은 자들이 부활하는 그 시간에, 의인들이 공중으로 승천할 것이라고 말하였습니다. "주께서 호령과 천사장의 소리와 하나님의 나팔로 친히 하늘로 좇아 강림하리니 그리스도 안에서 죽은 자들이 먼저 일어나고 그 후에 우리 살아남은 자도 저희와 함께 공중으로 끌어올려 공중에서 주를 영접하고"(살전 4:16,17).

예수님께서는 이 부활을 가리켜 마지막 날이라고 부르신 것을 기억하십시오. 성도들을 모으는 이 사건이 세상 끝이 되기 7년 전에 있다면, 어떻게 그 날을 마지막 날이라고 부를 수 있을까요? 또한 그 사건이 마지막 날에 생기지 않는다면, 어떻게 그 때에 울리는 나팔의 소리를 마지막 나팔이라고 말할 수 있겠습니까?

자, 이제 독자들이 질문에 대한 답을 해야 할 시간이 되었습니다. "하나님께서는 의인들에게 환난을 면제해 주실 것인가요?"

제5부 예수님께서는 두 단계로 오시는가?

성경은 예수 재림을 역사의 클라이맥스인 동시에 마지막 종점을 이루는 한 사건으로 소개하고 있습니다. 그러므로 비밀 휴거론에서 주장하는 것처럼 재림의 사건을 두 단계로 나누기 위해서는 여러 가지 무리한 방법으로 성경을 해석해야 합니다.

사실, 초기 그리스도 교회 이후로 수세기를 거쳐 오는 동안, 모든 신학자와 성직자와 평신도는 재림을 한 번에 일어나는 한 가지 사건으로 해석하여 왔습니다. 예수 그리스도께서 두 단계로 나누어서 재림하신다는 비밀 휴거 사상은 지금으로부터 약 150년 전부터 생기기 시작한 최근의 발명품입니다. 2단계 재림론을 입증하기 위하여 사용하고 있는 성경 말씀들은 어떠한 것들인가요?

신약 성경에서 예수 재림을 지칭하는 세 가지 헬라어의 의미

1. Parousia(파루시아) : 오심(Coming), 도착(Arrival), 임재(Presence)
2. Apokalupsis(아포칼룹시스) : 나타나심(Revelation)
3. Epiphaneia(에피파네이아) : 출현(Manifestation)

1 한 사건을 나타내는 3개의 헬라어

비밀 휴거를 주장하는 세대주의자들은 그리스도의 오심이 두 단계로 나누어질 것이라는 사실이 헬라어 원어의 의미 속에 나타나 있다고 가르칩니다. 그들은 먼저 파루시아 즉, 비밀리에 오시는 비밀 재림이 있고, 7년 후에 아포칼룹시스 또는 에피파네이아 즉, 예수님께서 영광스러운 모습으로 나타나시는 재림이 있다고 믿습니다.

그러나 위에 언급한 헬라어들은 두 단계로 나누어진 별개의 사건을 말하는 것이 아니라, 동일한 사건을 서로 다른 헬라어로 표현하고 있음을 주지해야 합니다. 파루시아, 아포칼룹시스, 그리고 에피파네이아는 모두 동일한 사건을 의미하는 단어이며, 이들 단어에는 7년간의 시간의 간격이 있다는 어떠한 암시도 없습니다.

2 공개적인 재림의 의미로도 사용된 파루시아

휴거론자들은 헬라어 파루시아는 항상 비밀 재림을 의미한다고 말합니다. "주께서 호령과 천사장의 소리와 하나님의 나팔로 친히 하늘로 좇아 강림(파루시아)하시리니, 그리스도 안에서 죽은 자들이 먼저 일어나고, 그 후에 우리 살아남은 자도 저희와 함께 구름 속으로 끌어올려 공중에서 주를 영접하게 하시리니"(살전 4:16,17). 이 말씀에서 강림(파루시아)이라는 말이 휴거의 의미가 내포되어 있는 "구름 속으로 끌어올려"라는 말과 함께 사용되었기 때문에, 성경에서 파루시아는 비밀 재림을 의미한다고 주장하고 있습니다.

그러나 그것은 오해에서 빚어진 추측에 불과합니다. 바울의 편지서인 데살로니가전서 3장 13절에서는, "그의 모든 성도와 함께 강림(파루시아)하실 때에"로 쓰여 있습니다. 파루시아 라는 단어가 휴거론자들이 말하는 7년 환난기 끝에 "성도들과 함께" 오시는 영광스러운 공개 재림을 뜻하는 데에도 사용되었다는 사실을 기억하십시오.

3 파루시아 = 에피파네이아

데살로니가후서 2장 8절에도, "그 때에 불법한 자가 나타나리니 주 예수님께서 그 입의 기운으로 저를 죽이시고 강림(파루시아)하여 나타나심(에피파네이아)으로 폐하시리라"고 기록되어 있습니다. 비밀 휴거론자들의 논리에 따르면, 불법한 자(적그리스도)는 7년 환난의 끝에 예수님께서 두 번째로 다시 한 번 더 강림하실 때에 죽게 되어 있는데, 이 성경 절에서는 불법한 자가 죽게 되는 강림을 말하면서 파루시아를 사용하고 있습니다. 이 사실을 통하여, 우리는 파루시아라는 단어 역시 영광스런 재림을 의미한다는 사실을 확인할 수 있습니다.

만일 파루시아가 그들이 말하는 대로 비밀 재림을 의미하는 단어라면, 적그리스도는 예수님께서 비밀리에 강림(파루시아)하실 때에 죽는다는 말이 되기 때문에, 비밀 휴거 다음에 곧바로 이어지는 7년 환난기 동안에 적그리스도가 세상을 장악할 것이라는 그들의 종말 시나리오에 치명적인 모순이 생기게 됩니다. 더구나 이 성경 절에서 "강림(파루시아)"과 "나타나심(에피파네이아)"이 한 사건을 표현하는 말로 사용되었기 때문에, "강림(파루시아)"과 "나타나심(에피파네이아)" 사이에 7년의 시간적 간격이 있을 수도 없습니다.

4 파루시아 = 아포칼룝시스

마태복음 24장 37절에서 우리는, "노아의 때와 같이 인자의 임함(파루시아)도 그러하리라"는 말씀을 보게 됩니다. 그런데 동일한 내용의 말씀이 누가복음 17장 26,30절에는 "노아의 때에 된 것과 같이… 인자의 나타나는(아포칼룝시스) 날에도 이러하리라"고 쓰여 있습니다. 마태복음과 누가복음에 기록된 이 사건은 누가 보아도 동일한 사건임을 알 수 있습니다. 그러나 한 성경 절에는 파루시아라는 단어를 사용하여 재림을 표현하였고, 다른 성경 절에서는 아포칼룝시스라는 단어를 사용하여서 재림을 표현하였습니다. 파루시아(임함)와 아포칼립시스(나타남) 사이에 7년의 간격이 있다는 어떠한 암시도 찾을 수 없습니다.

5 재림의 소망을 두 쪽으로 쪼개는 비밀 휴거

비밀 휴거를 믿는 세대주의자들의 이론에 따르면, 그리스도인들이 기다리고 소망으로 삼아야 할 것은, 환난의 끝에 있는 영광스런 재림과 부활이 아니라, 7년 환난이 시작되기 전에 있을 파루시아가 되어야 합니다. 그러나 디도서 2장 13절에는 "복스러운 소망"을 "구주 예수 그리스도의 영광이 나타나심(에피파네이아)"이라고 기록하고 있습니다. 절망에 빠져 있는 모든 인류의 소망인 재림을 두 개로 쪼개어 놓은 것이야말로 비밀 휴거론자들이 만들어 놓은 최고의 잘못이라고 할 수 있겠습니다.

이제, 독자들에게 질문하고자 합니다. "예수님께서는 두 단계로 오시나요?"

제6부 하예수님의 두 단계 재림과 그 사이에 7년의 시간적 간격이 있는가?

비밀 휴거를 주장하는 세대주의자들은 7년 환난을 너무나 자주 언급하고 있기 때문에, 많은 그리스도인은 성경이 그 기간을 매우 자주 언급하고 있다고 생각하는 듯합니다. 그러나 그렇지 않습니다. 성경의 단 한 구절도 7년이라는 기간을 세상 끝이나 그리스도의 재림에 관련하여 말하고 있지 않습니다.

1 그리스도의 초림에 관한 70주 예언

성경을 깊이 연구한 사람이라면, 비밀 휴거를 가르치는 세대주의자들이 7년이라는 기간을 증명하기 위해서, 다니엘 9장 24-27절을 문맥을 무시하고 해석하는 것에 대해서 놀랄 것입니다. 세대주의자들은 다니엘 9장 24-27절을 잘못 해석하게 되는 가장 근본적인 이유는, 하나님께서 가브리엘 천사를 통해서 다니엘에게 보내준 그 기별을 그리스도의 재림에 적용하기 때문입니다. 그 성경 절은 재림이 아니라 메시야의 초림에 관한 예언임을 이해해야만 합니다.

다니엘 9장 23절에는 다니엘이 예언을 깨닫게 해달라고 기도하는 장면이 나옵니다. 다니엘이 기도하고 있는 동안 가브리엘 천사는 그의 기도에 대한 답을 들고서 하늘로부터 내려왔습니다. 다니엘아! "네가 기도를 시작할 즈음에 명령이 내렸으므로 이제 네게 고하러 왔느니라. 너는 크게 은총을 입을 자라 그런즉 너는 이 일을 생각하고 그 이상을 깨달을지니라."

2 유대인들을 위한 70주의 은혜의 기간

가브리엘 천사는 즉시로 예언에 대한 설명을 시작하였습니다. "네 백성과 네 거룩한 성을 위하여 칠십 이레(70Weeks = 70주일)로 기한을 정하였나니 허물이 마치며 죄가 끝나며 죄악이 영속되며 영원한 의가 드러나며 이상과 예언이 응하며 또 지극히 거룩한 자가 기름 부음을 받으리라"(단 9:24). 바로 여기에 나오는 70주일에 관한 예언은 비밀 휴거를 주장하는 세대주의자들이 종말의 시간표를 작성한 기초를 이루고 있습니다.

이 예언을 올바르고 정확하게 이해해야만 휴거론자들의 문제점을 분명하게 포착할 수 있습니다. 이 예언에 나오는 70주일 기간은 이스라엘이 70년간의 바벨론 포로 생활(렘 29:10)에서 돌아온 유대인들에게 다시 한 번 허락된 마지막 은혜의 기간을 의미합니다. "네 백성과 네 거룩한 성을 위하여 70이레로 기한을 정하였나니"(단 9:24). 하나님께서 이스라엘 백성에게 허락하신 70주일이라는 예언적 기간은, 그들이 메시야의 오심을 잘 준비할 수 있도록 하기 위한 은혜의 기간이었습니다.

3 70주 예언의 계산법

기간적인 예언을 해석할 때에는 하나님의 계산법을 따라야 합니다. 마치 건축기사들이 청사진을 만들 때, 1인치를 1피트로 계산하는 것처럼, 하나님께서 주신 기간적인 예언을 해석할 때에는, 그분께서 지정하신 계산법을 따라야 하는데, 그것은 에스겔 4장 6절과 민수기 14장 34절에 기록되어 있는 바와 같이 "1일은 1년 이니라"는 법칙입니다.

따라서 70이레 즉, 70주일은 70x7=490일인데, 490일은 예언의 해석 법칙에 따라서 490년으로 환산됩니다. 그런데 490년이 시작되는 시점은 언제입니까? 계속해서 나오는 가브리엘 천사의 설명을 들어봅시다. "그러므로 너는 깨달아 알지니라. 예루살렘을 중건하라는 영이 날 때부터 기름부음을 받은 자 곧 메시야 곧 왕이 일어나기까지 일곱이레(7주)와 육십이 이레(62주)가 지날 것이요, 그 때 곤란한 동안에 성이 중건되어 거리와 해자가 이룰 것이요"(25절).

자, 이제 모든 것이 분명해졌습니다. 70주일 즉, 490년의 시작점은 예루살렘 성을 중건하라는 명령이 내려질 때이며, 그때부터 시작해서 7주일과 62주일 즉, 69주일(69x7=483일, 즉 483년)이 지나면, 기름부음을 받은 자 곧, 메시야가 나타날 것이라는 것이 가브리엘 천사의 설명입니다. 누가 감히 천사가 설명하는 예언 해석을 부인할 수 있습니까?

그런데, 70주일 예언이 시작점인 "예루살렘을 중건하라는 영이" 내려진 해가 언제인가요? 예루살렘을 중건하라는 마지막 명령이 언제 포고되었습니까? 에스라 7장 7,13절에서 우리는 예루살렘 성의 중건령을 볼 수 있습니다. "아닥사스다 왕 7년에 … 조서하노니" 중건령이 내려졌던 아닥사스다 왕 7년은 역사적으로 확립된 해입니다. 성경의 관주에 나오는 해석을 보아도, 중건령이 내려진 해는 B.C. 457년임을 확인할 수 있습니다.

그러므로 70주일 예언의 시작점은 B.C. 457년입니다. 예루살렘성의 중건령의 조서가 그 효력을 발휘하는 B.C. 457년 가을부터 시작해서 483년을 내려가면, 역사의 연대표에서 가장 영광스러운 사건이 일어나는 해를 만나게 되는데, 그 해는 바로 그리스도께서 침례를 받으셨던 해인 A.D. 27년과 일치합니다.

4 기름부음을 받은 자에 대한 예언의 성취

누가복음 3장 1절에서, 우리는 예수님께서 침례를 받은 해에 관한 매우 결정적인 정보를 얻을 수 있습니다. "디베료 가이사 즉위 열다섯 해, 유대의 총독으로 헤롯이 갈릴리 분봉왕으로" 역사는 가이사가 즉위한 해가 A.D. 12년이라고 말하고 있습니다. 그렇다면 디베료 가이사 즉위 15년은 A.D. 12년에 15년을 더한 해, 곧, A.D. 27년이 됩니다. A.D. 27년에 무슨 사건이 일어났습니까? 같은 장 21절에 나와 있습니다. "백성이 다 침례를 받을 새 예수도 침례를 받으시고 … 성령이 비둘기 같이 그의 위에 강림"하셨으며, "성령과 능력을 기름붓듯 하"(행 10:38)심으로써, 다니엘 9장에 나오는 "기름부음을 받은 자 곧 메시야"라는 예언을 성취시키셨습니다.

예수님께서는 바로 이러한 예언을 근거로 당신의 지상 사역을 시작하셨기 때문에, 다음과 같은 말씀을 마가복음 1장 14,15절에 하셨던 것입니다. "하나님의 복음을 전파하여 가라사대 때가 찼고(The time is fulfilled, 때가 성취되었고)" 무슨 때가 찼다는 것입니까? 다니엘 9장에 예언되어 있는 69주일(483년)의 예언의 때가 찼던 서기 27년에, 예수님께서는 침례를 받으셨으며, 성령으로 기름부음을 받은 후, 공중 전도를 시작하셨습니다.

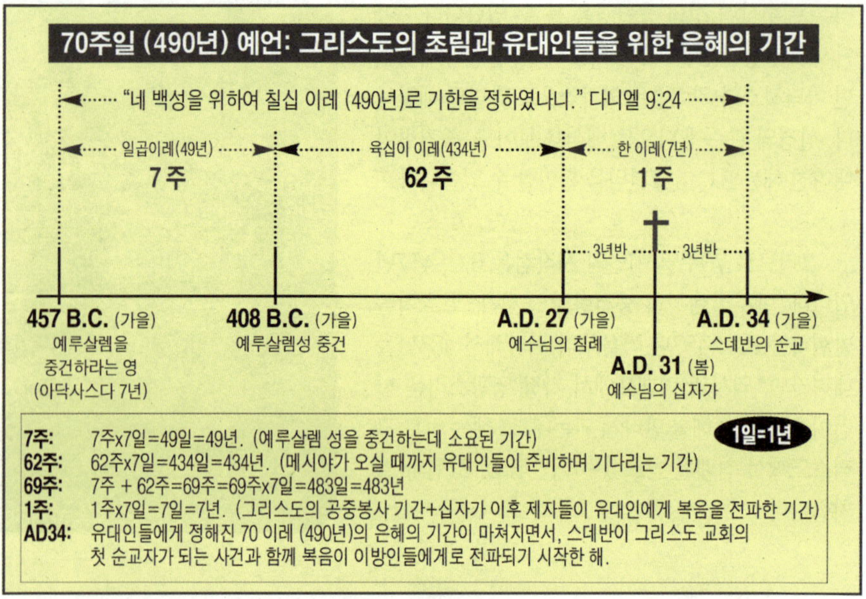

5 죽음과 그 의미에 대한 예언의 성취

70주일 중에 마지막 남은 1주일(70주일-69주일=1주일)인 7년 동안에는 무슨 일이 이루어질 것입니까? 마지막 남은 한 주일에 대하여, 가브리엘 천사가 하는 설명을 들어봅시다. "육십 이 이레 후에 기름부음을 받은 자, 곧 메시야가 끊어져 없어지겠고"(26절). 가브리엘 천사는 62주일 후, 즉 서기 27년 이후에 예수 그리스도께서 "끊어져 없어"질 것이라는 사실을 언급한 후에, 예수님께서 메시야로서 하실 일에 대해서 자세한 설명을 다음과 같이 덧붙이고 있습니다. "그가 장차 많은 사람으로 더불어 한 이레(1 Week) 동안의 언약을 굳게 정하겠고, 그가 그 이레(Week)의 절반에 제사와 예물을 금지할 것이며"(27절). (여기서"이레(Week)의 절반"은 7년의 반이므로 3.5년 즉, 3년 반이 됨)

그렇다면 예수님께서 침례를 받으시고 공생애를 시작하신 서기 27년 가을부터 3년 반 후인 서기 31년 봄에는 어떤 일이 일어났습니까? 인간이 범죄한 이래 장차 오실 것으로 약속된 메시야의 죽음을 상징하여 드려온 "제사와 예물을 금지하"게 만드는 사건이 일어났습니다. 참으로 오랜 세월 동안, 유대인들은 양을 성소의 번제단 위에서 태움으로써, 죄의 용서를 받아왔으며, 동시에 장차 오실 메시야에 대한 믿음을 나타냈습니다. 그러나 예수 그리스도께서 속죄양이 되셔서 십자가에서 죽으심으로써, 더 이상 양을 잡아서 태워 죽이는 제사 제도는 필요 없게 되었습니다.

"하나님이 제사와 예물을 원치 아니하시고 오직 나를 위하여 한 몸을 예비하였도다 … 이에 내가 말하기를 하나님이여 보시옵소서. 두루마리 책에 나를 가리켜 기록한 것과 같이 하나님의 뜻을 행하러 왔나이다"(히 10:5-7). 또한 "이 (구약 시대의) 제사는 언제든지 죄를 없게 하지 못하거니와 오직 그리스도는 죄를 위하여 한 영원한 제사를 드리"심으로써, "다시 죄를 위하여 제사드릴 것이 없느니라"(히 10:12).

그리스도의 지상 봉사가 3년 반 동안 이루어졌으며, 서기 31년 봄에 십자가에서 돌아가셨을 때, 성소 안에 있던 성전 휘장이 갑자기 찢어짐으로써 "예수님께서 다시 크게 소리 지르시고 영혼이 떠나시자, 이에 휘장이 위로부터 아래로 찢어져 둘이 되고"(마 27:50), 모세가 제사 제도에 대해서 기록하였던 의문의 율법이 더 이상 필요 없음을 보여주셨습니다. "우리를 거스리고 우리를 대적하는 의문에 쓴 증서를 도말 하시고 제하여 버리사 십자가에 못 박으시고"(골 2:14).

그러나 비밀 휴거론자들은 그리스도의 생애와 죽으심에 관한 예언인 다니엘 9장 24-27절을 적그리스도의 행적으로 해석하는 엄청난 착오를 일으켰습니다. 그들은 "이레의 절반에 제사와 예물을 금"하셨던 구주 예수 그리스도를 적그리스도로 해석함으로써, 그리스도의 생애의 목적에 대한 예언을 완전히 왜곡시켰는데, 이것이야말로 비밀 휴거론이 만든 최대의 비극이라고 말할 수 있겠습니다.

6 유대인들을 위한 은혜의 시간의 종결

이제, 마지막 1주일인 7년 중에서 나머지 3년 반이 지나면, 하나님께서 유대인들에게 허락하신 70주야의 전체 예언이 완전히 종결됩니다. 나머지 3년 반 동안 제자들은 주로 유대인들의 구원을 위해서 끝까지 일했습니다. 예수님께서 돌아가신 지 3년 반 후인 서기 34년, 새 언약의 복음을 끝까지 거절하는 유대인 지도자들을 향하여 경고와 호소의 설교를 하던 스데반에게 산헤드린 공회가 돌로 쳐서 죽이는 판결을 내림에 따라, 스데반은 그리스도 교회의 첫 번째 순교자가 되었으며(행 7:51-60), 이로서 유대인들을 위한 70주일(490년)의 유예 기간은 완전히 끝났으며, 곧 이어서 일어난 핍박과 함께 이방인들에게 복음이 전파되기 시작하였습니다. "하나님의 말씀을 마땅히 먼저 너희에게 전할 것이로되 너희가 버리

고 영생 얻기에 합당치 않은 자로 자처하기로 우리가 이방인에게로 향하노라"(행 13:46).

서기 70년, 다니엘 9장 26,27절에 예언된 대로 "한 왕의 백성이 와서 그 성읍과 성소를 훼파하"는 사건이 일어났습니다. 로마제국의 군대들에 의하여, 성전은 불타서 잿더미가 되었으며, 110만 명 이상의 유대인이 포위된 채 예루살렘 성 안에 갇혀서 참혹한 최후를 맞이하였습니다. "돌 하나도 돌 위에 남지 않고 다 무너뜨리우리라"는 예수님의 말씀뿐만 아니라, 다니엘서에 기록된 여러 예언들이 일시에 성취되었습니다.

다니엘의 예언대로, 유대인들은 한 국가로서 하나님의 백성이 되는 특권을 상실하게 되었습니다. 더 이상 한 국가로서 선택 받은 백성이 되기를 끝까지 거절하였기 때문에, 서기 34년부터 그들은 이방인과 같이 개인 단위로 구원을 받을 수밖에 없게 되었습니다. 유대인들의 은혜의 시간이 끝난 것에 대해서 신약 성경은 무엇이라고 이야기 하고 있습니까?

"하나님의 나라를 너희는 빼앗기고"(마 21:43).

"길가에서 한 무화과나무를 보시고 그리로 가사 잎사귀 밖에 아무것도 얻지 못하시자 나무에게 이르시되 이제부터 영원토록 네가 열매가 맺지 못하리라 하시니 무화과나무가 곧 마른지라(무화과나무는 유대 국가를 상징함)"(마 21:19).

"너희는 유대인이나 헬라인이나 종이나 자주자나 남자나 여자 할 것 없이 다 그리스도 예수 안에서 하나이니라"(마 3:28).

"너희가 그리스도께 속한 자면 곧 아브라함의 자손이요 약속대로 유업을 이을 자니라"(갈 3:29).

"유대인이나 헬라인이나 차별이 없음이니라 한 주께서 모든 사람의 주가 되사 저를 부르는 모든 사람에게 부요하시도다"(롬 10:12).

"이스라엘에게서 난 그들이 다 이스라엘이 아니요 아브라함의 씨가 다 그 자녀가 아니라 오직 이삭으로부터 난 자라야 네 씨라 칭하리라 하셨으니 곧 육신의 자녀가 하나님의 자녀가 아니라 오직 약속의 씨가 여기심을 받느리라"(롬 9:6-8).

신약성경은 하나님께서는 영적 이스라엘을 가납하시며, 육체적 이스라엘을 거절하신다는 사실을 말하고 있습니다.

"대저 표면적 유대인이 유대인이 아니요 표면적 육신의 할례가 할례가 아니라 오직 이면적 유대인이 유대인이며 할례는 마음에 할찌니 신령에 있고 의문에 있지 아니할 것이라"(롬 2:28,29).

"하나님의 말씀을 마땅히 먼저 너희에게 전할 것이로되 너희가 버리고 영생 얻기에 합당치 않은 자로 자처하기로 우리가 이방인에게로 향하노라"(행 13:46).

7 결론

이제, 우리는 휴거주의자들이 어떻게 7년이라는 환난 기간을 만들어 냈는지 알 수 있습니다. 그들은 다니엘의 70주 예언에서 마지막 7년을 역사의 중간으로부터 뚝 떼어서 저 멀리 미래 즉, 세상 끝으로 가져갔습니다. 그들은 마지막 70번째 주일은 말세에 그리스도께서 오셔서 의인들을 비밀리에 휴거시킨 후에야 성취될 것이라고 해석합니다. 그러나 자신들이 주장하는 7년 환난설을 뒷받침하기 위해서는 어떤 성경 절을 붙잡아야만 했습니다.

그래서 그들은 다니엘 9장 25절의 69주일이 그리스도의 초림에 대한 예언이라는 사실에는 동의하지만, 69주와 70번째 주 사이에 2000년이라는 시간의 간격을 집어넣었습니다. 즉, 예언의 시간표를 69주(483년)+거의 2000년에 이르는 그리스도 교회시대+1주(7년)로 만들었습니다. 70번째 주인 마지막 7년을 "7년 대환난"이라고 이름 붙인 후, 7년 환난기의 앞과 뒤에 비밀 공중 휴거와 공개 지상 강림이 있을 것이라는 2단계의 재림설을 만들어 낸 휴거론이야말로 너무나 허구에 찬 인간의 상상인 것입니다.

자, 이제 다시 독자들이 스스로 결론을 내릴 시간이 되었습니다. "7년의 시간적 간격이 있습니까?"

제7부
휴거는 적그리스도의 출현보다 먼저 이루어지는가?

비밀 휴거론자들은 세상 끝이 되기 7년 전에 성도들이 비밀리에 휴거를 당하고, 그 후에야 비로소 적그리스도가 나타난다고 주장합니다. 그들의 주장과 사도 바울의 설명을 비교해 봅시다. "형제들아 우리가 너희에게 구하는 것은 우리 주 예수 그리스도의 강림하심과 우리가 그 앞에 모임에 관하여 혹 영으로나 혹 말로나 혹 우리에게서 받았다 하는 편지로나 주의 날이 이르렀다고 쉬 동심하거나 두려워하거나 하지 아니할 그것이라. 누가 아무렇게 하여도 너희가 미혹하지 말라. 먼저 배도하는 일이 있고 저 불법의 사람 곧 멸망의 아들이 나타나기 전에는 이르지 아니하리니, 저는 대적한 자라 범사에 일컫는 하나님이나 숭배함을 받는 자 위에 뛰어나 자존하여 하나님 성전에 앉아 자기를 보여 하나님이라 하느니라"(살후 2:1-4).

1 바울의 설명

바울은 이 문제에 대해서 너무나 자세히 설명하였습니다. 그리스도의 강림의 날에 앞서 "먼저 배도하는 일이 있고 저 불법의 사람 … 곧 하나님의 성전에 앉아 자기를 보여 하나님"이라고 주장하는 적그리스도가 "나타나기 전에는" "그리스도의 강림(파루시아)" 이 없을 것이므로 "주의 날이 이르렀다고 쉬 동심하거나 두려워하거나 하지" 말라는 것이 바울의 설명입니다.

적그리스도가 먼저 나타나고, 그리스도의 강림이 있을 것이라는 사실이 오해할 수 없게 설명되어 있습니다. 바울은 적그리스도의 출현을 세상 끝으로 미루어 놓지 않았습니다. 그가 당대에 "불법의 비밀이 이미 활동하였으나"라고 기록하였던 점을 주목하십시오.

2 요한의 설명

휴거를 믿는 사람들은 주께서 강림하시는 사건과 적그리스도가 나타나는 사건의 순서를 바꾸어 놓음으로써, 그리스도인들로 하여금 적그리스도의 출현을 그리스도의 재림으로 착각할 수 있는 여지를 만들어 놓았습니다. 그러나 성경은 이 점에 대해서 분명히 말하고 있습니다. "그 때에 불법한 자가 나타나리니 주 예수님께서 그의 입의 기운으로 저를 죽이시고 강림하여 나타나심으로 멸하시리라"(살후 2:8).

여기서, 바울은 그리스도께서 오실 때에 적그리스도가 멸하여질 것을 이야기하고 있습니다. "너희가 미혹하지 말라"라는 바울의 경고를 주의 깊이 받아들여야 합니다(3절). 요한계시록 20장 4절에도, 이 문제를 정확하게 볼 수 있는 말씀이 기록되어 있습니다. "짐승과 그의 우상에게 경배하지도 아니하고 이마와 손에 그의 표를 받지 아니한 자들이 살아서 그리스도와 더불어 천 년이 차기까지 왕 노릇하니 이는 첫째 부활이라." 적그리스도와 그의 세력이 강요하게 될 짐승의 표를 거절하는 사람만이 첫째 부활에 참여하게 될 것이라는 사도 요한의 기록은, 먼저 비밀 휴거와 부활이 있은 다음, 적그리스도가 이 세상을 7년 동안 장악할 것이라는 세대주의자들의 주장을 완전히 무산시켜 버립니다.

3 종교개혁자들의 일치된 예언 해석법

종교 개혁자들은 적그리스도에 대한 예언은 중세기의 종교 암흑시대 동안에 그리스도 교회에 엄청난 배도를 가져왔으며, 진실한 그리스도인들을 무섭게 박해하였던 세력이라고 가르쳤습니다. 위클립과 마틴 루터의 동료 개혁자인 멜랑히톤, 요한 낙스, 그리고 예언 해석을 많이 강조하지 않았던 요한 칼빈까지도 중세기의 교황권을 적그리스도로 규정하는 일에 주저하지 않았습니다. 칼빈의 저서인 "기독교 강요"에는 이러한 기록이 담겨 있습니다. "다니엘과 바울은 적그리스도가 하나님의 성전에 앉을 것이라고 예언했다. 서방 교회에 있어서 이 저주받은 가증한 왕국의 머리를 우리는 교황이라고 단언한다."

그러나 교황권(Papacy)은 성경에 예언되어 있는 적그리스도라고 선포하는데 제일 앞장섰던 사람은 마틴 루터였습니다. 거의 모든 개혁자는 다니엘서와 요한계시록의 예언해석에 있어서 놀라운 일치를 보이고 있습니다. 그들은 다니엘서와 요한계시록의 예언을 그것이 쓰인 때로부터 시작해서 세상 끝 날까지의 역사 속에서 계속적으로 일어나는 일련의 사건으로 해석하였습니다. 그들의 예언해석은 역사 속에서 입증될 수 있는 것이었기 때문에, 어느 누구도 그들의 해석을 부인할 수 없었습니다.

4 비밀 휴거주의자들이 주장하는 종말론의 뿌리

사도 바울이 "불법의 비밀이 이미 활동하였"다고 말하였음에도 불구하고, 적그리스도의 출현을 미래의 어떤 시점으로 가르치는 비밀 휴거론자들의 주장이 어떻게 생기게 되었는지를 이해할 필요가 있습니다.

개혁자들에 의해서 성경이 영어로 번역되자, 종교개혁은 요원의 불길처럼 번져 나갔으며, 성경에 예언된 적그리스도는 바로 교황권을 가리킨다는 사실이 백일하에 드러나게 되었습니다. 그러자 로마 천주교회는 이에 대한 대책을 세우기에 이르렀습니다. 그들은 종교개혁자들의 예리한 공격을 피하기 위하여, 두 가지의 새로운 예언 해석법을 만들기로 결정하였습니다. 개혁자들의 역사주의 예언 해석법에 대항하기 위해서, 과거주의 예언 해석법과 미래주의 예언 해석법을 만들어 내었는데, 여기에 비밀 휴거를 탄생시킨 세대주의 종말론의 뿌리가 숨겨져 있습니다. 19세기의 유명한 성경 주석학자 요셉 태너(Jeseph Tenner)는 그 당시의 상황을 이렇게 설명하고 있습니다.

"교황권이 적그리스도라는 확신이 많은 사람의 마음에 확산되자, 교황권은 마침내 대책을 세우지 않으면 안 되겠다는 결론에 이르게 되었다. 그들은 교황권이 적그리스도라는 사람들의 생각을 없애기 위해서 두 가지의 다른 해석법을 마련하였다."

"16세기 말경, 로마천주교회의 제수잇(예수회) 소속인 두 명의 신부는 자신들이 이 일에 헌신하기로 결심하고, 동일한 목표를 위해서 각각 노력을 기울였다. 말하자면, 종교개혁을 지지하는 사람들의 시선을 교황권으로부터 다른 곳으로 돌리기 위하여 적그리스도에 대한 새로운 해석법을 창안해 내기로 하였던 것이다.

그리하여 제수잇(예수회) 신부인 알카자(Alcazar)는 심혈을 기울여 과거주의 예언 해석법을 만들어 내었다. 그는 적그리스도에 대한 예언은 교황이 로마에서 통치를 시작하기 전에 이미 성취되었다는 사실을 보여주기 위해서 애를 썼다. 이와 반면에 또 다른 제수잇 신부인 리베라(Francisco Ribera)는 미래주의 예언 해석 체계를 내놓음으로써, 적그리스도에 대한 예언을 교황 권에 적용하는 것을 막고자 하였다. 그는 적그리스도에 대한 예언을 교황권에게 적용해서는 안 되며, 아직 나타나지 않은 미래의 어떤 초자연적인 인물 즉, 마지막 환난기 동안에 지상을 장악할 인물에 대한 예언으로 해석하였다…

오늘날, 대부분의 개신교회들은 미래주의 해석법을 지지하고 있다. 개신교회가 천주교회의 가르침을 받아들여서, 교황권이 적그리스도라는 성경적인 진리가 드러나지 않도록 가려 주는 일을 돕고 있다는 사실은 참으로 유감스러운 일이 아닐 수 없다."

(Joseph Turner 의 저서 - 다니엘서와 요한계시록, 16,17페이지.)

천주교회의 두 신부가 만들어낸 과거주의나 미래주의 예언 해석법은 1260년 동안 중세기의 종교적 암흑시대를 주도해온 로마 교황권의 역사와 행적을 예언에서 흔적도 없이 빼어버리기 위해서 창안된 것이라는 사실을 잊지 말아야 합니다. 미래주의 해석법에 그 뿌리를 두고 있는 비밀 휴거론자들의 세대주의는 현대의 칼빈 신학을 대표하는 벌코프 박사나 훼케마 박사에 의해서도 매우 위험한 것으로 비평 받고 있습니다. 성경이 적그리스도의 정체에 대해서 설명하고 있는 바를 혼돈시키는 비밀 휴거론자들의 종말론이야말로 매우 위험한 기만입니다.

독자들에게 질문하고자 합니다. "휴거는 적그리스도의 출현보다 먼저 이루어질까요?"

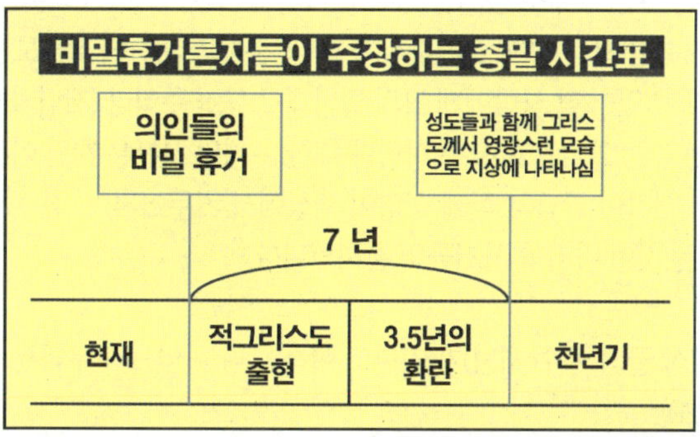

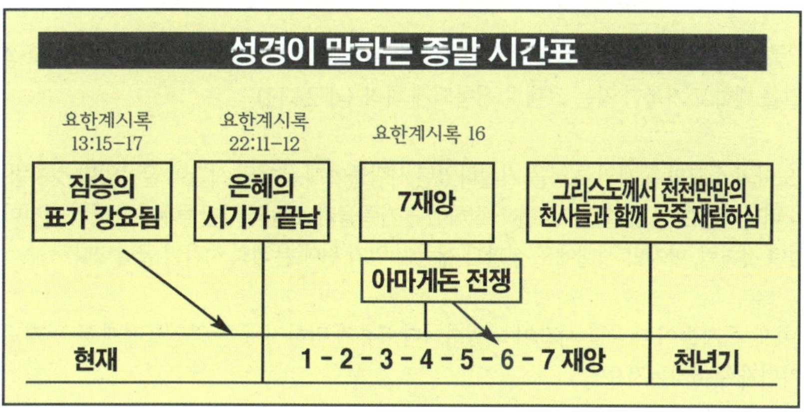

제8부

믿지 않는 자들에게 두 번째 구원의 기회가 주어지는가?

비밀 휴거론자들은, 첫 번째에 휴거 되지 않는 자들에게도 구원받을 수 있는 두 번째 기회가 7년 동안의 환난기 동안에 주어진다고 가르칩니다. 그러나 단언하건대, 성경의 어느 곳에도 예수님께서 오신 후에 두 번째 구원의 기회를 받는 사람이 있다는 기록이 없습니다. 노아와 롯의 때와 같이 예수 그리스도의 재림의 때에도 단 한 번의 기회로 모든 것이 끝나는 것입니다. 이것은 인간의 마음을 즐겁게 하기 위해서 인간이 고안해낸 교리입니다. 다음의 성경 절들을 주의 깊이 읽어 보십시오.

"보라 지금은 구원받을 만한 때요, 보라 지금은 구원의 날이다"(고후 6:2).

"불의를 행하는 자는 그대로 불의를 행하고 더러운 자는 그대로 더럽고 의로운 자는 그대로 의를 행하고 거룩한 자는 그대로 거룩하게 하라 (은혜의 시간의 끝). 보라 내가 속히 오리니 내가 줄 상이 내게 있어 각 사람에게 그의 일한대로 갚아 주리라 (재림과 함께 주어지는 성도들을 위한 보상)"(계 22:11,12). 모든 사람에 대한 은혜의 시간은 재림 이전에 끝납니다. 구원을 위한 은혜의 시간이 끝남과 함께 성령이 세상에서 거두어지며, 칠 재앙이 내리고 예수님께서 재림하시는 것이 마지막 사건들의 순서입니다.

"추수할 때(세상 끝의 예수 재림)가 지나고 여름이 다 하였으나 우리는 구원을 얻지 못한다 하더라"(렘 8:20).

"불의한 자는 그대로 불의를 하고 더러운 자는 그대로 더럽고, 의로운 자는 그대로 의로운 일을 행하고 거룩한 자는 그대로 거룩되게 하라"(계 22:11).

노아의 설교와 회개의 초청을 거절하였던 사람들에게 은혜의 시간이 끝났었던 것처럼, 소돔을 떠나라는 롯의 간절한 호소를 거절하였던 가족들과 소돔의 시민들에게 은혜의 시간이 끝났었던 것처럼, 마지막 시대에도 심판과 재림이 있기 전에 은혜의 시간이 끝납니다.

이제, 독자들이 대답할 시간이 되었습니다. "휴거 당하지 못한 악인들에게 두 번째 구원의 기회가 주어지는지요?"

성경공부
종말의 준비

4장

이스라엘 회복과 제3성전 성경에 예언되었는가?

위조 사건을 넘어 진짜를 찾아야 합니다

제1부

1948년 이스라엘 재건을 어떻게 이해할까?

마지막 때가 가까울수록 진리를 어둡게 하려는 많은 세력들이 출현합니다. 얼핏 들으면 그럴듯한 관심을 가질만한 주제들도 포함돼 있습니다. 그러나 그 모든 것은 성경말씀으로 확인해야 합니다.

"율법과 증거에게 구하여야 되리니, 만약 그들이 이 말씀에 따라 전하지 아니하면, 이는 그들 안에 빛이 없기 때문이라"(사 8:20, KJV)

사람들은 예언을 미래의 사건을 알아맞히기 위한 것으로 사용합니다. 그러나 하나님께서 성경의 예언들을 주신 목적은 우리에게 믿음을 더해 주시기 위함입니다. 그리고 사탄의 거짓과 속임수를 알아차릴 수 있도록 하시기 위함입니다. 누가, 어떤 교회가 하나님께서 인정하시는 교회인지를 식별하여 알 수 있도록 하시기 위함입니다. 하나님의 계획과 다가오는 미래의 사건들에 대하여 이해하고 준비토록 하시기 위하여 예언을 주신 이유도 있습니다만, 예언의 가장 중요한 목적은 우리로 하여금 하나님께 대한 깊은 신뢰와 믿음을 갖게 하시기 위함입니다.

예언된 사건들이 그 정해진 시간과 상황들에 맞추어서 정확하게 성취되어 온 것을 알고 나면 확신을 하고 미래를 맞이할 수가 있게 됩니다. 그리고 어떻게 하는 것이 하나님의 편에서 있는 것인지에 대한 판단력을 가질 수가 있게 됩니다. 당장 눈에 보이지 않더라도 하나님의 인도 하심과 역사 하심에 대한 확실성을 믿을 수 있게 됩니다. 이 복잡한 지구의 사건들 속에서도 결국 하나님께서 이 세상의 역사를 주관하고 계시다는 사실을 신뢰하게 됩니다.

우리는 진리로 구원을 받습니다. 성경은 우리에게 그렇게 가르치고 있습니다. 예수님을 믿어도 성경대로 믿어야 하고, 말씀을 순종하고 따라가고 가르쳐도 성경 말씀대로 해야 합니다. 그렇지 않으면 가짜에 속아 넘어갈 가능성이 많습니다. 예수님께서는 거짓 가르침과 거짓 선지자들을 조심하라고 하셨습니다. 특히 말세에는 미혹하는 일이 많을 것이라고 경고하셨습니다.

비밀휴거, 7년대환란, 세대주의, 메시아닉쥬, 이스라엘 회복, 예루살렘성전 재건, 적그리스도…. 참 진리를 보지 못하도록 악의 영은 수많은 신학들을 만들어 내고 있습니다. 진짜를 찾아야 합니다. 말씀을 통해서 가짜를 분별할 줄 알아야 합니다. 조금씩 조금씩 거짓 가르침을 믿어 온 사람들은 큰 위조 사건에 속아 넘어갈 것입니다.

1 속임수, 1948년 이스라엘 재건

사도 바울은 초대교회가 유대인과 이방인의 생활이나 민족적 정서의 차이 때문에 주 안에서 하나가 되지 못하고 늘 분파와 분쟁이 있어, 그들을 하나로 연합하려고 많은 근심과 노력 가운데 있었다. 그런데 놀랍게도 현대기독교회가 7년 환란이라는 교리로 사도 바울의 수고를 한순간에 물거품으로 만들며 세상을 또다시 이스라엘과 이방인으로 나누고 있다는 사실을 아는가?

1948년 이스라엘 재건이 수많은 기독교인에게 관심을 받고 있습니다. 이스라엘 국가 재건이 성경 예언의 성취라는 것입니다. 이렇게 믿는 사람들은 이스라엘의 뉴스에 관심을 두고 이스라엘을 위해 기도하고 있습니다. 실제 이스라엘을 보면 말세와 관련된 성경 예언이 어디까지 성취되었는지 알 수 있다는 것이지요. A.D. 70년 로마의 티투스 장군에 의해 예루살렘이 멸망되고 나서 2,000여 년이 흐른 뒤에, 지금의 중동 땅에 이스라엘이라는 국가가 1948년 5월 14일에 재건되었습니다. 우리는 이 사실을 어떻게 이해해야 할까요? 정말 하나님은 이스라엘 국가를 통해 마지막 예언을 성취하시려는 것일까요?

유대 민족은 예루살렘이 멸망한 후 온 세상에 흩어져 버렸습니다. 북방 이스라엘의 10지파는 앗수르에 의해 멸망한 후 앗수르의 혼혈 정책에 의해 그 씨가 없어져 버렸고, 로마에 의해 예루살렘이 철저히 파괴된 후 유대 나라의 두 지파인 베냐민과 유다 지파도 혼혈과 잡혼, 그리고 실종 등으로 그 순수한 피가 전혀 없어진 상태에 이르게 된 사실은 역사가 증명하는 사실입니다. 그러다가 1948년에 흩어진 소수의 유대인이 비밀조직들의 활동으로 다시 국가로 인정을 받게 되었습니다. 일부 현대 기독교회는 이러한 실제 이스라엘 국가의 건국을 보고 그것이 성경 예언의 성취이며 그들이 여전히 참 이스라엘이라고 믿고 있습니다. 그러나 1948년 이스라엘 건국이 성경 예언의 성취라고 믿는 사람들은 중요한 실수를 하고 있는데, 그들은 하나님께서 이스라엘을 선택하신 이유와 이스라엘이 진리를 거부해온 역사를 무시하고 있습니다.

2 하나님께서 이스라엘을 선택하신 이유와 진리를 거부한 이스라엘의 역사

■ 하나님의 백성에 대한 하나님의 뜻

"*하나님은 모든 사람이 구원을 받으며 진리를 아는 데에 이르기를 원하*"신다 (딤전 2:4).

그래서 하나님은 하나님을 대표하는 사람들로 모든 사람에게 하나님을 알리고 진리를 전하도록 계획하셨습니다.

"*나 여호와가 말하노라 너희는 나의 증인, 나의 종으로 택함을 입었나니 이는 너희로 나를 알고 믿으며 내가 그인 줄 깨닫게 하려 함이라 나의 전에 지음을 받은 신이 없었느니라 나의 후에도 없으리라 나 곧 나는 여호와라 나 외에 구원자가 없느니라 내가 고하였으며 구원하였으며 보였고 너희 중에 다른 신이 없었나니 그러므로 너희는 나의 증인이요 나는 하나님이니라 여호와의 말이니라*"(사 43:10-12).

"*나 여호와가 의로 너를 불렀은즉 내가 네 손을 잡아 너를 보호하며 너를 세워 백성의 언약과 이방의 빛이 되게 하리니 네가 소경의 눈을 밝히며 갇힌 자를 옥에서 이끌어 내며 흑암에 처한 자를 간에서 나오게 하리라*" (사 42:6,7).

예수님도 우리가 사람들에게 하나님을 바로 나타내야 함을 다음과 같이 말씀하셨습니다. "*이같이 너희 빛을 사람 앞에 비취게 하여 저희로 너희 착한 행실을 보고 하늘에 계신 너희 아버지께 영광을 돌리게 하라*"(마 5:16)

사도 바울도 우리가 그리스도의 편지니 예수님이 어떤 분이신지 우리를 보고 사람들이 알게 해야 한다고 하셨습니다(고후 3:2,3). 하나님께서는 그분의 백성을 통하여 세상에 축복을 주시고자 하셨습니다. 요셉의 성실을 통해 온 백성의 생명이 보존되게 하셨습니다. 또한 다니엘을 통하여 바벨론의 모든 박사들의 생명을 구원하셨습니다. 이러한 구원은 요셉과 다니엘이 하나님과 관계를 맺음으로 세상에 주어진 영적인 축복들을 보여줍니다. 그 마음속에 그리스도께서 거하시는 사람, 그리스도의 사랑을 세상에 나타내는 사람은 모두 인류의 축복을 위하여 하나님과 동역하는 사람이고 하나님의 백성입니다.

■ 하나님의 백성으로 선택된 이스라엘

하나님께서는 인류에게 그분의 품성과 진리를 알리시려고 아브라함을 믿음의 조상으로 세우시고 이스라엘을 택하셨습니다. 하나님은 이스라엘에게 하늘의 명령과 하나님의 뜻의 계시를 맡기셨습니다. 이스라엘의 초기 시대에 세상 열국들은 타락하였고 하나님을 몰랐습니다. 하나님은 당신의 택하신 백성을 통하여 그들에게 그분을 알 수 있는 기회를 주시고자 하셨습니다. 하나님은 이스라엘을 택하시고 이스라엘에게 진리를 주셨지만 다음과 같은 조건이 완수될 때에 이스라엘은 계속 선택된 백성으로 남을 것이었습니다.

"*네가 만일 네 아비 다윗의 행함 같이 마음을 온전히 하고 바르게 하여 내 앞에서 행하며 내가 네게 명한 대로 온갖 것을 순종하여 나의 법도와 율례를 지키면 내가 네 아비 다윗에게 허하여 이르기를 이스라엘 위에 오를 사람이 네게서 끊어지지 아니하리라 한대로 너의 이스라엘의 왕위를 영원히 견고하게 하려니와 만일 너희나 너희 자손이 아주 돌이켜 나를 좇지 아니하며 내가 너희 앞에 둔 나의 계명과 법도를 지키지 아니하고 가서 다른 신을 섬겨 그것을 숭배하면 내가 이스라엘을 나의 준 땅에서 끊어 버릴 것이요 내 이름을 위하여 내가 거룩하게 구별한 이 전이라도 내 앞에서 던져 버리리니 이스라엘은 모든 민족 가운데 속담거리와 이야기거리가 될 것이며*" (왕상 9:4-7)

■ 하나님의 뜻을 이루지 못한 이스라엘

그러나 이스라엘 백성은 하나님의 대표자로서의 하나님께서 맡기신 사명을 완수하지 못했습니다. 그들은 하나님을 잊었으며 그들의 거룩한 사명을 완수하는 데 실패했습니다. 그들은 받은 축복을 세상에 나누어 주지 않았고, 그 모든 이점을 자신의 영광을 위하여 사용하였습니다. 하나님은 이스라엘에 대하여 다음과 같이 선언하셨습니다.

"*내가 너를 순전한 참 종자 곧 귀한 포도나무로 심었거늘 내게 대하여 이방 포도나무의 악한 가지가 됨은 어찜이뇨*" (렘 2:21).

"*예루살렘 거민과 유다 사람들아 구하노니 이제 나와 내 포도원 사이에 판단하라 내가 내 포도원을 위하여 행한 것 외에 무엇을 더할 것이 있었으랴 내가 좋은 포도 맺기를 기다렸거늘 들포도를 맺힘은 어찜인고 이제 내가 내 포도원에 어떻게 행할 것을 너희에게 이르리라 내가 그 울타리를 걷어 먹힘을 당케 하며 그 담을 헐어 짓밟히게 할 것이요 내가 그것으로 황무케 하리니 다시는 가지를 자름이나 북을 돋우지 못하여 질려와 형극이 날 것이며 내가 또 구름을 명하여 그 위에 비를 내리지 말라 하리라 하셨으니 대저 만군의 여호와의 포도원은 이스라엘 족속*

이요 그의 기뻐하시는 나무는 유다 사람이라 그들에게 공평을 바라셨더니 도리어 포학이요 그들에게 의로움을 바라셨더니 도리어 부르짖음이었도다" (사 5:3-7).

■ 끝까지 돌이키지 않은 이스라엘

하나님은 이스라엘에 여러 선지자를 보내셨습니다. 그러나 수많은 선지자를 핍박하고 죽였습니다. 그런 이스라엘이지만 하나님은 포기하지 않으시고 인간이 되어 이 땅에 오셨습니다. 그러나 유대 종교지도자들은 예수님을 미워하였고 심지어 죽이고자 하였습니다. 그래서 예수님을 모함하려고 예수님께서 십자가에 달려 돌아가시기 몇 일 전에 여러 가지 도전하는 질문을 하였습니다. 그런 질문들에 예수님은 친절하게 답변하셨고 그들의 악함을 깨닫게 하시기 위해 다음의 비유를 말씀하셨습니다.

"*한 집 주인이 포도원을 만들고 산울로 두르고 거기 즙 짜는 구유를 파고 망대를 짓고 농부들에게 세로 주고 타국에 갔더니 실과 때가 가까우매 그 실과를 받으려고 자기 종들을 농부들에게 보내니 농부들이 종들을 잡아 하나는 심히 때리고 하나는 죽이고 하나는 돌로 쳤거늘 다시 다른 종들을 처음보다 많이 보내니 저희에게도 그렇게 하였는지라 후에 자기 아들을 보내며 가로되 저희가 내 아들은 공경하리라 하였더니 농부들이 그 아들을 보고 서로 말하되 이는 상속자니 자 죽이고 그의 유업을 차지하자 하고 이에 잡아 포도원 밖에 내어 좇아 죽였느니라*" (마 21:33-39).

이 비유의 말씀을 하신 후에 "***그러면 포도원 주인이 올 때에 이 농부들을 어떻게 하겠느뇨***" 라고 예수님께서 질문하셨을 때 유대 종교지도자들이 "***말하되 이 악한 자들을 진멸하고 포도원은 제때에 실과를 바칠만한 다른 농부들에게 세로 줄찌니이다***"라고 직접 말하였습니다. 그 때에 예수님께서 "***그러므로 내가 너희에게 이르노니 하나님의 나라를 너희는 빼앗기고 그 나라의 열매 맺는 백성이 받으리라***"고 하셨습니다.

이 비유의 말씀은 이스라엘을 두고 말씀하신 것입니다. 하나님은 이스라엘의 구원을 위하여 모든 일을 하셨습니다. 수많은 선지자를 보냈고 심지어 하나님의 아들인 예수님을 보내셨습니다. 그러나 이스라엘은 하나님의 구원을 거절하고 예수님까지 죽였습니다. 이 비유를 듣고 유대 종교지도자들은 스스로 자기들의 심판을 말하였습니다. 그래서 예수님은 하나님의 나라가 너희에게서 빼앗기고 열매 맺는 백성이 받겠다고 말씀하신 것입니다. 이런 분명한 말씀에도 불구하고 그 다음절에 보면 유대 종교지도자들은 회개하지 않고 결국 예수님을 죽이도록 넘겨주었습니다. 이렇게 자신들이 예수님이 말씀하신 예언을 성취하게 됩니다. "***대제사장들과 바리새인들이 예수의 비유를 듣고 자기들을 가리켜 말씀하심인 줄 알고 잡고자 하나***"(마 21:45).

예수님은 이렇게 자신을 거부하는 이스라엘을 위하여 다음과 같이 말씀하셨다. *"예루살렘아 예루살렘아 선지자들을 죽이고 네게 파송된 자들을 돌로 치는 자여 암탉이 그 새끼를 날개 아래 모음 같이 내가 네 자녀를 모으려 한 일이 몇 번이냐 그러나 너희가 원치 아니하였도다 보라 너희 집이 황폐하여 버린바 되리라"*(마 23:37,38).

이렇게 이스라엘이 진리를 거부하였기에 예수님도 더는 이스라엘과 함께하실 수 없었습니다. 하나님은 더 이상 하나님을 대표하는 사람들로 이스라엘을 쓸 수 없었습니다. 십자가 이후에도 한동안 제자들은 유대 민족의 구원을 위해서만 일했습니다. 그러나 예수님께서 돌아가신 지 3년 반 후인 서기 34년, 새 언약의 복음을 끝까지 거절하는 유대인 종교지도자들을 향하여 경고와 호소의 설교를 하던 스데반에게 산헤드린 공회가 돌로 쳐서 죽이는 판결을 내림에 따라, 스데반은 그리스도 교회의 첫 번째 순교자가 되었으며 (행 7:51-60), 곧 이어서 일어난 핍박과 함께 이방인들에게 복음이 전파되기 시작하였습니다(행 8:1~).

3 영적 이스라엘과 육적 이스라엘

■ 하나님의 뜻을 이룰 하나님의 백성은?

그 후로 온 세상에 진리를 전하는 사명은 이스라엘 백성에게서 교회로 넘어갔습니다. 아브라함의 실제 후손들이 예수님이 오시기까지는 진리를 가지고 있었고 이방 나라에 전해야 할 책임을 지고 있었습니다. 그러나 유대인들이 예수님을 십자가에 못박으며 진리를 명백히 거절한 이후로 지난 2천년간 교회가 하나님의 진리를 지키고 전파하였습니다. 그러므로 진정한 의미의 하나님의 백성인 이스라엘은 하나님의 진리를 지키고 전달하는 백성인 것입니다. 하나님을 대표하는 사람들은 이제 유대인이 아니라 그리스도인들이 된 것입니다.

성경은 실제 이스라엘 나라가 예수 그리스도를 거절하고 십자가에 못 박은 후에, 영적인 이스라엘 백성을 모아들이신 사실을 말하고 있습니다.

"너희는 유대인이나 헬라인이나 종이나 자주자나 남자나 여자 없이 다 그리스도 예수 안에서 하나이니라 너희가 그리스도께 속한 자면 곧 아브라함의 자손이요 약속대로 유업을 이을 자니라"(갈 3:28,29)

"대저 표면적 유대인이 유대인이 아니요 표면적 육신의 할례가 할례가 아니라 오직 이면적 유대인이 유대인이며 할례는 마음에 할찌니"(롬 2:28,29)

"곧 육신의 자녀가 하나님의 자녀가 아니라 오직 약속의 자녀가 씨로 여기심을 받느니라"(롬 9:8)

위 성경 절에 언급된 이스라엘은 현재 이스라엘 국가를 가리켜 말하는 것이 아닌 것을 분명히 알 수 있습니다. 육적 이스라엘이 하나님을 거절하므로 하나님께 버림을 당하고 영적인 이스라엘인 하나님의 참 백성인 교회가 생긴 것을 성경은 기록하고 있습니다. 사도 바울은 다음과 같이 기록하고 있습니다. *"하나님의 말씀을 마땅히 먼저 너희에게 전할 것이로되 너희가 버리고 영생 얻음에 합당치 않은 자로 자처하기로 우리가 이방인에게로 향하노라"*(행 13:46).

사도 바울의 참 이스라엘 백성에 대한 정의는 다음과 같습니다.

"할례나 무할례나 아무것도 아니로되 오직 새로 지음을 받은 자뿐이니라 무릇 이 규례를 행하는 자에게와 하나님의 이스라엘에게 평강과 긍휼이 있을지어다"(갈 6:15,16)

구약 시대는 광야교회인 이스라엘이 중심이 되어 하나님께서 역사하셨지만, 신약 시대에서는 유대인과 이방인이 하나가 된 초대교회가 믿음으로 따라 난 영적 이스라엘로 불리며 하나님께서 역사하셨습니다. 그래서 구약의 이스라엘이 받았던 하나님의 백성과 거룩한 나라와 제사장의 축복의 말씀이 동일하게 신약의 그리스도의 몸을 이룬 그리스도인들에게 언약이 되었습니다.

구 약

"너희가 내게 대하여 제사장 나라가 되며 거룩한 백성이 되리라 너는 이 말을 이스라엘 자손에게 고할찌니라"(출 19:6)

신 약

"*오직 너희는 택하신 족속이요 왕 같은 제사장들이요 거룩한 나라요 그의 소유된 백성이니 이는 너희를 어두운 데서 불러내어 그의 기이한 빛에 들어가게 하신 자의 아름다운 덕을 선전하게 하려 하심이라*"(벧전 2:9).

"*그 아버지 하나님을 위하여 우리를 나라와 제사장으로 삼으신 그에게 영광과 능력이 세세토록 있기를 원하노라 아멘*"(계 1:6).

하나님의 진리는 교회를 통하여 우리에게 전달되었고 하나님의 진리를 아는 자들이 영적인 이스라엘이요 , 믿음의 조상인 아브라함의 후손이라는 것을 알 수 있습니다. 이스라엘은 혈통적 유대인이 아니라 새로 지음을 받은 자, 예수님을 구주로 받아들이고 성령으로 거듭난 자들이라고 성경은 말하고 있습니다. 실제 이스라엘 백성이 예수님을 믿고 개인적으로 구원받을 수 있습니다. 그러나 그들이 국가적, 민족적으로 회개하고 예수님을 받아들이게 된다는 것은 성경적이지도 않고, 합리적이지도 않습니다.

■ 열두 지파

흔히들 계시록에 나오는 14만4천이 결국 이스라엘의 남은 자들이라고 생각합니다. 그 이유는 계 7장에 그들이 열두 지파에서 나온다고 기록되어 있기 때문입니다. 그러나 계시록 7장의 열두 지파의 이름들은 원래의 지파들과 조금 다릅니다. 단 지파와 에브라임 지파가 빠지고 요셉 지파와 레위 지파가 들어가 있습니다. 원래 고대 이스라엘에서 레위 지파가 열두 지파에서 빠져 있었던 이유는 그들은 제사장의 임무와 성전 봉사를 맡고 있었기 때문입니다. 그러나 계 7장에는 레위 지파를 포함하고 있습니다. 이렇듯 원래의 열두 지파와 계시록 7장의 14만4천의 열두 지파와는 차이가 있습니다. 또한 야고보서에서는 다음과 같이 말씀하고 있습니다. "*하나님과 주 예수 그리스도의 종 야고보는 흩어져 있는 열두 지파에게 문안하노라*"(약 1:1) 여기서 흩어져 있는 12 지파는 유대인을 말하는 것이 아니라 이방인들이 주를 이루고 있었던 소아시아 지방의 초대 교회를 일컫는 말이었습니다.

4 이스라엘의 구원인가? 세상의 구원인가? 로마서 9–11장 해석

사도 바울은 로마서에서 *"하나님의 은혜로 그리스도로 말미암아"* 구원 얻는 길을 설파한 후에 로마서 9~11장까지는 그리스도의 구속사역의 성취로 말미암아 하나님의 구속사의 범위가 이스라엘 중심에서 세계 만민에게로 확대되는 것을 설명합니다. 로마서 9:1-5절까지 바울은 동족인 이스라엘 백성이 하나님의 율법을 가지고 있고 그리스도도 저희 중에서 나셨음에도 불구하고 구원을 받지 못하는 것에 대해 애끓는 심정을 토로하고 하나님의 백성의 정의는 종족에 있는 것이 아니라 약속에 있음을 밝힙니다(9:6-13).

로마서 9:14-29까지는 구원에 대한 하나님의 절대 주권을 설명하고 있습니다. 누구는 선택하고 누구는 선택하지 않는 것은 불공평한 것이 아니냐 하는 질문에 대한 답변입니다. 하나님의 선택과 구원의 방법에 대해 인간은 불평할 수 없습니다. 이스라엘도 다 구원받는 것이 아니라 *"이스라엘 자손의 수가 비록 바다의 모래 같을지라도 남은 자만 구원을 얻"*을 것입니다(9:27). 왜 선택받은 이스라엘이 구원받지 못할까요? 그 이유는 그들이 *"믿음에 의지하지 않고 행위에 의지"*(9:32)하기 때문이라고 바울은 설명합니다. 로마서 10장에서도 역시 계속하여 동족 이스라엘이 구원받지 못하는 이유를 예를 들어 설명하고 있습니다. 그들이 구원받지 못한 이유는 *"하나님께 열심이 있으나 지식을 좇은 것이 아니라 하나님의 의를 모르고 자기 의를 세우려고 힘써 하나님의 의를 복종치"*(10:2,3) 아니 하였기 때문입니다.

로마서 11장에서는 이스라엘의 실족을 오히려 전 세계의 구원에 사용하시는 하나님의 구속사의 웅대하심을 밝힙니다. 이스라엘이 거절하였으니 하나님께서 그들을 완전히 버리셨다는 것인가요? 그렇지는 않습니다. 이스라엘이 넘어짐으로 구원이 이방에게로 퍼져가는 계기가 된 것입니다(11:11). 그리고 이방인의 구원이 이스라엘을 시기하게 하고 분기시켜 그들도 또한 구원받게 하려는 것이 하나님의 원대한 구속사의 섭리입니다(11:12,25). 이방인들은 이스라엘이 잘려나간 곳에 믿음으로 접붙임을 얻어 지금 구원을 누리는 것입니다. 그러므로 만일 믿지 아니하면 원가지들도 아끼지 아니하신 하나님께서 접붙인 가지도 아끼지 아니하시고 찍어 내버릴 것입니다. 그리고 잘려나간 원가지들도 믿으면 다시 접붙이실 것입니다(11:24).

■ 이방인의 충만한 수

이방인의 충만한 수가 들어온다는 것은 무엇을 의미하는 것일까요?(11:25) *"이방인의 충만한 수"*는 그다음 절의 *"온 이스라엘"*과 관련지어 생각해야 합니다. 만일 이방인의 충만한 수가 "*모든 이방인*"을 가리키고 "*온 이스라엘*"이 이스라엘 백성 모두를 말한다면, 바울은 여기서 모든 사람이 결국은 다 구원을 받는다는 "**만인 구원론(Universal Salvation)**"을 주장하는 것이 됩니다. 그러나 바울의 서신 어디에서도 유대인이거나 이방인이거나 모두가 구원을 받는다고 주장한 일이 없습니다. 바울은 오히려 그가 이방인의 사도가 된 것은 그의 동족인 이스라엘 백성을 시기하게 하여 "*저희 중에서 얼마를 구원하려 함*"(11:14)이라고 말하며 모두가 구원받는 것을 생각하지 않고 있음을 분명히 하고 있습니다.

"*온 이스라엘이 구원을 얻을*"(11:26)것인가에 대한 말씀의 의문은 수 세기 동안 논쟁거리였습니다. 이것에 대해 다음과 같은 몇 해석들이 있습니다.

[로마서 11장 26절 말씀에 대한 해석]

① 모든 이스라엘 백성이 다 구원받는다.
② 전체로서의 이스라엘을 의미하지만 반드시 개개인을 포함할 필요는 없다.
③ 이스라엘 백성 중 택함 받은 모든 사람을 의미한다.
④ 유대인들과 이방인들 중 택함 받은 모든 사람을 의미한다.
⑤ 그리스도를 영접한 영적 이스라엘을 의미한다.

첫 번째 해석은 세대주의자들이 주장하는 것으로써 가장 설득력이 약합니다. 온 이스라엘이 구원을 받는 때는 그리스도의 재림 때인데 그때 남아있는 지금의 유대인들을 온 이스라엘이라고 부를 수 있을까요? 사실상 이스라엘의 12 지파가 와해된 것은 오래전 일이며 순수한 유대인의 혈통을 찾는 것도 지금은 어려운 일입니다. 더구나 오랜 세월 메시아를 거절하고 지금도 받아들이지 않고 있는 이스라엘이 재림 직전 집단적으로 회개하고 구원을 받는다는 것은 하나님의 구속의 경륜과는 조화되지 않습니다.

두 번째 해석 역시 합리적이지 않습니다. 개인을 떠난 국가나 집단의 구원은 성경적이 아니며 바울 사상과도 모순됩니다.

세 번째 해석은 선택된 이스라엘 백성만 구원받는다는 것인데 여전히 문제를 가지고 있습니다. 바울이 신비를 말한다고 하면서(11:25,26) 알려주는 것이 고작 이스라엘 중에서 선택된 사람이 구원받으리라는 것이라면 지극히 평범한 이야기고 당연하지 신비가 될 수 없습니다.

네 번째 해석은 칼뱅(Calvin)의 주장으로서 이스라엘을 민족적 이스라엘로 보지 않고 이방인들을 포함한 영적 이스라엘로 본 것은 타당하지만, 11장의 문맥으로는 맞지 않습니다. 11장은 유대인과 이방인을 비교하는 장입니다. 그 둘은 참감람나무와 돌감람나무로 비교되고 있으며 이방인들은 2인칭으로 이스라엘 백성은 3인칭으로 불리고 있고 구원에 대한 묘사도 이방인들은 "*충만한 수가 들어오는*" 것으로, 이스라엘은 "*구원을 얻는 것*"으로 다르게 쓰였습니다. 그러므로 갑자기 문맥에 맞지 않게 온 이스라엘 속에 참감람나무와 돌감람나무가 다 포함되어 있다고 보는 것은 합리적인 해석이 아닙니다.

마지막 해석, 즉 "*온 이스라엘*"을 그리스도를 영접한 "*영적 이스라엘*"로 이해하는 것이 성경적인 지지를 받고 있습니다. 이것은 바울이 "*온 이스라엘*"이 구원을 받는 것이 하나님의 신비라고 한 것과 참감람나무와 돌감람나무의 비유에 근거하고 있습니다. 원 가지인 이스라엘이 떨어져 나가고 돌감람나무 가지가 참감람나무에 접붙여져 참감람나무를 이루는 것이 놀라운 하나님의 구원의 섭리의 신비라는 것입니다. 그러므로 하나님께서 그들의 불순종을 허락하심은 오히려 모든 사람을 구원코자 함입니다. 로마서 11장은 이 위대한 하나님의 구원의 계획에 감동한 바울의 송영으로 끝납니다.

"*깊도다 하나님의 지혜와 지식의 부요함이여 그의 판단은 측량치 못할 것이며 그의 길은 찾지 못할 것이로다 누가 주의 마음을 알았느뇨 누가 그의 모사가 되었느뇨 누가 주께 먼저 드려서 갚으심을 받겠느뇨 이는 만물이 주에게서 나오고 주로 말미암고 주에게로 돌아감이라 영광이 그에게 세세에 있으리로다 아멘*"(롬 11:33-36).

5 이스라엘 회복의 진실 – 시오니스트와 신세계질서

사실 1948년 이스라엘의 독립은 중동지역에 끊임없는 분쟁을 만들고 미국의 영향을 극대화하며 결국 온 세상을 적그리스도의 세력 아래 넣기 위한 거짓 기독교의 작품입니다. 그들은 소설 같은 시나리오를 써서 세계정세를 거기에 하나씩 맞춰가고 있습니다. 이스라엘이 1948년 건국되기 전에, 전 세계에 널리 퍼져 있던 유대인들은 이스라엘이 회복될 것이라는 시오니스트의 소문을 들었습니다. 시오니즘(Zionism)은 유대인 국가를 건설하는 운동을 의미합니다. 시온은 예루살렘을 가리키는 고대 언어입니다. 시오니즘은 공산주의와 사회주의 뒤에 수백 년 동안 숨어서 활동한 동유럽 유대인인 **아슈케나지**의 정치적인 활동입니다. 데오돌 헤즐은 1917년 시온운동을 일으켰고 앞으로 30년 후면 이스라엘은 국가를 갖게 될 것이라 했는데 그로부터 정확히 30여 년 후인 1948년에 이스라엘은 성경과 상관없이 독립하게 되었습니다. 이것은 성경 예언의 성취가 아니라 마지막 시대 7년 대환란 시나리오를 통해 이 세상을 기만하기 위한 목적의 성취입니다.

▲시오니즘(Zionism) 심볼.

▲데오돌 헤즐(T. Herzl).

▲1897년 스위스 바젤에서 개최된 첫 번째 시오니스트 의회

정치적인 시오니즘의 탄생

1897년 첫 번째 시오니스트 의회가 스위스 바젤에서 개최되어 유대인 국가 건설이 결정되어 장소를 찾기 시작할 때 영국이 아프리카를 제공하였으나 시오니스트들은 거절하고 팔레스타인을 원하였습니다. 이때 팔레스타인 땅에는 50만 명 정도의 아랍인들과 이들과 혈연으로 연결된 소수 팔레스타인 유대인들이 수백 년 동안 평화스럽게 살고 있었습니다. 시오니스트들이 팔레스타인을 자신들의 땅으로 결정하고 유럽의 아슈게나지 유대인들이 그 땅으로 이주하기 시작하였습니다.

이스라엘의 3가지 얼굴

이스라엘은 정확히 말하면 막시스트 국가입니다. 그러나 이스라엘은 세 가지 얼굴인 공산주의, 파시즘 그리고 민주주의를 가지고 있습니다. 러시아로부터 이스라엘로 건너온 아슈게나지 유대인들은 그들의 사회주의/공산주의 이념을 많이 실행하였습니다. 이스라엘은 민주주의라는 인상을 주기 위해 고전적 선거를 통하여 의회를 구성하는 것 때문에 민주주의라고 불립니다. 그러나 리쿠르트당이 정권을 잡던 노동당이 정권을 잡던, 엘리트 시오니스트들이 독재정치를 한다는 것은 아무런 차이가 없습니다. 이들은 엘리트 집단을 따르며, 이들에 반대하는 어떠한 세력도 잔인하게 억압합니다. 전 세계를 지배하려는 계획에서 이스라엘의 임무는 중동에서 끊임없는 분란을 만드는 것입니다.

누구라도 팔레스타인을 생각하는 사람은 현재 이스라엘이 성스러운 분위기로 가득하리라고 생각합니다. 시오니스트들이 이 땅을 빼앗아 이스라엘을 세운 후로 이 땅은 세상에서 가장 죄악이 가득하게 바뀌었으며 유대교를 믿는 인구는 전체 인구의 5%밖에 안 됩니다. 이스라엘의 법은 모든 종교를 억압합니다. 예를 들면, 유대인을 다른 종교로 개종시키는 것은 그 유대인이 무신론자이거나 휴머니스트이거나 관계없이 불법입니다.

미국인들은 유대인들이 '신이 선택한 민족'이라고 믿도록 세뇌되어 왔습니다. 이런 신화는 소수 유대인 지도자들이 성경에서 몇 문구를 발췌해 이것을 근거로 하나님이 그들을 '선택된 민족'으로 정했다고 했습니다. 하지만 '신이 선택한 민족'이라는 개념을 만든 사람들은 사실 유대교를 믿지 않는 유대인 무신론자들입니다. 이들 시오니스트 유대인들은 정치적 목적으로 유대교를 선택한 것일 뿐, 성경에 나오는 실제 유대인과는 아무런 혈연적 관계가 없습니다. 그들과 관련하여 성경에는 "*보라, 사탄의 회당에 속한 자들 곧 스스로 유대인이라 하나 유대인이 아니고 거짓말을 하는 자들이 있는데*"(계 3:9)라고 합니다. 누구라도 열린 마음으로 성경을 읽으면, 선민의 조건은 하나님의 말씀을 준수해야만 하는 것임을 알 수 있습니다. 유대인들은 언약을 저버리고 맘몬을 숭배하였습니다. 누구나 성경을 읽어보면 오래전에 유대인들이 선택된 민족이라는 권리를 잃어버렸음을 알 수 있습니다.

시오니스트들이 통제하는 미국 언론은 이스라엘이 중동에서 공산주의를 막는 방어막이라고 선전하지만, 이스라엘은 근본적으로 나치 스타일의 파시즘이 혼합된 막시스트 공산주의 국가입니다. 이스라엘은 중동에서 공산당의 활동을 허용하는 유일한 국가이며, 역설적으로 아랍국가들은 공산주의 활동을 허용하지 않습니다. 오늘날 육적 이스라엘 회복이라는 것은 하나님의 기적 같은 역사가 아니라 하나님을 믿지 않는 시오니스트들에 의해 이루어지고 있습니다. 성경은 이것을 경고합니다.

"*거기에는*
그리스인이나 유대인이나
할례자나 무할례자나
미개인이나 스구디아인이나
종이나 자유인이 없고,
오직 그리스도만이 모든 것이요
또 모든 것 안에 계시느니라" (골 3:11)

"*유대인들의 헛된 이야기들과*
진리에서 돌아선 사람들의 명령에
귀를 기울이지 못하게 하려 함이니라" (딛 1:14)

제2부

메시아닉 쥬와 대체신학

1 메시아닉 쥬(Messianic jew)

본래 메시아닉쥬란 그리스도를 받아들인 유대인을 일컫는 말이었는데, 요즘 회자되는 메시아닉쥬는 실제 유대인 그리스도인들과는 상관없는 하나의 교파와 같은 개념으로 현대기독교인들에게 접근하고 있어 주의가 요구됩니다. 특별히 한국 메시아닉 쥬는 기독교가 유대주의의 뿌리를 잃어버리고 헬라 철학의 오류 위에 세워진 대체신학이라고 언급하며 토라(모세 5경)와 육적 이스라엘의 회복이 성경에 예언된 진정한 이스라엘의 회복이라고 주장하고 있습니다. 그들에 따르면 현재 이스라엘 국가가 2,000년 만에 다시 세워지고 또한 이스라엘에서 비밀리에 추진되고 있는 제3성전을 짓기 위한 움직임 등이 그 증거라고 주장하면서 이스라엘의 모든 것이 회복될 때 하나님의 백성들은 다시 절기를 지키며 동물 희생제사를 드리게 될 것이라고 이야기 하고 있습니다.

사실 이들에게는 메시아닉쥬라는 이름보다 절기를 지켜야 한다는 것을 강조하기 때문에, "절기파" 또는 토라에 언급된 실제적 실천을 주장하기 때문에 "토라파"라고 해야 더 합당한 이름일 것입니다.

과연 눈에 보이는 육적 이스라엘의 회복과 토라의 모든 율법(절기와 동물희생제사 등)이 회복되는 것이 성경에 예언된 진정한 이스라엘의 회복일까요? 이 문제를 다루기에 앞서 한 가지 짚고 넘어가고 싶은 것은 초대교회 당시도 이런 유대주의로 돌아가려는 움직임이 있었고 이러한 주장을 다른 복음이요 이러한 주장을 하는 사람들을 거짓교사라 하여 사도들과 바울이 신랄하게 경고하고 있었다는 점입니다.

"*그리스도의 은혜로 너희를 부르신 이를 이같이 속히 떠나 다른 복음 좇는 것을 내가 이상히 여기노라*" (갈 1:6)

2 대체신학

예수님은 혈통적 유대인들에 대하여 "*돌 하나도 돌 위에 남지 않고 다 무너뜨리우리라*"(마 24:2)는 마지막 예언을 하셨고 AD 70년 예루살렘의 멸망과 함께 국가적/선민적 유대인들의 운명도 이것으로 끝났습니다. 유대인들의 디아스포라(열방으로의 흩어짐)는 성경의 예언대로였지만 1948년 육적 이스라엘이 독립한 것은 결코 성경의 예언과는 무관합니다. 성경에는 그런 예언이 없습니다. 이스라엘 국민들도 이제는 개인적으로 구원을 받을 수는 있어도 선민으로서의 지위는 서기 70년에 끝났고 그 자리에는 열매를 맺는 새로운 이스라엘인 이방인 교회가 자리 잡게 된 것입니다. 이것을 메시아닉 쥬는 대체신학이라고 폄하하는데 이것은 성경의 말씀과 예언을 크게 곡해하는 것입니다.

> ***"그러므로 내가 너희에게 이르노니 하나님의 나라를 너희는 빼앗기고 그 나라의 열매맺는 백성이 받으리라"*** (마 21:43)

> ***"대저 표면적 유대인이 유대인이 아니요 표면적 육신의 할례가 할례가 아니라 오직 이면적 유대인이 유대인이며 할례는 마음에 할지니 신령에 있고 의문에 있지 아니한 것이라 그 칭찬이 사람에게서가 아니요 다만 하나님에게서니라"*** (롬 2:28,29).

신약성경은 혈통적/국가적 유대인이 아닌 영적 이스라엘 백성의 출현과 사역에 대한 말씀입니다. 예수님 부활승천 이후 초대교회가 새로이 조직되기 시작했는데 이들 구성원들은 예수님의 예언대로 열매맺는 이방인 그리스도인들이었으며 사도바울은 그들을 새로운 영적이스라엘로 보고 있었음을 우리는 기억해야 합니다. 만일 메시아닉 쥬의 주장대로 교회의 자리에 유대인들이 사라지고 이방인들이 새로운 언약백성으로 자리잡게 된 것이 대체신학이라 한다면 대체신학의 창시자는 바로 예수님과 사도바울이 될 것입니다.

한국 메시아닉 쥬는 또한 에스겔 37장의 마른 뼈들의 회복에 대한 예언을 1948년 이스라엘 독립에 연관지어 설명하는데, 이것은 성경의 해석의 원칙을 잘못 적용한 결과입니다. 성경의 예언을 구분하는 데는 두 가지 원칙이 있는데, 첫째는 역사적(문자적) 해석이요, 둘째는 묵시적(상징적) 예언해석 방법이 있다. 예를 들어 바벨론 포로 70년, 애굽의 노예 400년 이런 예언들은 역사적(문자적)으로 해석해야 하는 것들이고 다니엘서와 계시록에 있는 대부분의 예언들은 묵시적(상징적)으로 해석해야 하는 것들입니다. 하지만 다니엘서 내에서도 느부갓네살의 일곱 때 등은 역사적으로 해석해야 하는데 그것은 그 문맥이 실제 역사적 사건이라고 설명해 주고 있기 때문입니다. 이처럼 역사적이냐 묵시적이냐를 구분 짓는 것은 예언을 해석하는 가장 기본적인 원칙 중 하나가 됩니다.

에스겔 37장 마른뼈의 환상도 역사적(문자적)으로 해석해야 하는데 이것 역시 문맥 자체가 그것을 당시 실제적 사건에 대한 예언임을 말하고 있기 때문입니다. 에스겔이 예언하던 당시의 북방 이스라엘은 이미 100년 전에 사라졌으며 남방 유다의 멸망은 신속히 다가오는 때이었습니다. 이러한 시기에 마른 뼈들에 대한 이상은 소망 없어 보이는 유다가 바벨론 포로 이후에 회복될 것이라는 약속이었습니다. 예레미야 선지자가 바벨론 포로생활은 70년만 하고 돌아올 것이라고 말했듯이, 에스겔서는 바벨론 포로생활을 하게 하신 하나님의 분명한 목적과 번영할 때 배우기를 등한히 했던 하나님의 교훈을 역경 가운데서 배우도록 허락하셨음을 선포하는 예언입니다. 이것을 저 멀리 2500여년이 지난 이스라엘 독립으로 해석하는 것은 합당치 않습니다. 이스라엘 회복에 관한 말씀들을 여기서 모두 열거 할 수 없지만 1948년 회복의 예언이 아니라 이사야 예레미야, 에스겔, 다니엘 그리고 소선지서등 모든 회복 예언은 바벨론에서 돌아 올 것이라는 예언입니다.

3 절기와 동물희생제사가 회복되는 것이 진정한 이스라엘의 회복인가?

한국 메시아닉 쥬들은 사도들과 초대교회도 절기를 지키고 동물희생제사를 드렸다고 하면서 토라의 모든 율법이 회복되는 것이 성경에 예언된 진정한 이스라엘의 회복이라고 주장하고 있습니다. 과연 사도들과 초대교회도 절기를 지키고 동물희생제사를 드렸는지 성경으로 확인해 보겠습니다.

① 초대교회도 절기를 지켰다는 성경구절에 대하여

"*우리가 명절(유월절)을 지키되 묵은 누룩도 말고 괴악하고 악독한 누룩도 말고 오직 순전함과 진실함 누룩없는 떡으로 하자*"(고전 5:8) 이 말씀은 바울이 유대인들과 마찬가지로 유월절 날짜와 규례대로 정확히 유월절을 지키자고 말씀한 내용이 아닙니다. 그리스도께서 유월절 희생양의 실체로써 우리를 위해 완전한 속죄제사를 치루셨으니 죄악의 누룩들을 버리고 순전한 마음과 정신으로 무교절의 영적의미를 지키자는 말씀입니다.

초대 교회의 그리스도인들은 예수께서 십자가에 돌아가신 성력 1월(니산월) 14일 곧 유월절을 그리스도의 수난 기념과 무교절의 영적 의미를(고전 5:6-8) 새 언약에 연관시켜 오랫동안 준수해 왔었습니다. 이것은 그리스도께서 십자가에서 절기를 폐하셨기 때문에(엡 2:15, 골 2:14) 새로이 제정된 성찬예식으로써 지켜졌던 것이지(고전 11:23-26) 당시 유대인들과 똑같이 토라에 근거한 유대의 명절로써 희생제사를 드리며 지켜지고 있었던 것은 아니었습니다. 그 외의 다른 절기들 역시 그리스도께서 성취하시고 이루신 표상적 제도였다는 것이 깨달아 지면서 점차 초대교회에서는 절기들이 사라지기 시작했습니다. 이러한 변화가 서서히 일어나고 있었기 때문에 어떤 이들(메시아닉 쥬, 안상홍 증인회 등)의 관점에서는 초대교회가 여전히 절기를 지켰다고 보게 되는 것입니다.

② 예루살렘 총회 (AD 49년경)

바울과 바나바는 2년 동안 1차전도 여행 중에 많은 사람에게 복음을 전하고 예수 그리스도를 통해서만 구원받을 수 있음을 널리 가르쳤습니다. 그러나 ***"어떤 사람들이 유대로부터 내려와서 형제들을 가르치되 너희가 모세의 법대로 할례를 받지 아니하면 능히 구원을 얻지 못하리라"***(행 15:1)하여 그들의 기쁨과 신앙에 찬물을 끼얹었습니다. 그들이 교회를 소란하게 했으므로 바울과 저들 사이에 많은 다툼과 변론이 일어났고(15:1-6). 안디옥교회는 이 문제를 해결하기 위해 바울과 바나바와 및 그 중에 몇 사람을 택하여 예루살렘에 있는 장로들에게 파견하기로 했습니다. 예루살렘 교회는 이 문제를 해결하기 위해 즉시 총회를 소집했는데, 이것이 AD 49년경에 열렸던 예루살렘 총회입니다.

사도들의 전도로 복음을 받아들인 이방인들에게 유대교의 의문에 속한 여러 가지 규례들을 어떻게 적용해야 할 것인가 하는 교리적인 문제들이 다루어 졌습니다. 그때 유대주의 거짓교사들은 할례와 모세의 율법을 지켜야 한다고 주장하였습니다. ***"바리새파 중에 믿는 어떤 사람들이 일어나 말하되 이방인에게 할례 주고 모세의 율법(절기와 제사율법)을 지키라 명하는 것이 마땅하다 하니라"***(행15:5) 그런 주장에 대하여 사도들은 유대인들에게만 해당되는 의식적인 율법인 할례문제는 ***"많은 변론이 있은 후에"***(15:7) 폐지하기로 결의하였고(15:19-21), 또한 베드로가 이방인들을 전도했던 자기의 경험을 말하면서 *"하나님을 시험하여 우리 조상과 우리도 능히 메지 못하던 멍에(모세의 율법)를 제자들의 목에 두려느냐"*(15:10) 할례나 절기 혹은 제사제도로 구원받는 것이 아니라 오직 그리스도를 통하여 구원을 받는다는 입장을 분명히 하였습니다.

"우리가 저희와 동일하게 주 예수의 은혜로 구원받는 줄 믿노라 하니라" (행15:11).

그래서 총회의 의장인 야고보가 마지막 결론을 내립니다. *"그러므로 내 의견에는 이방인 중에서 하나님께로 돌아오는 자들을 괴롭게 말고 다만 우상의 더러운 것과 음행과 목매어 죽인 것과 피를 멀리하라"*(15:19,20).

이러한 사도행전의 역사적 기록과 사도들의 증언들을 통해서라도 메시아닉 쥬의 주장 "사도들과 초대교회는 절기와 제사를 지냈다"는 주장은 전혀 성경적이지 않다는 사실을 알 수가 있습니다. 오히려 사도들은 이러한 모세의 율법을 지켜야 한다는 사람들을 다음과 같이 표현하고 있었습니다. *"들은즉 우리 가운데서 어떤 사람들이 우리의 시킨 것도 없이 나가서 말로 너희를 괴롭게 하고 마음을 혹하게 한다 하기로"*(행15:24) 당시 모세의 율법(절기와 희생제사)을 지켜야 한다고 주장했던 사람들을 사도들은 마음을 혹하게 하는 자들이라 표현했다는 사실을 기억해야 합니다.

③ 의문에 속한 계명의 율법이 폐지됨

"의문에 속한 계명의 율법을 자기 육체로 폐하셨으니 이는 이 둘로 자기의 안에서 한 새사람을 지어 화평하게 하시고"(엡 2:15).

'의문'이라고 하는 말은 헬라어로 '도그마'인데 '법령''교리'라는 뜻입니다. 이 의문에 속한 계명의 율법은 예수 그리스도의 십자가 희생을 예표하는 제사제도에 관한 법령으로, 예수께서 십자가에서 돌아가시는 순간 폐지될 수밖에 없었습니다. 제사를 드리는 성소와 지성소 사이를 가로막았던 휘장이, 예수님이 십자가에서 운명하시는 순간 찢어지면서 성소에서 드려지던 모든 제사제도는 끝났고 제사와 관련된 율법도 폐지되었습니다.

④ 의문에 쓴 증서가 도말됨

*"우리를 거스리고 우리를 대적하는
의문에 쓴 증서를 도말하시고
제하여 버리사 십자가에 못박으시고...
그러므로 먹고 마시는 것과
절기나 월삭이나 안식일(들)을 인하여
누구든지 너희를 폄론하지 못하게 하라"*
(골 2:14,16).

하나님께서는 모세에게 성소에서 유지되어야 할 의식의 형식에 대한 율법을 주셨는데, 모세는 이 의식 율법을 책에 기록하였습니다. 이 희생제도에 관한 의식 율법을 신약 성경에서는 의문의 율법(Ceremonial law)이라고 부르는데, 십자가에서 폐지된 율법은 바로 이 의식 율법을 뜻합니다.

구약시대의 성소에서 이루어졌던 동물의 희생제도에 대해서 기록한 의문의 율법은 세상 죄를 지고 가는 하나님의 어린양인 그리스도의 죽음에 의해서 제사 제도의 목적과 그 완전한 의미가 실현될 때까지만 존재하도록 되어 있었습니다. 왜냐하면 예수님께서 십자가에서 돌아가시면, 실체가 오셔서 희생제물이 되셨으므로 더 이상 표상적으로 양을 잡아 죽이는 희생제도가 필요하지 않게 되기 때문입니다.

그러므로 사도 바울은 의문의 율법을 그리스도께서 "*제하여 버리사 십자가에 못박으*"셨다고 기록하였던 것입니다(골 2:14). 골 2:14-17까지의 전체 내용을 읽어보면, 여기에 나오는 "의문에 쓴 증서"는 "먹고 마시는 것과 절기나 월삭이나 절기안식일들(sabbaths)"에 대한 내용이 담겨져 있는 절기 제도의 의식 율법임을 명백히 알 수 있습니다.

⑤ 예언된 의문의 율법의 폐지

다니엘 9장 예언 속에는 예수님께서 십자가에 돌아가심으로써 지상의 성소제도가 폐지될 것에 관한 내용이 포함되어 있습니다. "*그가 장차 많은 사람으로 더불어 한 이레 동안의 언약을 굳게 정하였고, 그가 그 이레의 절반에 제사와 예물을 금지할 것이며*"(단 9:27) 예수님께서 십자가에 못박히셨을 때, 지상 성소에서 행하여졌던 동물의 희생제도가 그 종말을 고한다는 의미입니다. 하나님께서는 제사 제도의 종말을 알리기 위해서, 그리스도께서 십자가에서 운명하시는 순간, 성소 안의 휘장을 초자연적인 힘에 의하여 두 조각으로 찢어지는 놀라운 사건을 일으키셨습니다(마 27:50,51, 막 15:37-38, 눅 23:45-46). 예수님께서 십자가 위에서 돌아가심으로써, 더 이상 동물의 피가 흘려질 필요가 없게 되었는데, 그 이유는 그리스도의 피로서 새로운 언약을 인치셨기 때문이다. 예수 그리스도께서 십자가에 달리심으로써, 모세가 제사 의식에 대해서 기록한 증서인 의문의 율법은 더 이상 필요가 없게 된 것입니다.

4 이 마지막 때 왜 절기와 희생제사들 드려야 한다는 다른 복음이 또 다시 등장하는가?

마지막 성경 예언의 성취는 짐승의 표 환란에 초점이 맞추어져 있습니다. 이 환란에서 살아남는 자들을 성경은 "*하나님의 계명과 예수의 믿음을 지키는 자*"(계 14:12)라고 기록해 두고 있습니다. 선지자들과 그리스도는 헛된 의식에만 사로잡혀 형식적 종교의 나락으로 떨어진 당시 이스라엘 백성을 책망하셨고 사도들 역시 새로운 언약백성으로 선민의 지위를 얻은 이방인 그리스도인들에게 하나님의 계명의 정신에 맞는 성품의 열매를 맺을 것을 강조하고 있었습니다. 이러한 구원의 대주제가 마지막 때 짐승의 표 환란 시에도 적용이 되어 이 마지막 때는 참된 믿음을 가지고 하나님의 계명에 죽기까지 순종하는 품성의 열매를 맺는 자들이 구원을 얻게 될 것이라고 계시록은 예언하고 있습니다. 이러한 때에 사탄은 또 다시 초대교회 때 그랬던 것처럼 그의 기만을 펼치면서 믿음과 성품이 아니라 여러가지 의식들을 지키고 제사를 지내는 것이 구원이라고 속이고 있습니다. 우리 인간은 너무나 연약합니다. 그리하여 눈에 보이는 어떤 의식들과 행위제사들을 통하여 마음의 평안을 누리려는 경향들이 있습니다. 사탄은 우리의 이러한 연약성을 충돌질하면서 그러한 의식과 행위들을 통하여 거짓평안 가운데 우리를 잠들게 하려고 노력합니다.

참된 변화와 거듭남을 통하여 날마다 자신을 부인하고 하나님의 진리를 따르는 생애가 아니라면 우리는 그러한 유혹과 헛된 가르침에 쉽게 마음을 열고 멸망의 다른 복음을 좇아가게 될 수 있습니다. 예수님은 하늘 천국잔치에 참여하는 사람들은 오직 마음에 의로운 성품의 옷을 입은 자들이 될 것이라고 말씀하셨습니다. 사탄이 우는 사자와 같이 삼킬 자를 두루 찾으며 돌아다니는 이 때에 우리가 귀를 기울여야 할 메시지는 우리 구주 예수 그리스도의 말씀이지 인간의 헛된 철학과 거짓 가르침인 다른 복음이어서는 안될 것임을 항시 명심해야 합니다.

제3부 그리스도인가? 적그리스도인가?

성경의 어떤 부분을 해석할 때, 어떤 존재를 한쪽 부류는 메시아로 해석하고 다른 부류는 적그리스도로 해석한다면 정말 심각한 문제이다. 이 문제에 대해 성경 말씀으로 분별해보겠습니다.

제3성전과 7년 대환란 시나리오

1 제3성전은 성경 예언의 성취인가?

현재 이스라엘에서 성전을 재건하려는 움직임이 있습니다. 이름하여 제3성전이라고 합니다. 예루살렘의 모리아산에 솔로몬이 처음 건축한 성전은 바벨론에 의해 파괴되었습니다. 70년 바벨론 포로생활 후 예루살렘으로 돌아온 유대인들은 스룹바벨을 중심으로 성전을 재건했습니다. 그러나 이 성전도 예수님의 예언대로 로마에 의해 돌 하나도 돌 위에 남기지 않고 완전히 파괴되었습니다. 예루살렘 성전이 완전히 무너진 지 약 2천 년이 지난 지금 이스라엘에서는 성전을 재건하려는 사람들이 있습니다. 영화 [제3성전]은 유대인들이 성전 재건 준비를 하고 있다는 사실을 다루고 있습니다.

이스라엘에서의 성전 재건이 기독교인들에게 이슈가 되는 이유는 성전 재건이 성경 예언들의 성취라고 믿기 때문입니다. 제3성전 영화 포스터에도 [인류를 향한 하나님의 시간표는 현재 어디쯤 와 있는 것일까?]라는 문구로 제3성전 건축이 성경 예언들과 관련이 있다는 것을 암시하고 있습니다. 기독교 일부에서는 유대인들의 숙원사업인 성전 재건이 반드시 일어날 것으로 내다보고 있습니다. 제3성전 건립을 성경 예언의 성취로 보려는 사람들은 성경 예언을 세대주의로 해석하는 사람들입니다.

2 세대주의자들의 종말 시나리오

세대주의는 크게 7년 대환란과 그 전에 있을 비밀휴거에 대해 말하고 있는데 세대주의자들이 가르치는 종말론의 시나리오는 대략 다음과 같습니다.

이스라엘과 중동의 연합 국가들 간의 전쟁이 벌어지면서 중동은 걷잡을 수 없는 혼란의 상태로 들어가며 이 전쟁 기간에 예루살렘에 있는 이슬람 황금 돔 사원은 전쟁이나 큰 지진에 의해 파괴될 것이다. 이런 혼란 중에 전 세계에서 갑자기 동시에 사람들이 사라지는 사건이 일어나는데 이는 7년 대환란이 있기 전에 하나님께서 기독교인들을 비밀리 데려가신 "휴거"의 놀라운 사건이다. 가족과 친지와 친구들이 갑자기 사라지자 전 세계 사람들은 두려움과 공포에 떨게 되는데 이런 중동의 전쟁과 휴거의 공포 속에 이스라엘과 중동 국가 간의 전쟁을 끝내고, 휴거되지 못하고 남은 사람들을 안심시켜주는 위한 세계적인 지도자가 나타나 이스라엘과 중동 국가를 화해시키고 예루살렘에 이스라엘 사람들을 위한 성전을 지을 수 있도록 "7년 평화조약"을 맺게 하며 휴거의 공포 속에 떨고 있는 전 세계 사람들에게 정신적인 위로와 평화를 안겨준다. 세계적인 지도자로 인해서 이스라엘 사람들은 하나님께 제사를 드리게 되고, 3년 반 동안 전 세계는 전쟁과 질병과 기아와 재난이 없는 평화의 시대를 살아가지만 3년 반이 지나서 그는 자신을 '하나님'이라고 칭하며 독재자가 되어 이스라엘을 배신하고 제사를 금지하며 자신의 말에 따르는 사람들에게는 물건을 사고 팔 수 있는 666 표를 주고 반대하는 사람들은 몇이든 죽이는 "피의 정치"를 펼친다.

독재자의 모습을 드러낸 적그리스도는 재건된 예루살렘 성전에 앉아서 자기를 하나님으로 자처하는 가증한 일을 행하며 자신의 정치적, 종교적, 경제적 목적을 달성하지만 이에 자극을 받은 아랍과 아프리카 동맹세력이 일어나고 러시아와 그 동조세력들이 개입하여 제3차 세계대전인 "아마겟돈"전쟁이 발발한다. 그러나 이 전쟁에서는 중동과 러시아의 연합군대는 이스라엘에 대패하고 이를 틈타 동방의 왕 중국의 2억의 군대가 이스라엘로 쳐들어오고 이스라엘의 연합국인 미국의 전쟁개입으로 온 세상은 드디어 "핵폭탄"으로 멸망하게 된다. 그러나 이후 3년 반의 위기 상황 속에서 유대인들이 회심하여 그리스도께로 돌아오고 요한계시록에 기록된 십사만 사천이 나타난다. 십사만 사천인은 복음 전도자로서 세상에 나가 그리스도를 믿지 않는 이방인들을 돌이키는 대역사가 일어난다. 그리고 아마겟돈 전쟁으로 황폐해 진 이 세상을 7년 대환란 후에 예수님께서 재림하셔서 모든 전쟁을 끝내고 이 땅을 아름답게 복원하시고 살아남은 이스라엘 유대인 3분의 1과 핵전쟁에서 운 좋게 살아남은 세상 사람들과 유대인 위주의 천년 왕국을 이 땅에 세우신다. 천년왕국에서 태어나는 사람들은 그 땅에서 100세에 죽는 자는 아이라고 할 정도로 평화로운 삶을 살지만 1000년이 지난 후 천년왕국의 많은 사람은 사탄에게 속아 예수 그리스도를 대적하게 될 것이다.

3 7년 대환란을 주장하는 세대주의자들의 허구

과연 이런 종말 시나리오가 성경에 예언되어 있을까요?

오늘날 거의 대부분 교회는 적그리스도가 마지막 시대에 나타나 3년 반 동안 하나님을 모독하고 성도를 박해할 어떤 독재자라고 상상하고 있습니다. 이 공상 소설 같은 이론은 적그리스도의 정체가 교황권이라는 사실을 감추기 위해 로마 카톨릭이 예수회를 통해 여러 신학적 노력 끝에 이루어 놓은 것입니다.

많은 기독교인에게 당연하게 받아들여지고 있는 7년 대환란의 교리는 도대체 성경의 무엇을 근거로 이런 시나리오를 만들어냈을까요? 비밀 휴거를 주장하는 세대주의자들은 7년 대환란을 너무나 자주 언급하고 있어서, 많은 기독교인은 성경이 그 기간을 매우 자주 언급하고 있다고 생각하는 듯합니다. 그러나 성경의 단 한 구절도 7년이라는 기간을 세상 끝이나 그리스도의 재림에 관련하여 말하고 있지 않습니다.

성경을 깊이 연구한 사람이라면, 비밀 휴거를 가르치는 세대주의자들이 7년이라는 기간을 증명하기 위해서, 다니엘 9장 24-27절을 문맥을 무시하고 해석하는 것에 대해서 놀랄 것입니다. 세대주의자들이 7년 대환란의 7년 기간의 근거로 제시하는 성경 절은 다니엘 9장 27절에 나오는 "한 이레"가 유일합니다. 한 이레(한 주)는 묵시적, 상징적 예언을 해석할 때 적용하는 1일 1년 원칙에 의해 7년으로 해석합니다. 다니엘 9장 27절에 나오는 한 이레는 따로 떨어져 있는 기간이 아니라 다니엘 9장 24절부터 나온 것처럼, 하나님께서 이스라엘 백성을 위해 주신 칠십 이레(70주 = 490년)에 포함된 기간입니다.

다니엘 9장 27절의 한 이레는 언제 적용되는가?

하나님께서는 세상 사람들을 위하여 2300 주야의 묵시의 정한 때를 정하셨고, 이스라엘 백성을 위해서는 70이레 490년의 기한을 정하셨는데 이 490년 안에 있을 역사적 일들을 정확히 예언해 주셨고 실제로 그 일들은 모두 이루어졌습니다. 70이레 예언 해석에 있어서 세대주의는 483년은 끊어짐 없이 이어서 오다가, 유독 한이레 "7년"만큼은 거의 2000여 년을 건너뛰는 공백 기간을 둡니다.

4 69이레와 1이레 사이에 2000년 공백 기간이 있는가?

① "때가 찼다"는 70이레가 "다 되었다"는 증거

하나님께서는 여러 선지자를 통해 이스라엘이 다시 고향 땅으로 돌아갈 것이라는 예언을 주심으로써, 그들의 소망을 고취하셨고, 약속대로 바벨론 포로생활 70년 만에, 페르시아의 고레스 왕이 바벨론 성을 침공함으로 바벨론 제국은 몰락되었고, 이스라엘 민족은 바벨론의 압제로부터 해방되어 고국으로 돌아갈 길이 열리게 되었습니다.

70이레의 언약 중 69이레가 지나서 메시아의 구속사역이 시작되기 전 하나님께서는 침례 요한을 통해 그때가 가까웠음을 전파하게 하셨습니다. 로마황제 디베료 가이사 15년 때 요단강 부근에서 침례 요한이 나타나 이스라엘 백성에게 회개의 침례와 천국이 가까왔음을 전파하면서 선지자 이사야와 다니엘로 말씀하신 기름부음을 받은 자 그리스도가 오실 것을 외쳤습니다. 침례 요한의 말은 힘이 있었고 능력이 있었는데, 그것은 이미 유대인들이 70이레의 언약의 내용을 알고 있었고(다니엘서 기록)그 계시의 정한 시기가 끝이 다 되었음을 알고 있었기 때문입니다. 침례 요한은 크게 외쳤습니다. "때가 가까왔으니 회개하라!" 다시 말해 하나님께서 이스라엘과 약속한 70이레의 때가 가까왔으니 "회개하라"는 것입니다.

드디어 기름 부은 자, 자기 백성을 죄에서 구원시키실 메시아 그리스도 예수님께서 요단강에서 성령의 기름부음을 받으시고 그분의 구속사역을 행하셨습니다. 이와 더불어 예수님께서는 바로 69이레 전에 기름 부은 자인 메시아가 오실 것이라는, 예언을 근거로 당신의 지상사역을 시작하셨기 때문에, 다음과 같은 말씀을 하셨습니다.

> "요한이 잡힌 후 예수께서 갈릴리에 오셔서 하나님의 복음을 전파하여 가라사대 때가 찼고 하나님 나라가 가까왔으니 회개하고 복음을 믿으라 하시더라" (막 1:14,15)

다니엘 9장에 예언된 69주일(483년)의 예언의 때가 찼던 서기 27년에, 예수님께서는 침례를 받으셨으며, 성령으로 기름부음을 받은 후, 복음 사역을 시작하셨습니다. 마지막 이레인 7년 기간의 절반에 예수님께서는 이스라엘 백성들에게 언약하신 대로 "굳게 정한 한이레 언약"을 성취시켜 주셨습니다. 나머지 3년 반 동안 제자들은 주로 이스라엘 유대인들의 구원을 위해서 끝까지 사역하였습니다.

예수님께서 돌아가신 지 3년 반 후인 서기 34년, 새 언약의 복음을 끝까지 거절하는 유대인 지도자들을 향하여 경고와 호소의 설교를 하던 스데반에게 산헤드린 공회가 돌로 쳐서 죽이는 판결을 내림에 따라, 스데반 집사는 초대교회의 첫 번째 순교자가 되었고 오순절 마가의 다락방에서 성령을 받음으로 이방을 향한 새 시대가 시작되었습니다. 유대인들을 위한 70주일(490년)의 언약의 기한이 완전히 끝났으며, 곧이어서 일어난 그리스도인들에 대한 핍박과 함께 이방인들에게 복음이 전파되기 시작한 것입니다.

즉 A.D. 27년 기름부음을 받으시고, 그 이레의 절반인 A.D. 30년 유월절 봄에 십자가에 돌아가셔서 기름 부음 받은 분이 끊어져 지게 되었으며, 3년 반 후 스데반 집사의 순교와 마가의 다락방에서의 성령체험으로 하나님께서 육적 이스라엘 백성과 정하신 70이레 즉 490년의 기한이 종결을 맞게 됩니다.

침례 요한과 예수님께서 외치신 "때가 찼다"는 의미는 다니엘의 말 한바 70이레 기한이 다 찼으니 이스라엘 백성들은 메시아를 맞을 준비를 하라는 의미였습니다.

② 69이레와 1이레의 성취된 예언의 증거

"육십이 이레 후에 기름부음을 받은 자가 끊어져 없어질 것이며 장차 한 왕의 백성이 와서 그 성읍과 성소를 훼파하려니와 그의 종말은 홍수에 엄몰됨 같을 것이며 또 끝까지 전쟁이 있으리니 황폐할 것이 작정되었느니라"
(단 9:26)

69이레가 지나 후에야 기름부은 자가 끊어질 것이라는 말씀은, 한 이레 안에 있을 일인데 정말 중요한 내용이 아닐 수 없다. 기름부은 자 곧 메시아인 예수님께서 탄생하시고 돌아가실 기점이 바로 "69이레"이다. 말씀은 69이레 후에 기름부은 자 곧 메시아, 그리스도께서 죽임을 당할 것인데, 이는 69이레 안에 있을 일이 아니라 69이레가 지난 후에 될 일인데 이 내용만 이해해도 "7년 대환란"의 교리가 얼마나 비성경적이며 논리적으로 앞뒤가 맞지 않음을 알 수 있다.

즉 69이레 동안에 모든 것이 이루어지는 것이 아니라 두 기간으로 나누어 있음을 이해해야 한다. 69이레 동안에는 예루살렘 성이 중건되고, 백성들이 고토로 귀환하고, 기름부은 자 곧 메시아, 그리스도께서 오실 일이 계시대로 이루어졌으며, 남은 한 이레 동안에는 메시아의 죽음과 구속사역이 이루어 질 것이다. 그래서 하나님께서는 기름부은 자 메시아께서 한 이레 동안의 하실 일과 또한 그 후에 예루살렘의 멸망이 있음을 경고하셨다. 이 뜻은 하나님께서도 70이레가 2000여 년의 공백기가 없는, 한 묶음의 기간으로 주셨다는 것을 의미한다. "한 이레"는 2300주야 및 70이레 중에서 가장 중요한 기한이다. 그 기한 안에 기름부은 자인 메시아가 돌아가심으로써, 죄가 끝나며, 죄를 영원히 용서(죄악이 영속)받을 것이며 영원한 의가 이루어질 환상과 예언이 이루어질 것이기 때문이다.

세대주의는 이 "한 이레"를 2000여 년이 지난 미래의 어느 날로 옮겨버림으로써 성경적으로는 당황스러운 일들이 생기게 되었다. 이런 교리대로라면 아직 기름부은 자 메시아께서 끊어져 돌아가시지 않은 것이 된다. 또한 죄가 끝나며, 죄를 영원히 용서(죄악이 영속)받을 것이며 영원한 의가 이루어질 환상과 예언이 이루어지지 않았으며 하나님의 "새 언약"은 아직도 우리에게 주어지지 못한 것이 된다.

70이레는 2300주야와 계속해서 이어지는 예언의 기간이지 절대로 떨어질 수가 없다. 성경 어느 곳에 2000여 년의 공백기가 있음을 증거하고 있는가? 그 중요한 "한 이레"에 기름부은 자 메시아께서 하실 일을 7년 대환란 교리는 적그리스도가 활동하는 기간으로 변개하여 놓았다. 이 얼마나 놀라고 기가 막힌 사실인가?

69이레와 1이레의 두 기간의 예언의 성취

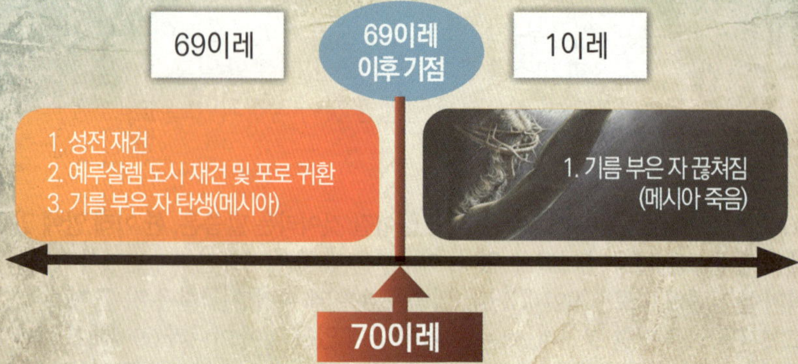

2 다니엘서 9장 27절 한 이레 해석에 대한 세대주의의 오류

다니엘 9장 26절과 27절을 세대주의는 어떻게 왜곡시키고 있을까요? 세대주의 교리의 가장 핵심되는 문제는 적그리스도와 이스라엘이 포함된 7년 대환란과 한 언약에 관한 것입니다. 이 언약은 중간 어디쯤에서 적그리스도가 파기할 것이라고 가정합니다. 이 교리의 성경적 증거를 요구하면 그들은 다니엘 9장 27절을 제시합니다. 이 참 뜻을 알기 위해 KJV 성경으로 반드시 철저한 검증을 거쳐야 하는데, 이 구절에 너무나 많은 요지들이 있기 때문입니다.

"또 그분께서 많은 사람들과 더불어 한 주간 동안
그 언약(the covenant)을 확정(confirm)하실 것이요,
그 주간의 중간에 그분께서 그 희생예물과 봉헌예물을 중단시킬(cease) 것이요
또 가증한 것들이 뒤덮이므로 그분께서 그것을 황폐하게 하시리니
완전히 끝날 때까지 하실 것이요 또 그 작정된 것이
그 황폐하게 된 것들 위에 쏟아 부어지라 하니라"
단 9:27, KJV

"And he shall confirm the covenant with many for one week:
and in the midst of the week he shall cause the sacrifice
and the oblation to cease, and for the overspreading of abominations,
he shall make it desolate, even until the consummation,
and that determined, shall be poured upon the desolate."
Dan 9:27, KJV

> "ⓐ그 육십이 주간들 후에 그 메시아가 끊어져 없어질 것이나 그분 자신을 위한 것이 아니니라. ⓑ또 장차 이를 한 통치자의 백성들이 와서 ⓒ그 성읍과 그 성소를 파괴하리니 그것의 종말은 한 홍수로 뒤덮인 것 같을 것이요 또 그 전쟁의 끝이 이르기까지 황폐하게 되는 것들이 정하여졌느니라"(단 9:26)

ⓐ 이것은 메시아의 죽으심과 ⓑ 통치자(로마 베스파시안 황제)의 백성들(타이터스 장군과 군사들)이 올 것과 ⓒ A.D. 70년에 발생했던 그 도시와 성전의 파괴를 미리 말씀하시는 것입니다. 예수님께서는 마태복음 24장 2절에서 이 사건(여기 돌 하나도 다른 돌 위에 남아있지 아니하고 다 무너지리라)을 미리 말씀하셨습니다. 세대주의자들은 이 통치자가 적그리스도라고 추측하지만, 이것을 뒷받침해주는 아무런 증거도 없습니다. 이제 27절을 설명해보겠습니다.

And he : Jesus-예수님

shall confirm the covenant : 그 언약을 확정하실 것이요, "이는 한 유언이 있는 곳에는 반드시 또한 그 유언자의 죽음도 따라야 하기 때문이니"(히 9:15,16)

with many : 많은 사람으로 더불어, "이와같이 그리스도께서도 많은 사람의 죄들을 담당하시려고 단 한 번에 드리셨고…"(히 9:28)

for one week : 7년

and in the midst of the week : 그 주의 중간에,
예수님은 3년 반 사역 후 희생되셨습니다.

he shall cause the sacrifice
and oblation to cease :
"염소들과 송아지들의 피로 아니하시고 오직 자신의 피로 단 한 번에 거룩한 처소 안으로 들어가시어 우리를 위하여 영원한 구속을 이루셨느니라"(히 9:12) - 예수님의 희생으로 그 희생 제사는 중단되었습니다. 적어도 자신들의 속죄를 위해 그분의 희생을 받아들이는 사람들에게는 말입니다. 신약 어디에도 교회의 사도들 중 누군가가 자기들의 죄들을 속죄하려고 동물 희생을 드리러 성전으로 가라고 한 적이 없습니다. "주님께서는 저 대제사장들같이 먼저 자기 자신의 죄들을 위하고 다음에 백성의 죄들을 위하여 날마다 희생 예물을 드릴 필요가 없으시니 주님께서 그분 자신을 드리심으로 이 일을 단 한 번에 행하셨기 때문이라"(히 7:27) 그 증거는 마가복음 15장에 있습니다. "이에 성전의 휘장이 위에서 아래까지 두 쪽으로 나뉘어 찢어지니라."(막 15:38)

and for the overspreading : 온통 뒤덮기 때문에

of abominations : 복수임, '가증한 것들'이며, 단 11:31과 12:11의 '황폐함의 가증한 것'(abomination of desolation)처럼 단수가 아닙니다. 가증한 것들은 성전에서 계속되던 불필요한 동물 제사들입니다. "이제는 이들에 대하여 사면하셨은즉 거기에 더 이상 죄를 위하여 예물을 드릴 필요가 없느니라"(히 10:18), "소를 잡는 자는 마치 사람을 죽이는 것과 같고, 어린양을 희생물로 드리는 자는 개의 목을 꺾는 것과 같으며 예물을 바치는 자는 돼지 피를 바치는 자와 같고 향을 사르는 자는 우상에 마음을 쏟는 것과 같도다. … 그들의 가증한 것들을 기뻐하였노라"(사 66:3)

He shall make it desolate : "하물며 하나님의 아들을 짓밟고 자기를 거룩하게 하신 언약의 피를 거룩하지 아니한 것으로 여기고 또 은혜의 영을 욕되게 하는 자가 당연히 받을 형벌은 얼마나 더 혹독하겠느냐… 다시 주님께서 주가 자신의 백성을 심판하리라 말씀하신 그분을 우리가 알기 때문이니"(히 10:29,30), 주님은 A.D. 30년부터 심판을 실행하시기 전인 A.D. 70년까지 40년을 기다리셨습니다.

갈 3:17은 주님의 단 9:27의 성취를 보여주는 훌륭한 구절입니다. "내가 이것을 말하노니 하나님께서 그리스도 안에서 미리 확정하신 그 언약을(the covenant that was confirmed) 사백삼십 년 후에 생긴 율법이 취소할 수 없으며 그 약속을 폐기할 수 없느니라"(갈 3:17, KJV)

이 구절(갈 3:17)을 알렉산드리안 본문과 근대 역본들에서 단어를 바꾸어, 단 9:27과 그것을 상호 연관시킬 수 없게 만들었습니다. 예를 들어, NIV는 'confirmed'를 다른 의미의 'established'로 바꿔 버렸고, 또한 그 구절에서 알렉산드리아 계열의 모든 성경은 그리스도를 삭제시켜버렸습니다.

그러나 매튜 헨리의 주석은 단 9:27에 대해 다음과 같이 기록합니다.

"70주는 일일 일년을 의미해서 490년을 의미한다. 이 기간의 끝에, 한 희생 예물이 드려지는데, 죄를 위한 완전한 속죄를 이루고, 모든 믿는 자들의 완전한 의로움을 위하여 영원한 의를 가져온다. 그 후, 유대인들은, 예수님을 못박은 후, 죄를 범할 것인데, 그것으로 해서 그들의 죄의 분량이 가득 차서 고난이 그들의 나라에 임할 것이다. 의인에게 주어지는 모든 복들은 예수 그리스도의 속죄 희생을 통해 온다. 그분은 죄들을 위해서, 불의한 자들을 대신해서 의인으로서 한 번 고난을 당하신 것은 우리를 하나님께로 인도하시기 위함이다. 여기에 은혜의 보좌로 나아가는 우리의 길이자, 천국으로 들어가는 길이 있다. 이분이 예언의 모든 것을 봉인하시고, 그 언약을 많은 사람과 확정하신다. 그리고 우리가 구원의 복 안에서 즐거워할 때 우리는 그것이 구속자께서 값으로 치르신 것임을 기억해야 할 것이다. 그토록 큰 구원을 등한히 하는 자들은 어찌 피할 수 있을까!"

1599년의 **제네바 성경** 역시 다니엘 9장 27절의 이 해석과 조화롭게 일치합니다.

shall confirm the covenant with many for one week : 복음 전파로 인해서 최초로 유대인들에게 그리고 후에 이방인들에게, 그분께서 그분의 약속을 확정하셨다.

cease : 예수님께서 그분의 죽으심과 부활하심을 통해서 이것을 성취하셨다.

and for the overspreading of the abominations he shall make it desolate : 즉, 예루살렘과 성전이 하나님에 대한 그들의 반역, 그들의 우상숭배로 인하여 전적으로 파괴될 것입니다, 혹은 어떤 사람들이 읽는 대로, 그 재앙은 너무나 커서 그들이 그것들을 보고 놀랄 것이다.

제네바 성경 (1599)

'언약'을 언급하는 구약의 모든 구절을 살펴본다면, 시드기야와 바벨론 사이에 있었던 에스겔 17장 15절에서와같이 특수하게 언급된 극히 드문 몇몇 부분들만 제외하고는, 심지어 '언약궤'를 묵상해보아도 그것은 언제나 주님과 그분의 백성들 사이의 언약과 관계가 있습니다. 이스라엘 백성들은 '그 언약의 자손(children of the covenant)'(행 3:25)이라고 불렸고, 심지어 그 지도자는 '그 언약의 통치자(prince of the covenant)'(단 11:22)로 언급될 수 있을 것입니다. 대부분의 새 성경 역본들은 다니엘 9장 27절의 '그 언약(the covenant)'을 '한 언약(a covenant)'으로 바꾸었는데, 이는 영지주의자들에 의해 약 B.C. 285년경에 이집트, 알렉산드리아에서 기록된 헬라어 본문 70인역과 조화를 이루고 있습니다. 그 때문에 그것을 다니엘 9장 4절에 언급된 '그 언약'과 연관시키지 않으며, 남아있는 구약 시대와도 연관시키지 않게 됩니다. 이 구절은 이렇게 변개되었습니다.

세대주의의 일정에 맞춰서, 새 리빙 번역 성경은 논의 중인 그 구절에서 'covenant (언약)'이라는 단어를 27절에 'treaty(조약)'으로 단 9:4에서는 'promises(약속)'로 번역하여 그 두 구절 사이에 연관성이 없게 하고, 단 9:27이 예수 그리스도가 아니라 적그리스도를 의미한다고 생각하게 하려고 모든 수단을 쓰고 있습니다.

예수님께서 3년 반 동안 사역하셨고, 거기서 그분께서 그분 자신의 백성들을 대하셨습니다(마 15:24). 그리고 주님은 70이레의 마지막 한 주간의 절반에 희생 예물이 되셨고, 나머지 3년 반 동안 제자들을 통해 오직 이스라엘에게 복음을 전하도록 하셨습니다. 그러나 그들은 스데반의 그리스도에 대한 설명에 귀를 막고 이를 갈며 돌로 쳐 죽여 자신들의 구주를 받아들이지 않았습니다. 그로 인해 복음은 이방인들에게로 전해져 참 이스라엘에 접붙이도록 하셨습니다.

3 제사와 예물을 "금지한 분"은 누구인가?

하나님께서 이스라엘 백성을 통해 주신 "제사법"은 하늘의 모형인 것과 그림자인 것을 알 수 있습니다. 그러므로 그 제사는 영원한 제사가 될 수 없으며 불완전한 제사이기에 하나님께서는 이 불완전한 제사를 완전한 제사로 바꾸어 주시기를 계획하셨습니다.

70이레의 기한에는 거룩한 분 그리스도께서 메시아로 기름부음을 받을 것이며, 그 동안 환상과 예언으로만 말씀하시던 영원한 의가 나타나셔서 죄가 끝나며, 영원한 속죄가 이루어질 것을 말씀하시면서, 지금까지 그림자이고, 모형이며 참 형상이 아닌 제사와 예물이 비로소 그 실체와 참 형상이 이루어질 것을 기록하였습니다.

"또 그분께서 많은 사람들과 더불어 한 주간 동안
그 언약을 확정하실 것이요,
그 주간의 중간에 그분께서 그 희생예물과 봉헌예물을 중단시킬 것이요
또 가증한 것들이 뒤덮이므로 그분께서 그것을 황폐하게 하시리니
완전히 끝날 때까지 하실 것이요 또 그 작정된 것이
그 황폐하게 된 것들 위에 쏟아 부어지라 하니라"
단 9:27, KJV

제사와 예물을 금지하는 그 분은 누구일까요?

"그러므로 주께서 세상에 임하실 때에
이르시되 하나님이 제사와 예물을 원하지 아니하시고 오직 나를 위하여 한 몸을 예비하셨도다 번제와 속죄제는 기뻐하지 아니하시나니 이에 내가 말하기를 하나님이여 보시옵소서 두루마리 책에 나를 가리켜 기록된 것과 같이 하나님의 뜻을 행하러 왔나이다 하셨느니라 위에 말씀하시기를 주께서는 제사와 예물과 번제와 속죄제는 원하지도 아니하고 기뻐하지도 아니하신다 하셨고
(이는 다 율법을 따라 드리는 것이라)"
히 10:5-8

아담과 하와가 범죄한 이후 메시아의 죽음을 상징하여 드려온 제사와 예물을 금지하게 하는 사건이 일어났습니다. A.D. 31년 봄, 유월절에 십자가에 못박혀 돌아가시므로, 우리의 유월절 양 곧 그리스도께서 희생되셨습니다. 예수님께서는 세상 모든 사람의 죄를 위하여서 십자가에서 피를 흘리심으로써 다시 한 번 다니엘서의 예언을 정확하게 성취하셨던 것입니다. 이 얼마나 놀라운 예언이며, 얼마나 큰 사랑입니까?

오랜 세월 동안 유대인들은 흠 없는 어린양을 성소의 번제단 위에서 태움으로써 장차 오실 메시아에 대한 믿음을 나타냈으며, 양의 죽음을 통하여 죄의 용서를 받아왔습니다. 그러나 기름부음을 받으신 A.D. 27년부터 정한 한이레의 7년의 절반인 A.D. 30년 봄, 예수 그리스도께서 속죄양이 되셔서 십자가에서 죽으심으로써, 더 이상 양을 잡아서 태워 죽이는 제사 제도가 필요 없게 되었습니다. 지금껏 유대인들이 지내던 성소제도의 모든 제사들은 바로 예수 그리스도의 대속의 죽음을 상징한 것들이었으므로, 그 상징의 실체가 오신 다음에는 더 이상 양을 잡아서 제사와 예물 드리는 일이 필요 없게

된 것입니다. 또한 구약 시대의 제사는 "언제든지 죄를 없게 하지 못하거니와 오직 그리스도는 죄를 위하여 한 영원한 제사를 드리심으로써, 다시 죄를 위하여 제사드릴 것이 없느니라"라는 히브리서의 말씀처럼 이 얼마나 분명한 예언의 성취입니까?

또한 예수님께서 십자가에서 돌아가심으로 더 이상 양을 잡아 죽이는 제사 제도가 필요 없게 되었다는 사실을 알려주는 기적이 성소에서 일어났습니다. 예수님께서 다시 크게 소리 지르시고 숨을 거두시자, 이에 성소 안에 있던 성전 휘장이 위로부터 아래로 찢어짐으로써 더 이상 지상의 성전은 쓸모없게 되었습니다. 모세가 제사 제도에 대해서 기록하였던 의문의 율법이 정하고 있는 제사와 예물이 더 이상 필요 없게 되었음을 보여주셨습니다.

"우리를 거스리고 우리를 대적하는
의문에 쓴 증서를 도말하시고 제하여 버리사
십자가에 못박으시고"
골 2:14

하나님께서 기록하신 대로 하나님의 뜻을 행하러 우리 주님께서 오셨습니다. 이제 사람들이 인위적으로 드리던 제사와 예물을 원하지 않으시는 하나님을 위하여 우리 주 예수 그리스도께서 한 몸을 드리시고 영원한 제사와 속죄 제물로서 오신 것입니다. 그분께서 거룩하신 한 몸으로 영원한 의를 이루시고 하나님 우편에 앉으셨습니다.

"주께서 나의 귀를 통하여 들리시기를
제사와 예물을 기뻐 아니하시며 번제와 속죄제를
요구치 아니하신다 하신지라 그 때에 내가 말하기를 내가 왔나이다 나를 가리켜
기록한 것이
두루마리 책에 있나이다"
시 40:6,7

시편에 기록하고 말씀하신 우리 주님께서, 구약성경에 기록되신 우리 주님께서 사람들이 드리던 불완전한 제사와 예물을 완전케 하기 위해 두루마리 책에 기록한 대로 오시고 하나님의 뜻을 이루셨습니다. 그래서 "다 이루었다"고 큰소리로 외치신 것입니다. 그것이 거룩하고 영원한 속죄 제사이며, 사람들이 드리는 외형적인 제사와 예물을 금지하겠다는 하나님의 기록된 말씀입니다.

아직도 여러분은 적그리스도가 7년 대환란 기간에 제사와 예물을 금지한다고 생각하하십니까? 우리 주님의 자리에 적그리스도가 대신하여 앉아 있으니 세상에 이처럼 기막힌 성경의 오류가 어디 있습니까? 오늘날 그리스도인들을 잠들게 만드는 세대주의의 "환란 전 휴거"와 "7년 대환란" 교리에 대한 잘못된 점을 성경의 말씀으로 옳게 분별하여 영적 이스라엘과 적그리스도를 감추어버린 사악한 교리에서 한시라도 빨리 벗어나기 바랍니다.

세대주의는 어떻게 발전 되었는가?

성경을 교묘히 왜곡하는 세대주의는 어떻게 시작되고 발전되었을까요?

1 세대주의 교리들의 출발이 된 성경 변개의 역사

약 B.C. 250년경에 이집트 알렉산드리아에서 헬라어 역 70인역 성경(the Septuagint)이 번역되었습니다. 헬레니즘(이교) 영향 아래 히브리어 성경을 그리스어로 번역하는 작업은 헬레니스트 황제 프톨레미 2세(Ptolemy II)의 명령을 받았습니다. 원본 히브리어 맛소라 본문에서 그리스어 성경으로 옮겨지는 과정에서 생겨난 변조들 중 어떤 것들은 세대주의 교리들의 출발을 위한 초석이 되었습니다.

2세기 시리아, 안디옥에서 제자들은 최초로 그리스도인이라 불렸습니다(행 11:26). 그곳에 있는 주님의 진실한 교회는 두렵고 떨림으로, 신실하게 성경의 원래 사본들을 재생시켰습니다. 그들은 "내가 너희에게 명하는 말을 너희는 가감하지 말고 내가 너희에게 명하는 너희 하나님 여호와의 명령을 지키라"(신 4:2)라는 말씀과 "내가 이 책의 예언의 말씀을 듣는 각인에게 증거하노니 만일 누구든지 이것들 외에 더하면 하나님이 이 책에 기록된 재앙들을 그에게 더하실 터이요"(계 22:18)의 경고를 알고 있었기에 단어 하나, 구두점 하나도 감히 변화시키지 않았습니다. 그러나 이집트 알렉산드리아에 있는 플라톤과 필로(Philo)의 신비주의 학파는 원본 신약 사본들의 부패한 역본들을 양산해내기 시작한 영지주의, 신비주의 종교의 세계 본부였습니다. 클레멘트와 오리겐 같은 자들의 지도 아래 그 신비주의 학파는 진정한 기독교 정신에 반대하여, 자신들의 영지주의 신앙을 반영하도록 성경을 고쳤습니다. 결국 세대주의(Dispensationalism)로 알려진 교리를 도입하는데 그 구절들이 사용되었습니다. 사탄은 하나님이 각 시대마다 구원의 원칙을 바꾸었으며, 하나님의 법은 폐기되었다는 이론을 성립시키기 위해 이 이론을 사람들에게 주입시키길 원했습니다.

4세기 황제 콘스탄틴은 자신이 기독교인이라고 공개적으로 공포했으나, 그는 여전히 태양신 솔(Sol)을 포함한 이교 신들을 공개적으로 숭배했습니다. 후에 자신을 최초의 교황(Summus Pontifex)이라고 선포했습니다. 콘스탄틴은 자신의 오른팔 유세비우스 주교에게 50권의 새 성경을 만들도록 명령했습니다. 유세비우스는 이 작업을 위해 로마 카톨릭주의로 가면을 쓴 바벨론 신비주의 종교에 충실해야 했기에 알렉산드리아 본문을 사용했습니다. 이 성경은 후에 제롬이 라틴 벌게이트를 만드는 데 사용하였고, 그것이 로마 카톨릭의 공식 성경이 되었으며, 다른 모든 성경은 금지되었습니다. 그렇게 부패한 사본들이 오늘날까지 바티칸의 품 안에서 보호받아 모든 근대 성경의 번역에 사용되었는데, 세대주의 교리들을 지지하기 위해 필요하였기 때문입니다.

2 심적그리스도를 감추기 위해 예수회 신부 리베라가 만들어낸 세대주의(미래주의) 교리

예수회 신부 프란시스 리베라(Francisco Ribera)와 벨라민(Robert Bellarmine)이 만든 미래주의(Futurism) 예언 해석에서, 적그리스도는 한 독재자가 역사의 끝, 7년 대환란 직전에 나타나 모든 종류의 대 황폐를 일으킨다는 것입니다. 이것은 종교 개혁에 의해 교황권이 적그리스도임이 드러나자 적그리스도의 정체를 미래의 어떤 것으로 해석해 프로테스탄트의 공격을 교란할 목적이었습니다.

1590년 리베라는 교황권을 적그리스도라고 하는 프로테스탄트의 견해에 대항하여 계시록에 관한 논문을 발표했습니다. 리베라는 적그리스도가 유대인에게 영접받아 예루살렘을 건설할 한 명의 악인이라고 하였습니다. 예수회 미래주의는 그 악명 높은 공백기 이론으로 1500년 예언의 역사를 감추어 70주일의 예언이 로마가 멸망할 때 예언이 중지되고 미래에 휴거의 시대에 다시 재개된다고 가르칩니다. 따라서 열 뿔, 작은 뿔, 짐승, 적그리스도는 오늘날의 기독교와 관련이 없게 만들어버렸습니다.

▲프란시스 리베라 ▲로버트 벨라민

3 예수회가 만들어낸 세대주의가 개신교에 침투하다

리베라의 미래주의는 1800년대 초 영국에서 시작되어 미국으로 전파되었습니다. 법률가요 성서학자인 사무엘 미틀란드는 1826년 종교개혁에 대해 공격하며 미래에 출현할 한 사람의 적그리스도라는 리베라의 사상을 옹호하는 책을 출판해 널리 보급했습니다.

미틀란드 박사에 이어 나타난 사람은 더블린 대학교 히브리어 교수였던 제임스 토드 박사였습니다. 토드는 미틀란드의 미래주의 사상을 받아들여 자기 옹호적인 소책자와 책자를 출판했습니다.

존 뉴먼 John Henry Newman

이어서 영국교회 신자요 옥스퍼드 운동의 지도자 뉴먼(John Henry Newman, 1801-1890)이 나타났습니다. 1850년 뉴먼은 '영국 국교의 고난에 관한 글'을 써서, 옥스퍼드 운동의 목적은 '여러 영국 종파'를 로마 카톨릭교회로 다시 흡수시키는 일이라고 밝혔습니다. 한 사람의 적그리스도에 관한 토드의 미래주의를 승인하는 소책자를 출판한 뒤, 뉴먼은 곧 완전히 로마 카톨릭교도가 되었고, 나중에는 추기경이 되었으며, 근래에 교황 베네딕트 6세로부터 복자로 시복 받았습니다. 미틀랜드, 토드, 뉴먼 등의 영향으로 '로마로 향한 운동이 이미 일어나 홍수와 같이 옛 프로테스탄트의 영역을 휩쓸고 있다'란 말이 나오게 되었습니다.

맥도날드(Miss Margaret MacDonald)는 휴거에 관하여 출처를 알 수 없는 곳으로부터 직통 계시를 받고 있었습니다. 그녀는 바벨론 신비주의와 관계를 맺고 있었는데, 여기에는 심령술적 능력과 자동 수기(automatic writing)술이 있는 한 소녀와의 교류도 포함되어 있었습니다.

에드워드 어빙 Edward Irving

마가렛은 런던의 신비주의 예수회원인 장로교 설교자 에드워드 어빙에게 자기의 환상에 관하여 편지를 보냈습니다. 어빙은 후에 로마 카톨릭 사도교회를 설립하였습니다. 편지 이후 얼마 지나지 않아 휴거에 관한 이 계시가 어빙의 교회에서 발행된 정기간행물을 통해서 소개되었습니다.

4 예수회 비밀 휴거론을 개신교에 확산시킨 존 넬슨 다비와 스코필드

마가렛 맥도널드의 환상과 같은 시기에, 플리머스 형제단 지도자 존 다비(John Darby)가 역사를 시대들(ages) 또는 세대들(dispensations)로 나누어 세대주의를 구성했습니다. 그 교리가 에드워드 어빙과 그의 교회로부터 힘을 얻어 신속하게 성장했습니다. 다비는 미국에서 스코필드(Cyrus I. Scofield)를 만났고 스코필드는 그 유명한 스코필드 주석성경을 편찬하여 세대주의 가르침을 기독교에 확산시켰습니다.

▲스코필드

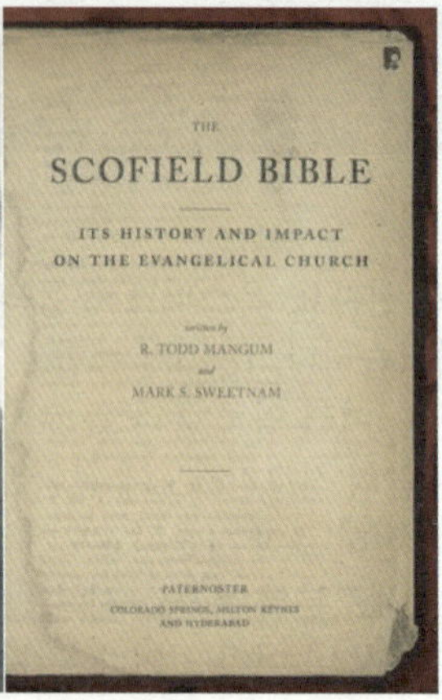

▲스코필드 주석 성경

1900년도 초 오스왈드 J. 스미스(Oswald Jeffrey Smith 1889~1986)는, 세대주의가 어떻게 전파되었는지에 관해 다음과 같은 기록을 남겼습니다.

◀오스왈드 J. 스미스

"새로운 환란 전 휴거 가르침이 예수회 제자인 에드워드 어빙(Edward Irving)의 교회에서 한 여인에 의한 직통 계시를 통해 처음으로 선포되었으며, 그 후 1800년 동안의 교회의 가르침과 정반대되게 역시 예수회 제자인 다비(John Nelson Darby)와 스코필드 주석성경에 의해서 채택되었음을 보여주고 있다. 지난 세기 동안, 어빙계의 여인으로 시작해서 1830년에 다비에 의해 전파된 이 새로운 '영감을 받은' 가르침은 우리에게 전달되어서 대중적으로 보급되었다. 죠지 뮬러(George Muller)는 이를 반대하였으며, 뉴턴(Benjamin Wills Newton)도 그러하고, 트레겔레스 (S. P. Tregelles) 박사와 다른 교회 성원들도 반대했지만 소용이 없었다."

5 부패한 성경 사본 확산과 세대주의의 발전

존 다비는 알렉산드리아 사본에 근거한 자신의 성경 번역본을 만들었습니다. 바로 이때 영국교회의 호트(Fenton John Anthony Hort)와 웨스트콧(Brooke Foss Westcott) 두 사람 모두 헤르메스 클럽(Hermes Club), 고스틀리 길드(Ghostly Guild), 심령 연구회(the Society for Psychical Research) 등을 포함한 몇몇 신비주의 클럽의 회원이자 설립자들이었습니다. 그들의 주된 관심사는 자동 수기(automatic writing), 수정점(crystal gazing), 영매, 다중 인격, 마술, 공중 부양 등이었으며, 그들은 신지학 단체들의 설립자인 H.P. 블라바츠키와 같은 이들과 함께 어울렸습니다. 이 두 사람은 표면적으로 영국교회 사제였습니다. 웨스트콧과 호트가 기독교와 신비주의 사이에서 매우 상반된 이중생활을 했기 때문에, 그들이 다중 인격에 관심을 보였다는 것은 놀라운 일이 아니며, 그것은 실제로 정신을 분열시키고 신비주의 의식을 계승한 부류입니다.

존 다비 John Darby

대부분 근대 역본들은 웨스트콧-호트 헬라어 본문에 근거하고 있습니다. 그것은 시나이 사본, 바티칸 사본, 구약의 헬라어 70인역에서 나온 것으로 모두 신비주의 종교 사본들입니다. 1881년 이후로 이 역본에서 개정본이라는 이름으로 많은 성경들이 나왔지만 이것은 신비주의 환상가들에 의해 바티칸에서 보내진 거짓 선물이었습니다.

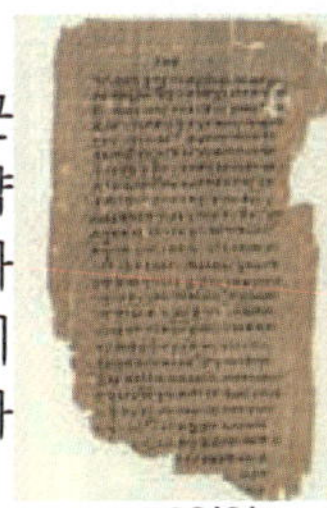

▲70인역

▲시나이 사본

6 세대주의가 대중에게 널리 퍼진 경위

할 린세이는 근대 성경 예언의 아버지로 유명합니다. 미래주의를 확실하게 대중들에게 각인시킨 1970년에 등장한 "지구의 마지막 때(The Late Great Planet Earth)"라는 그의 책은 3천5백만 권 이상이 팔려 나갔고 54개국 언어로 번역되었으며, 수십억 달러 규모의 종말론 사업을 낳았습니다.

미래주의가 부와 명성을 얻는 길임이 분명해질 즈음에, 많은 사람들이 이 성경 예언의 흐름에 편승했습니다. 그 수혜자들 중 가장 유명한 두 명은 팀 라헤이 목사와 제리 젠킨스인데 그들은 휴거 시리즈(Left Behind)의 엄청난 성공으로 대부분 미국 도서관에 그들의 책들이 꽂혔으며, 휴거 시리즈는 8권 장편 책과 2편의 헐리우드 영화로 만들어졌습니다. 만일 이것이 사소한 오락거리에 지나지 않는다면, 그냥 넘어갈 수도 있겠지만, 무언가 훨씬 더 사악한 것이 휴거 시리즈 뒤에 있습니다.

▲팀 라헤이 목사와 제리 젠킨스의 〈Left Behind〉 휴거 시리즈

이처럼 성경 예언을 미래주의 해석으로 가르치는 방법은 로마 카톨릭에서 왔으며 특히 종교개혁으려는 그 교회의 예수회 신학자들에 의해 이룩됐습니다. 현시대 미래주의 해석법을 옹호한 사람들은 카톨릭이 아니라 대부분 개신교인들로서 이와 같이 로마교회의 술수에 빠져 **교황권이 적그리스도**라는 사실을 못 보는 것은 실로 안타까운 일입니다.

제4부 참 이스라엘

1 누가 이스라엘인가?

"그러므로 내가 너희에게 이르노니 하나님의 나라를 너희는 빼앗기고 그 나라의 열매 맺는 백성이 받으리라"(마 21:43)

이스라엘 백성이 흩어진 이후에는 유대인들이 더는 선택된 민족이 아니다. 이제는 하나님께서 진리를 세상에 전하시기 위하여 그리스도 교회를 사용하실 수밖에 없으시다. 하나님께서 이스라엘 민족을 택하신 이유는 그들이 특별하기 때문이 아니라, 빛 곧 진리를 전수하시기 위하여 사용하실 한 루트가 필요하셨기 때문이다. 그러나 이제는 하나님의 교회들을 영적인 이스라엘로 택하여 사용하시고 계신다. 오순절에 성령을 받고 제자들은 제일 먼저 예루살렘과 유대에 복음을 전파하였다고 했다. 그러나 유대인들은 거절하였고 그래서 복음이 이방인들에게로 나가게 된 것이다.

"*너희는 유대인이나 헬라인이나 종이나 자주자나 남자나 여자 할 것 없이 다 그리스도 예수 안에서 하나이니라*" (갈 3:28)

그리스도를 십자가에 못 박고 배반하여 나간 한 민족, 수천 년 동안이나 진리를 떠나 세속적으로 살아온 민족, 그것도 그들의 혈통이 다 섞이어 누가 누군지 알아보지 못할 정도로 혼합된 사람들을, 단지 과거에 한 번 선택 받은 적이 있다는 이유 하나만으로 다시 선택된 민족이 된다는 것은 성경적이지도 않을 뿐만 아니라 상식적이지도 않습니다. 현재 이스라엘 국가의 99%는 예수 그리스도를 모르는 불신자들입니다. 그런데 하나님께서 그들을 갑자기 변화시켜 성령을 부어 주실까요? 더구나 지난 2000여 년 동안 핍박을 받으며 진리를 유지해온 그리스도 교회를 제쳐 놓고 갑자기 유대인들을 다시 등장시켜서 그들을 통하여 마지막 역사가 이루어지고 하나님의 능력이 그들에게 내려진다는 것은 참 교회를 분별하지 못하게 하려는 악한 자의 술책에 불과합니다.

"만일 너희나 너희 자손이 아주 돌이켜 나를 좇지 아니하며 내가 너희 앞에 둔 나의 계명과 법도를 지키지 아니하고 가서 다른 신을 섬겨 그것을 숭배하면 내가 이스라엘을 나의 준 땅에서 끊어 버릴 것이요
내 이름을 위하여 내가 거룩하게 구별한 이 전이라도 내 앞에서 던져 버리리니 이스라엘은 모든 민족 가운데 속담거리와 이야기거리가 될 것이며"
(왕상 9:6,7)

하나님의 약속은 항상 조건적입니다. 그 조건은 바로 하나님의 명령을 순종하는 것입니다. 유대 나라가 하나님의 말씀을 듣지 않고 반역했을 때에 바벨론의 침공을 받고 예루살렘이 파괴되었으며 포로로 잡혀갔습니다. 그때 에스겔과 예레미야 같은 여러 선지자가 예루살렘 황무지가 다시 꽃을 피울 것이라는 예언을 쏟아 내었습니다. 예루살렘과 유대 나라의 회복을 예언하고 소망을 고취하였습니다.

그래서 이 회복을 어떤 사람들은 1948년도의 이스라엘 나라의 재건으로 적용하고 있지만 그 예루살렘의 회복 예언은 이미 포로로 잡혀간 지 70년 후에 다시 돌아와 느헤미야 때 성전을 재건축하는 일로 이루어졌었다는 사실을 알아야 합니다. 약속을 받은 자들의 배도나 반역과는 상관없이 하나님의 약속이 무조건 성취된다고 생각하는 것은 성경적이 아니고 합리적인 해석도 아닙니다.

"*그 날에 내가 다윗의 무너진 장막을 일으키고 그 틈을 막으며 그 퇴락한 것을 일으켜서 옛적과 같이 세우며*" (암 9:11)

이 말씀을 사도 바울은 신약시대의 교회에서 이루어졌다고 다음과 같이 적용했습니다.

"*하나님이 처음으로 이방인 중에서 자기 이름을 위할 백성을 취하시려고 저희를 권고하신 것을 시므온이 고하였으니, 선지자들의 말씀이 이와 합하였도다 기록된바 이 후에 내가 돌아와서 다윗의 무너진 장막을 다시 지으며 또 그 퇴락한 것을 지어 일으키리니*"
(행 15:14-16)

무너진 예루살렘 성전이 재건되리라는 아모스의 예언을 사도 바울은 초대 교회에 그리스도교회가 세워진 것으로 적용하였습니다. 옛날 이스라엘에 주셨던 언약이 이제는 영적인 이스라엘 즉 하나님의 교회들에 주어진 것입니다.

"오직 너희는
택하신 족속이요 왕 같은 제사장들이요 거룩한 나라요 그의 소유된 백성이니
이는 너희를 어두운 가운데서 불러내어
그의 기이한 빛에 들어가게 하신 자의 아름다운 덕을 선전하게 하려 하심이라
너희가 전에는 백성이 아니더니
이제는 하나님의 백성이요"
(벧전 2:9,10)

2 참 이스라엘 백성은 열매 맺는 백성

예수님 믿는다고 다 영적인 이스라엘은 아닙니다. 교회에 다닌다고 다 이스라엘이 아닙니다. 열매를 맺는 백성만이 영적인 이스라엘입니다. 실제 유대인들도 순종치 않고 열매를 맺지 않았을 때 버림받았던 것처럼 그 조건이 우리에게도 적용됩니다. 그래서 예수님께서 말씀하셨습니다.

> "하나님의 나라를 너희는 빼앗기고
> 그 나라의 열매 맺는 백성이 받으리라"
> (마 21:43)

무슨 열매일까요? 성령의 열매입니다. 하나님의 성품을 닮은 열매입니다. 우리는 참 하나님의 이스라엘, 영적인 이스라엘이 되어야 합니다. 계명을 지키므로 구원받는 것은 아닙니다. 믿음으로, 은혜로만 구원을 받는 것입니다. 그러나 구원받은 자의 증거와 결과는 하나님의 명령을 지키는 거룩한 열매입니다. 이 열매가 없다면 그것은 구원의 경험이 없다는 뜻입니다. 참 이스라엘 백성이 되어야 합니다.

성경공부
종말의 준비

5장

아마겟돈 전쟁

마지막 시대에 펼쳐지는 선과 악의 대쟁투

제1부
아마겟돈 전쟁

서론

"또 여섯째가 그 대접을 큰 강 유브라데에 쏟으매 강물이 말라서 동방에서 오는 왕들의 길이 예비되더라 또 내가 보매 개구리 같은 세 더러운 영이 용의 입과 짐승의 입과 거짓 선지자의 입에서 나오니 저희는 귀신의 영이라 이적을 행하여 온 천하 임금들에게 가서 하나님 곧 전능하신 이의 큰 날에 전쟁을 위하여 그들을 모으더라 보라 내가 도적같이 오리니 누구든지 깨어 자기 옷을 지켜 벌거벗고 다니지 아니하며 자기의 부끄러움을 보이지 아니하는 자가 복이 있도다 세 영이 히브리 음으로 아마겟돈이라 하는 곳으로 왕들을 모으더라"(계 16:12-16).

아마겟돈 전쟁에 얽혀 있는 오해

오래전부터 사람들은 세상 종말에 대해서 많은 관심을 나타내 왔는데, 그럴 때마다 요한계시록에 나오는 짐승의 표와 아마겟돈 전쟁은 종말론의 중심 주제가 되어 왔습니다. 짐승의 표로부터 시작해서 7 재앙과 아마겟돈 전쟁, 그리고 예수님 재강림으로 연결되는 일련의 마지막 사건들이 어떻게 시작되어, 어떻게 끝마쳐질 것인가에 대한 질문은 시대를 초월하여 기독교회 안에 항상 존재해왔습니다. 요한계시록에 기록된 마지막 사건들에 대한 갖가지 오해와 추측이 난무하는 이 시대에, 아마겟돈 전쟁에 대해서 성경이 무엇이라고 말하고 있는지를 살펴봄으로써, 독자들에게 한줄기 생애의 빛을 비추고자 합니다.

지금으로부터 약 150년 전에는 이슬람 문화권의 터키 제국과 기독교 국가들 사이에 있을 최후 전쟁으로 생각하는 아마겟돈 전쟁의 시나리오가 대중적인 예언 해석으로 받아들여졌던 때가 있었습니다. 그러나 세월이 지나고 정세가 바뀌자 아마겟돈 전쟁에 관한 예언 해석도 바뀌었습니다.

제2차 세계 대전의 막바지인 1945년, 핵폭탄이 일본에 투하되면서 공산주의와 민주주의의 본격적인 냉전 시대가 시작되자, 아마겟돈 전쟁은 소련이 이스라엘을 침공함으로써 발발되는데, 결국에는 무신론 세력인 공산주의와 기독교 국가들 사이의 최후 대결전으로 발전하게 될 것이고, 급기야는 중동 지역에서 최후의 대결전을 벌이게 될 것이라는 식의 새로운 예언 해석이 나오게 되었습니다. 그러나 1990년도에 소련과 동유럽이 무너지면서 냉전 시대도 과거의 역사로 흘러가 버리고 말았습니다.

이처럼 몇 번에 걸친 실망을 되씹으면서 사람들은 성경에 기록되어 있는 아마겟돈 전쟁에 대해서 깊은 회의와 혼돈 속으로 빠져 들어가게 되었습니다. 과연, 요한계시록에 기록되어 있는 아마겟돈 전쟁은 일어날 것이며, 그것은 언제 시작되어서 어떻게 종전될까요? 또한, 그 최후의 대결전에서 누가 최후의 승리를 쟁취하게 될까요?

오늘날 현대 기독교회는 아마겟돈 전쟁에 대하여 조금씩 다른 견해를 가지고 있는 듯합니다. 또한, 기독교인들뿐 아니라 세상 사람들도 그들 나름대로 최후 종말에 관한 아마겟돈 전쟁 시나리오를 만들어 내고 있습니다. 그래서 얼마 전에는 미국의 할리우드에서 조차 혜성 침입으로 인한 지구의 종말 사건을 "아마겟돈"이라는 제목으로 영화화하여 수많은 사람의 시선을 끌기도 하였습니다.

오늘날 현대 기독교회 안에 존재하는 대부분의 예언 해석들과 세상 사람들이 만들어 낸 지구 종말에 관한 시나리오를 살펴보면 다음과 같이 크게 세 가지로 나눌 수 있습니다.

1 하나님을 믿지 않는 세상 사람들의 견해

일반 대중적인 잡지나 공상 과학 소설 그리고 영화에서는 아마겟돈 전쟁을 인류와 지구가 전멸하는 최후의 대전쟁으로 소개하고 있습니다.

2 세대주의자들의 견해

물론, 일반 잡지나 공상 과학 소설과는 그 내용에 있어서 차이가 있지만, 대다수의 기독교 서적들도 아마겟돈 전쟁을 총과 현대식 무기를 사용해서 싸우는 현대식 전쟁으로 해석합니다. 이러한 견해를 믿는 사람들은 성경에 나오는 갈멜 산 근처나 아랍의 석유지대와 사해 근처, 즉 중동 지역을 전쟁 지역으로 한정하고 있으며, 러시아의 남진 세력과 아프리카의 북진 세력, 그리고 서쪽에서 몰려오는 유럽과 미국의 군사력 그리고 동쪽에서 올라오는 2억에 달하는 중국의 군사력이 인류의 최후의 날에 대결할 것이라고 말합니다. 이 견해는 다음과 같이 5가지로 그 내용을 요약할 수 있습니다.

❶ 아마겟돈 전쟁의 유일한 승리자는 현재 존재하는 이스라엘 국가이다. 비록 지금 이 순간까지도 이스라엘은 예수 그리스도를 거절하고 있지만, 아직도 그들에 대한 은혜의 시간은 계속되고 있다. 그러므로 요한계시록에 등장하는 이스라엘은 지금 현재 중동 지역에 존재하는 실제적인 이스라엘 국가를 의미한다.

❷ 아마겟돈 전쟁은 중동 지역에서 발발하는 국부적인 전쟁을 말한다.

❸ 아마겟돈 전쟁은 총과 무기를 가지고 싸우는 물리적인 전쟁이다.

❹ 이스라엘에 승리를 안겨 주는 "동방에서 오는 왕들"은 실제적인 국가나 세력을 의미한다. 마지막 순간에 실제적으로 유브라데 강이 마르는 일이 생기면서 "동방에서 오는 왕들"이라고 표현된 세력에 의해서 이스라엘 국가가 위기의 순간에 기적적으로 구원받고, 승리를 얻게 된다.

❺ 아마겟돈 전쟁을 전후로 현재 존재하는 이스라엘 국민 전체가 예수 그리스도를 메시아로 받아들이는 극적인 회심을 하게 된다.

3 역사적인 예언 해석 원칙에 입각한 견해

이것은 매우 독특하면서도 중요한 견해인데, 이것은 아마겟돈 전쟁을 짐승의 표를 강요하는 때로부터 시작하여 예수님 재강림하실 때까지 하나님의 백성과 사탄의 세력 간에 펼쳐지는 치열한 마지막 영적 투쟁으로 보는 견해입니다.

위에서 언급한 세 가지 견해 중 하나님을 믿지 않는 세상 사람들의 추측과 공상은 제외시키고, 현재 기독교회 안에 존재하는 두 가지 견해를 비교하면 다음과 같습니다.

항 목	세대주의자들의 견해	역사적 예언 해석 원칙에 입각한 견해
전쟁의 양상	물리적인 전쟁(총, 무기사용)	영적인 전쟁
전쟁의 지리적인 범위	중동지역(국부전쟁)	세계적인 대쟁투
최후 승리자	현재 중동의 이스라엘 국가	하나님의 참 백성
사탄의 대리자	이슬람 및 기독교를 거절하는 자	세 더러운 영(세 가지 종교 세력)
이스라엘의 구원자	지상에 있는 어떤 국가나 세력	예수님의 재강림
유대민족의 운명	국가 전체적으로 예수 그리스도를 메시아로 받아들임	민족적으로는 그리스도를 메시아로 받아들이지 않음

제2부
아마겟돈 전쟁에 대한 8가지 질문

1 누가 최후의 승리를 얻을까?

이 질문에 대한 답이야말로 아마겟돈 전쟁의 진정한 의미를 발견하는 중요한 열쇠입니다. 이 질문에 대한 답변을 어떻게 이해하느냐에 따라서 아마겟돈 전쟁은 이스라엘 국가를 중심으로 벌어지는 중동지방의 무력 전쟁이 될 수도 있고, 세계 도처에 흩어져 있는 하나님의 참된 백성들과 사탄의 백성들 간에 펼쳐지는 마지막 대쟁투가 될 수도 있습니다.

먼저, 요한계시록이 아마겟돈 전쟁의 승리자에 대해서 어떻게 묘사하고 있는가 살펴보겠습니다. "여섯째가 그 대접을 큰 강 유브라데에 쏟으매 강물이 말라서 동방에서 오는 왕들의 길이 예비되더라 또 내가 보매 개구리 같은 세 더러운 영이 용의 입과 짐승의 입과 거짓 선지자의 입에서 나오니 저희는 귀신의 영이라 이적을 행하여 온 천하 임금들에게 가서 하나님 곧 전능하신 이의 큰 날에 전쟁을 위하여 그들을 모으더라 보라 내가 도적같이 오리니 누구든지 깨어 자기 옷을 지켜 벌거벗고 다니지 아니하며 자기의 부끄러움을 보이지 아니하는 자가 복이 있도다 세 영이 히브리 음으로 아마겟돈이라 하는 곳으로 왕들을 모으더라"(계 16:12-16).

이 아마겟돈 전쟁에서 누가 최후의 승리를 거두게 될까요? 물론, 이스라엘입니다. 그런데 사도 요한은 아마겟돈 전쟁에서 최후에 승리를 거두게 될 이스라엘의 모습을 매우 흥미롭게 설명하고 있습니다. "누구든지 깨어 자기 옷을 지켜 벌거벗고 다니지 아니하며 자기의 부끄러움을 보이지 아니하는 자가 복이 있도다"(계 16:15). 여기서 성경은 최후의 승리자인 이스라엘을 옷을 입고 다니는 자들로 소개하고 있습니다.

그렇다면, 도대체 어떤 옷을 입어야 마지막 투쟁인 아마겟돈 전쟁에서 승리하는 이스라엘이 될 수 있다는 말인가요? 옷을 입는 것과 아마겟돈 전쟁에서 승리하는 것과 무슨 관련이 있을까요? 이 질문에 대해서 요한계시록 19장은 매우 놀랄만한 답변을 우리에게 줍니다. "기뻐하고 즐거워하라 그분께 영광을 돌리세 이는 어린 양의 혼인식이 다가왔고, 그 아내도 자신을 예비하였음이라 그에게 허락하사 정결하고 흰 세마포를 입게 하셨은즉 이 세마포는 성도들의 의라"(계 19:7,8 KJV역).

이 말씀은 마치 안개 낀 바다에 우뚝 서있는 등대처럼 요한계시록 16장 15절에 기록된 옷의 의미를 비추어 줍니다. 아마겟돈 전쟁의 승리자들이 입고 있는 옷은 정결하고 흰 세마포입니다. 그런데 이 세마포는 무엇을 의미한다고 했습니까? "이 세마포는 성도들의 의라"(8절). 아마겟돈 전쟁과 그리스도의 재강림을 맞기 위한 준비는 공히 예수 그리스도의 의의 옷을 입는 것입니다. (옷=흰 세마포=성도들의 의=예수 그리스도의 의)

성경은 성도들이 의의 옷을 입어야 한다는 사실을 일관성 있게 강조하고 있습니다. 이사야 선지자는 우리의 의는 다 더러운 옷같다고 말함으로써, 인간의 의가 아니라 오직 예수께서 주시는 정결한 의의 옷만이 우리를 하늘 왕국의 시민으로 만들 수 있다고 하였습니다(사 64:6). 예수께서도 성도들이 마지막 심판을 통과하기 위해서는 반드시 예복(옷)을 입어야만 한다는 사실을 비유로 설명하셨습니다.

"임금이 손님들을 보러 들어올새 거기서 예복을 입지 않은 한 사람을 보고 가로되 친구여 어찌하여 예복을 입지 않고 여기 들어 왔느냐 하니 저가 유구무언이어늘 임금이 사환들에게 말하되 그 수족을 결박하여 바깥 어두움에 내어 던지라 거기서 슬피 울며 이를 갊이 있으리라"(마 22:11-13).

또한 세상 역사의 마지막 교회로 표상된 라오디게아 교회에게 보내는 복음에서도 마지막 시대에 사는 성도들은 반드시 희고 깨끗한 의의 옷을 입어야 한다는 사실을 반복하고 있습니다.

"내가 너를 권하노니 내게서 … 흰 옷을 사서 입어 벌거벗은 수치를 보이지 않게 하라"(계 3:18).

아마겟돈 전쟁에서 누가 승리할까요? 이스라엘입니다. 그러나 이 이스라엘은 유대인의 피를 가지고 있는 혈통적 이스라엘이 아니라, 흰 옷 즉 예수 그리스도의 의의 옷을 입고 있는 영적 이스라엘입니다. 누구든지 예수 그리스도의 십자가를 온 마음과 생애로 받아들어서 하나님의 진리와 계명에 순종하는 의로운 생애를 사는 사들은 국가와 민속과 혈통에 관계없이 아마겟돈 전쟁에서 최후의 승리를 쟁취하게 됩니다.

바로 이것이 아마겟돈 전쟁에서 승리를 얻는 비결입니다. 요한계시록은 아마겟돈 전쟁의 승리자들에 대해서 "누구든지"라는 표현을 사용하고 있다는 사실을 기억하십시오!

"누구든지 깨어 자기 옷을 지켜 벌거벗고 다니지 아니하며 자기의 부끄러움을 보이지 아니하는 자가 복이 있도다"(계 16:15).

1) 2000년 전에 결정된 유대 민족의 운명

아마겟돈 전쟁에서 최후의 승리를 얻는 자들은 혈통적 유대인들이 아니라, "흰 옷"을 입고 하나님의 계명과 진리에 순종하는 의로운 생애를 사는 그리스도인들이라면, 현재 중동 지방에 존재하는 이스라엘 민족은 하나님의 선택된 백성이 아니란 말인가요?

오늘날 기독교회 안에 들어와 있는 심각한 오해 가운데 하나는 아마겟돈 전쟁에서 승리를 얻는 유일한 사람들은 구약시대 때로부터 하나님의 선택된 백성이었던 유대 민족이라고 믿는 것입니다. 만일 그들이 믿는 것처럼, 유대 민족이 지금 이 순간에도 하나님의 유일한 선택된 민족이라면, 요한계시록의 마지막 장면인 아마겟돈 전쟁에서 승리를 쟁취하는 이스라엘 역시 유대 민족이라고 보아야 할 것입니다. 그러나 성경은 놀랍게도 유대 민족은 선택된 민족으로서의 특권을 약 2000년 전에 이미 잃어버렸다고 선언하고 있습니다. 지금부터 이 문제에 초점을 맞추어 보겠습니다.

2) 유대 민족에게 허락된 마지막 유예 기간, 70주일

구약에 나타난 유대 민족의 역사는 반역과 불순종의 역사입니다. 하나님께서는 40년 동안의 광야 생활과 70년 동안의 바벨론 포로 생활 등과 같은 고난을 통하여 유대 민족이 하나님의 선민처럼 살기를 고대하였지만, 그들은 불순종의 길을 떠나지 않았습니다. 이러한 때에 드디어 하나님께서는 이스라엘에 마지막 유예 기간을 주시는 것이 다니엘 9장 예언입니다.

다니엘 9장에서, 하나님께서는 다니엘 선지자에게 예수 그리스도의 초림에 대한 예언을 주시면서, 그들이 메시아와 그분의 복음을 거절할 때 이스라엘 민족이 하나의 국가로서 가진 특권을 상실하게 될 것이라는 예언을 주셨습니다. 다시 말하자면, 예수 그리스도를 메시아로 영접하고, 복음을 온 세상에 전파하는 것을 조건으로 유대 민족은 하나님의 선택

된 백성으로 남아 있을 수 있게 된 것입니다.

하나님께서는 이 중요한 예언을 가브리엘 천사를 통하여 다니엘 선지자에게 전달하셨습니다. "네(다니엘) 백성과 네 거룩한 성을 위하여 70 이레(주일)로 기한을 정하였나니"(단 9:24). 이 70주일 예언은 길고 긴 바벨론 포로 생활(70년)에서 귀환한 유대인들에게 다시 한 번 주어진 마지막 은혜 기간입니다. 이 예언적 기간 동안 유대인들은 메시아의 오심을 위하여 잘 준비해야만 하였습니다.

이 예언의 의미를 이해하기 위해서는 먼저 70주일이라는 암호를 풀어야만 하는데, 기간적인 예언을 해석할 때를 대비해서 하나님께서는 그것을 풀 수 있는 암호 해독법을 성경에 기록해 두셨습니다. "1일이 1년이니라" 에스겔 4장 6절과 민수기 14장 34절에서 설명하는 계산법입니다. 건축기사들이 1센티미터를 1미터로 계산하여 도면을 그리는 것처럼, 하나님께서 주신 기간적 예언을 해석할 때에도 그분께서 지정하신 이 특별한 계산 원칙을 따라야 합니다.

1주일은 7일이므로 70주일은 490일(70주일x7일)이고, 이것은 기간적 예언의 계산 원칙에 따라 490년이 됩니다. "1일이 1년이니라"(겔 4:6, 민 14:34). 그런데 490년이 시작되는 시점은 언제입니까? 계속되는 가브리엘 천사의 설명을 들어 보겠습니다. "그러므로 너는 깨달아 알지니라 예루살렘 성을 중건하라는 영이 날 때부터 기름 부음을 받은 자 곧 왕이 일어나기까지 일곱 이레(7주)와 육십이 이레(62주)가 지날 것이요, 그때 곤란한 동안에 성이 중건되어 거리와 해자가 이룰 것이며"(단 9:25). 자, 이제 모든 것이 분명해졌습니다. 70주일 즉, 490년의 시작점은 예루살렘 성을 중건하라는 명령이 내려질 때이며, 그때부터 시작해서 7주일과 62주일 즉, 69주일(69 × 7=483일, 즉 483년)이 지나면, 기름 부음을 받은 자 곧, 메시아가 나타날 것이라는 것이 가브리엘 천사의 설명입니다.

그런데 70주일 예언의 시작점인 예루살렘을 중건하라는 명령이 내려진 해는 언제일까요? 예루살렘을 중건하라는 마지막 명령이 언제 포고되었을까요? 에스라 7장 7,13절에서 우리는 예루살렘 성의 중건령을 찾을 수 있습니다. "아닥사스다 왕 7년에 … 조서 하노니" 중건령이 내려졌던 아닥사스다왕 7년은 역사적으로 확립된 해입니다. 성경의 관주에 나오는 해석을 보아도, 중건령이 내려진 해는 B.C. 457년임을 확인할 수 있습니다. 그러므로 70주일 예언의 시작점은 B.C. 457년입니다. 예루살렘 성의 중건령의 조서가 그 효력을 발휘하는 B.C. 457년 가을부터 시작해서 483년(69주일)을 내려가면, 역사의 연대표에서 가장 영광스러운 사건이 일어나는 해를 만나게 되는데, 그 해는 바로 그리스도께서 침례를 받으셨던 해입니다.

1년 = 1일 원칙

상징적인 기간을 나타내는 예언 해석에 있어서 1일을 1년으로 해석하는 원칙은 건전한 예언 해석법으로 오래 전부터 인정되어 왔다. 수많은 성경 학자들뿐 아니라 종교개혁자들도 다니엘서와 요한계시록에 나오는 상징적 예언인 1260일, 1335일, 2300일 등의 예언 해석에 1년 = 1일이라는 원칙을 적용하였다. 1년 = 1일 원칙에 대한 교회사적 증거를 살펴보면, 이 원칙이 초기 그리스도 교회 때부터 시작하여 중세 암흑기 로마 카톨릭, 종교개혁시대, 그리고 근대 기독교회에 들어와서까지 일관성 있게 적용되어 왔다는 사실을 확인할 수 있다.

❶ 초기 기독교회 성경학자 :
터툴리안, 클레멘트, 유세비우스, 테오도렛,
데오도시우스, 안드로니쿠스

❷ 중세의 유대인 학자 :
나하웬디, 알리, 라시, 나하메니데스, 라시바즈

❸ 중세의 카톨릭 학자 :
요아킴, 아놀드, 우베르티노, 데리아, 부르테, 니콜라스 크렙

❹ 종교개혁자 : 마틴 루터, 멜란히톤, 풍크, 볼링거, 존 낙스,
존 베일, 토마스 브라이트만, 요한 웨슬리의 조력자인 플레셔르

❺ 1700년대의 성경학자 :
루터교 신학자 벵겔, 만유인력을 발견한 아이작 뉴톤경

❻ 1800년대의 성경학자 :
장로교회 일반의회 의장인 죠수아 윌슨 박사, 감독교회의 주교인 존 핸셔, 예일대학의 총장인 티모디 드와이트, 유니온 대학의 총장인 엘리팔리트 노트, 오하이오 대학의 총장인 조지 정킨

이와 같이 예언 해석상 1년 = 1일 원칙은 어떤 개인이나 교단의 독창적인 견해나 돌발적인 해석방법이 아니라, 오랜 역사를 통해서, 그리고 여러 교파에서 소속되어 있는 다양한 성경학자들의 심도있는 성경연구의 열매로 거두어진 결론이다.

3) 정확한 시간에 나타나신 메시아

누가복음 3장 1절에서, 우리는 예수님께서 침례 받은 해에 관한 매우 결정적인 정보를 얻을 수 있습니다. 디베료 가이사 즉위 열다섯 해, 곧 본디오 빌라도가 유대의 총독으로 헤롯이 갈릴리 분봉왕으로. 역사는 가이사가 즉위한 해가 A.D. 12년이라고 말하고 있습니다. 그렇다면 디베료 가이사 즉위 15년은 A.D. 12년에 15년을 더 한 해, 곧 A.D. 27년이 됩니다. A.D. 27년에 무슨 사건이 일어났습니까? 같은 장 21절에 답이 나와 있습니다. 백성이 다 침례를 받을 때 예수님도 침례를 받으시고 … 성령이 비둘기같이 그의 위에 강림하셨으며, 성령과 능력을 기름 붓듯 하심으로써, 다니엘 9장에 나오는 "기름 부음을 받은 자" 곧 메시아라는 예언을 성취하셨습니다.

70주일(490년) 예언 : 유대민족에게 주어진 은혜의 기간

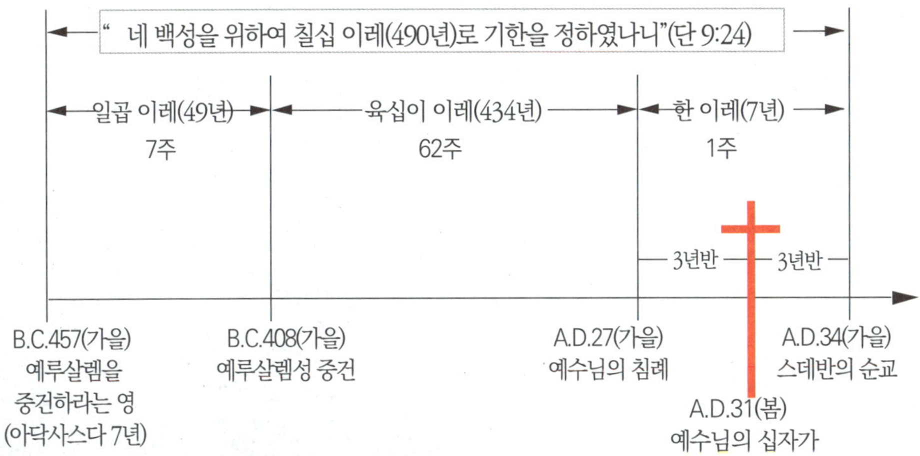

1일 = 1년 원칙

7주 : 7주×7일=49일=49년 (예루살렘 성을 중건하는데 소요된 기간)

62주 : 62주×7일=434일=434년 (메시아가 오실 때까지 유대인들이 준비하며 기다리는 기간)

69주 : 7주+62주=69주=69×7일=483일=483년

1주 : 1주×7일=7일=7년 (그리스도의 공중봉사 기간+십자가 이후 제자들이 유대인에게 복음을 전파한 기간

A.D.34 : 유대인들에게 정해진 70이레(490년)의 은혜의 기간이 마쳐지면서, 스데반이 그리스도 교회의 첫 순교자가 되는 사건과 함께 복음이 이방인들에게 전파되기 시작한 해.

예수님께서는 바로 이러한 예언을 근거로 당신의 지상 사역을 시작하셨기 때문에, 다음과 같은 말씀을 하셨던 것입니다. "하나님의 복음을 전파하여 가라사대 때가 찼고"(막 1:14,15, The time is fulfilled- 때가 성취되었고). 무슨 때가 찼다는 것입니까? 다니엘 9장에 예언된 69주일(483년)이라는 예언의 때가 찼던 서기 27년에, 예수님께서는 침례를 받으셨으며, 성령으로 기름 부음을 받은 후, 공중전도를 시작하셨습니다.

4) 정확한 시간에 메시아를 살해한 유대 민족

그런데 70주일 중에 마지막 남은 1주일(70주일-69주일=1주일) 동안, 즉 7년 동안에는 무슨 일이 이루어지게 될까요? 마지막 남은 1주일에 대한 가브리엘 천사의 설명을 들어보겠습니다. "육십이 이레 후에 기름 부음을 받은 자가, 끊어져 없어질 것이며"(단 9:26). 가브리엘 천사는 62주일 후, 즉 서기 27년 이후에 예수 그리스도께서 십자가상에서 끊어져 없어질 것이라는 사실을 언급한 후에, 예수님께서 메시아로서 하실 일에 대한 자세한 설명을 다음과 같이 덧붙이고 있습니다. "그가 장차 많은 사람으로 더불어 한 이레(1 week) 동안의 언약을 굳게 정하겠고, 그가 그 이레(week)의 절반에 제사와 예물을 금지할 것이며"(27절). (여기서 이레(week)의 절반은 7년의 반이므로 3.5년 즉, 3년 반이 됨)

그렇다면 예수님께서 침례를 받으시고 공생애를 시작하신 서기 27년 가을부터 3년 반 후인 서기 31년 봄에는 어떤 일이 일어났습니까? 아담과 하와가 범죄한 이후 메시아의 죽음을 상징하여 드려온 제사와 예물을 금지하게 하는 사건이 일어났습니다. 참으로 오랜 세월 동안, 유대인들은 흠 없는 어린 양을 성소의 번제단 위에서 태움으로써, 장차 오실 메시아에 대한 믿음을 나타냈으며, 양의 죽음을 통하여 죄의 용서를 받아왔습니다.

그러나 마지막 70번째 주일의 중간인 서기 31년 봄, 예수 그리스도께서 속죄양이 되셔서 십자가에서 돌아가심으로써, 더 이상은 양을 잡아서 태워 죽이는 제사 제도가 필요 없게 되었습니다. "하나님이 제사와 예물을 원치 아니하시고 오직 나를 위하여 한 몸을 예비하셨도다 … 이에 내가 말하기를 하나님이여 보시옵소서. 두루마리 책에 나를 가리켜 기록한 것과 같이 하나님의 뜻을 행하러 왔나이다"(히 10:5-7). 또한, "이(구약 시대의) 제사

는 언제든지 죄를 없게 하지 못하거니와 오직 그리스도는 죄를 위하여 한 영원한 제사를 드리시고 … 다시 죄를 위하여 제사드릴 것이 없느니라"(히 10:11,12,18). 얼마나 분명한 예언의 성취입니까?

예수님께서 십자가에서 돌아가심으로 더 이상 양을 잡아 죽이는 제사 제도가 필요 없게 되었다는 사실을 알려주는 기적이 성소에서 일어났습니다. "예수님께서 다시 크게 소리 지르시고 영혼이 떠나시다, 이에 성소 휘장이 위로부터 아래까지 찢어져 둘이 되고"(마 27:50,51). 성소 안에 있던 성전 휘장이 갑자기 찢어짐으로써, 모세가 제사 제도에 대해서 기록하였던 의문의 율법이 정하고 있는 제사와 예물이 더 이상 필요 없게 되었음을 보여주셨습니다. "우리를 거스리고 우리를 대적하는 의문에 쓴 증서를 도말 하시고 제하여 버리사 십자가에 못박으시고"(골 2:14).

5) 정확한 시간에 결정된 유대 민족의 운명

유대 민족은 메시아를 거절하고 그분을 죽였지만, 사랑과 자비가 충만하신 하나님께서는 70주일이 끝마쳐지는 순간까지 유대 민족이 돌아가신 예수 그리스도의 죽음과 희생의 의미를 깨닫게 되기를 고대하셨습니다. 그러나 그들은 그들에게 주어진 490년(70주일)을 채우기까지 반역과 불순종의 길을 고집하였습니다.

마지막 7년의 절반인 서기 31년에 십자가가 세워졌고, 이제 그 나머지 절반인 3년 반이 지나면, 하나님께서 유대 민족에게 허락하신 70주일의 전체 예언이 완전히 종결됩니다. 십자가 이후에도 한동안 제자들은 유대 민족의 구원을 위해서 일했습니다. 그러나 예수님께서 돌아가신지 3년 반 후인 서기 34년, 새 언약의 복음을 끝까지 거절하는 유대인 지도자들을 향하여 경고와 호소의 설교를 하던 스데반에게 산헤드린 공회가 돌로 쳐서 죽이는 판결을 내림에 따라, 스데반은 그리스도 교회의 첫 번째 순교자가 되었으며(행 7:51-60), 이로써 유대 민족을 위한 70주일(490년)의 유예 기간은 완전히 끝났으며, 곧 이어서 일어난 핍박과 함께 이방인들에게 복음이 전파되기 시작하였습니다(행 8:1~).

바로 이것이 70주일 예언의 끝을 알리는 최후의 신호였으며, 유대 민족의 운명이 영원히 결정되는 순간이었고, 온 세상을 위한 그리스도 교회 시대가 개막되는 시간이었습니다. "하나님의 말씀을 마땅히 먼저 너희에게 전할 것이로되 너희가 버리고 영생 얻음에 합당치 않은 자로 자처하기로 우리가 이방인에게로 향하노라"(행 13:46).

다니엘 선지자의 예언대로, 유대인들은 한 국가로서 하나님의 백성이 되는 특권을 상실하게 되었습니다. 더 이상 한 국가로서 선택받은 백성이 되기를 끝까지 거절하였기 때문에, 서기 34년 이후부터 유대 민족은 구원의 복음을 온 세상에 전파하는 자격을 잃어버리게 되었으며, 이방인과 같이 개인 단위로 구원을 받을 수밖에 없게 되었습니다. 민족과 족속에 관계없이 누구든지 그리스도의 복음에 의해서 성령의 열매를 맺는 자들이 하나님의 참 백성이라는 것이 예수 그리스도의 말씀입니다. "하나님의 나라를 너희(유대인들)는 빼앗기고 그 나라의 열매 맺는 백성이 받으리라"(마 21:43).

유대 민족은 구약 시대에 누구도 그 자리를 넘볼 수 없는 주인공이었습니다. 그러나 십자가 이후, 그들은 그 영광스러운 주인공의 자리를 영원히 잃어버렸습니다. 그렇다면, 신약 시대의 주인공은 누구입니까? 누가 유대 민족의 자리를 넘겨받았습니까? 이 흥미 있는 문제를 다음 기사에서 공부해 보겠습니다.

여기서 잠깐!

예언 해석의 3대 원칙

1 성경으로 성경을 해석해야 한다
알고자 하는 예언의 상징적 표현이나 비유가 성경의 다른 곳에서는 어떤 의미로 사용되었는가를 찾아보고, 기도와 합리적 판단을 통하여 그 의미를 파악한다.

2 예언을 나타내고 있는 표현이 상징인지 또는 실제인지를 전후 문맥을 통해서 구별해야 한다
만일 그것이 상징일 경우에는 그 의미를 풀 수 있는 열쇠들을 성경 안에서 찾아보아야 한다.

3 대부분의 경우에 있어서, 기간을 나타내는 예언은 하루가 일년을 상징한다
그러나 한 가지 주의해야 할 사항이 있는데,
1일=1년 원칙을 성경에 나오는 모든 날짜에 적용해서는 안된다는 것이다. 날짜가 어떤 특정한 기간을 나타내는 상징어로 사용되었을 경우에만 이러한 원칙을 적용할 수 있다.
날짜가 기록된 성경절의 앞뒤 문맥을 잘 읽어보면, 그 날짜가 상징적인 기간인지 문자 그대로의 실제적인 기간인지를 쉽게 판단할 수 있다.
그리고 이러한 예언 해석 원칙이 올바로 적용되었는지의 여부를 확인하려면, 이미 과거에 성취된 예언이 역사 속에서 1일=1년 원칙에 따라서 정확하게 성취되었는지를 확인하면 된다.

2 누가 참 이스라엘인가?

신약 성경은 고대 이스라엘 민족의 은혜의 기간이 끝나면서 어떤 사람들이 새 이스라엘을 구성하면서 요한계시록의 주인공으로 등장할 것인지를 분명하게 밝혀 주는 성경 절들로 가득 차 있습니다. 이 기사에서 밝혀지는 진짜 이스라엘이 아마겟돈 전쟁의 주역들이요, 승리자들입니다. 신약 성경이 말하는 이 새로운 이스라엘의 정체에 대해서 살펴보겠습니다.

1) 누가 하나님의 거룩한 나라인가?

오직 너희는 택하신 족속이요 왕 같은 제사장들이요 거룩한 나라요 그의 소유된 백성이니 이는 너희를 어두운 데서 불러내어 그의 기이한 빛에 들어가게 하신 자의 아름다운 덕을 선전하게 하려 하심이라. 너희가 전에는 백성이 아니더니 이제는 하나님의 백성이요"(벧전 2:9,10). 여기서 사도 베드로는 고대 이스라엘을 대신하여 등장하는 새 이스라엘을 소개하고 있습니다. 메시아를 영접한 이방인들은 십자가의 보혈로 인준된 새로운 언약 속으로 들어갈 수 있는 문이 열렸습니다. 바로 그들이 진짜 영적 이스라엘입니다! 그리하여 전에는 하나님의 백성이 아니었지만, 이제는 하나님의 "거룩한 나라"가 된 것입니다.

2) 누가 아브라함의 후손에게 약속된 유업을 받을 것인가?

사도 바울 역시 베드로의 의견에 동의하면서, 그리스도의 복음을 받아들인 이방인들이야말로 아브라함의 혈통적 후손들에게 주어졌던 하나님의 약속을 받게 될 것이라고 말하고 있습니다. "너희가 그리스도께 속한 자면 곧 아브라함의 자손이요 약속대로 유업을 이을 자니라"(갈 3:29).

3) 누가 하나님의 자녀인가?

바울은 로마서에서 이 점을 명확하게 선언하였습니다. "곧 육신의 자녀가 하나님의 자녀가 아니라 오직 약속의 자녀가 씨로 여기심을 받느니라"(롬 9:8). 신약 성경에는 하나님께서는 오직 영적 이스라엘을 받으시며, 육체적 이스라엘을 거절하신다는 사실을 분명히 기록하고 있습니다. "하나님의 말씀을 마땅히 먼저 너희에게 전할 것이로되 너희가 버리고 영생 얻음에 합당치 않은 자로 자처하기로 우리가 이방인에게로 향하노라"(행 13:46).

4) 누가 참 유대인들인가?

할례나 무할례가 아무것도 아니로되 오직 새로 지으심을 받은 자뿐이니라 무릇 이 규례를 행하는 자에게와 하나님의 이스라엘에게 평강과 긍휼이 있을지어다"(갈 6:15,16). 여기서 바울은 신약시대의 참 유대인의 자격을 "오직 새로 지으심을 받은 자"(거듭난 자)로 규정하였는데, 로마서 2장에서는 참된 거듭남을 마음에 할례를 받은 것으로 설명하고 있습니다. "대저 표면적 유대인이 유대인이 아니요 표면적 육신의 할례가 할례가 아니라 오직 이면적 유대인이 유대인이며 할례는 마음에 할지니"(롬 2:28,29). 참 유대인은 육체의 할례가 아니라 마음의 할례를 통해서 이루어집니다.

그러면 마음의 할례란 무엇입니까? "또 그 안에서 너희가 손으로 하지 아니한 할례를 받았으니 곧 육적 몸을 벗은 것이요 그리스도의 할례니라"(골 2:11). 옛 언약은 신체의 일부를 잘라냄으로써 이루어졌지만, 새 언약은 죄된 육적 마음을 잘라냄으로써 맺어지게 됩니다. 다시 말하자면, 그리스도를 마음에 받아들임으로써 새롭게 거듭난 마음을 가진 사람들이야말로 진정한 할례를 경험한 사람들이며, 그들이 참 유대인들입니다.

그리스도께서 십자가에서 죽임을 당하시고 유대인의 운명이 결정된 이후에는 혈통적 유대인들만이 하나님의 자녀로 인정받는다는 말씀이 신약 성경에 단 한 군데도 나오지 않습니다. 오히려 그들은 자신들의 특권을 잃어버렸다고 성경은 말하고 있습니다. "하나님의 나라를 너희는 빼앗기고 그 나라의 열매 맺는 백성이 받으리라"(마 21:43). "길가에서 한 무화과나무를 보시고 그리로 가사 잎사귀 밖에 아무것도 얻지 못하시고 나무에게 이르시되 이제부터 영원토록 네게 열매가 맺지 못하리라 하시니 무화과나무가 곧 마른지라"(마 21:19 무화과나무는 유대 국가를 상징함).

유대 국가가 마지막까지 메시아를 거절한 이후부터, 하나님의 참 "이스라엘"은 유대인이든지 이방인이든지를 막론하고 그리스도를 개인의 구세주로 받아들이는 사람들로 구성됩니다. "너희는 유대인이나 헬라인이나 종이나 자주자나 남자나 여자 없이 다 그리스도 예수 안에서 하나이니라"(갈 3:28). "유대인이나 헬라인이나 차별이 없음이니라 한 주께서 모든 사람의 주가 되사 저를 부르는 모든 사람에게 부요하시도다"(롬 10:12).

오늘날 누가 진짜 이스라엘입니까? 복음을 받아들이고 그 말씀대로 사는 거듭난 그리스도인입니다! 그들이 중동 지역에만 모여 있습니까? 아닙니다. 온 세상 곳곳에 흩어져 있습니다. 머지않아 아마겟돈 전쟁이 이르러 올 것입니다. 여러분은 준비가 되어 있습니까? 그날에는 진짜 이스라엘만이 살아남게 될 것입니다. 그리스도의 의를 상징하는 흰옷을 입은 자들, 마음에 할례를 받은 자들, 그리고 품성과 생애에 성령의 열매를 맺은 자들만이 아마겟돈 전쟁의 주역으로서 승리하게 될 것입니다. 지금은 중동 지방을 쳐다볼 때가 아니라, 자신의 부족을 깨닫고 회개하여 진짜 이스라엘이 되어야 할 때입니다.

3 유대 민족 전체가 개신교회로 개종하게 될까?

요즘 어떤 사람들은 이스라엘이 아마겟돈 전쟁에서 승리하게 될 때에 자신도 그 대열에 참여하여 유대 민족의 승리와 영광을 함께 누리기 위해서 중동 지방에 있는 이스라엘 나라로 이민 갈 계획을 세우고 있다고 합니다. 놀라운 확신을 가지고 그토록 엉뚱한 계획을 세우는 이유는, 요한계시록에 여러 번 언급된 "이스라엘"을 지금 현재 중동 지방에 있는 이스라엘 국가로 오해하기 때문입니다.

요한계시록에는 하나님의 계명과 예수 믿음을 지키는 "여자의 남은 자손" 즉 참된 하나님의 백성이 하나님의 도우심을 받아서 사탄의 공격에서 벗어나 구원받는 장면이 나오기도 하고 또, 하나님의 백성이 유대 민족의 지파 이름으로 표현되기도 했습니다. 이러한 이유 때문에 그들은 이스라엘 국가가 언젠가는 그 노선을 완전히 바꾸어서 획기적인 변화가 일어남으로써, 성경의 예언을 성취시킬 것이라고, 과거에 거절하였던 예수 그리스도를 메시아로 인정하고 진실한 개신교 국가로 변모하게 될 것이라고 굳게 믿고 있습니다.

어디서 이러한 오해가 시작되었을까요? 다음과 같은 두 가지 문제에 대한 오해가 유대인 민족 전체가 그리스도교회로 개종하게 될 것이라는 빗나간 추측을 유도하였습니다.

1) 조건적인 하나님의 약속과 축복

요한계시록에 나오는 이스라엘은 유대민족이 아닙니다. 한 국가와 민족으로서의 운명은 이미 2000년 전에 결정되었습니다. 그들 역시 우리 이방인들과 같이 개인 단위로 구원과 심판을 받을 뿐입니다. 유대 민족이 하나님의 선택된 민족이 되기 위해서는 하나님의 조건을 만족시켜야 했지만, 그들은 그 조건을 만족시키는 일에 실패하였습니다.

한 가지 기억해야 할 사실은 성경에 나오는 모든 하나님의 약속과 구원은 조건적이라는 것입니다. 그렇다면, 무엇이 하나님의 구원을 유지하고 축복에 대한 약속을 성취시키기 위한 조건인가? 그것은 한마디로 말해서 "순종하면 축복을 받을 것이고, 불순종하면 끊겨져 나간다."라는 것입니다.

"네가 만일 … 내가 네게 명한대로 온갖 것을 순종하여 나의 법도와 율례를 지키면 … 내가 … 너의 이스라엘의 왕위를 영원히 견고하게 하려니와, 만일 너희나 너희 자손이 아주 돌이켜 … 너희 앞에 둔 나의 계명과 법도를 지키지 아니하고 … 내가 이스라엘을 나의 준 땅에서 끊어 버릴 것이요 내 이름을 위하여 내가 거룩하게 구별한 이 전이라도 내 앞에서 던져 버리리니 이스라엘은 모든 민족 가운데 속담거리와 이야기 거리가 될 것이며"(왕상 9:4-7). 이와 같은 하나님의 조건을 이해하지 못할 때, 아마겟돈 전쟁을 전혀 다른 방향으로 이해하게 됩니다.

요한계시록에 나오는 이스라엘은 현재 중동 지방에 있는 이스라엘 국가라고 주장하는 사람들은 구약 성경에 기록되어 있는 이스라엘의 회복과 명예에 대한 말씀을 인용합니다. 그들은 예레미야, 에스겔, 이사야서 등에 언급되어 있는 이스라엘의 회복과 최후의 승리에 관한 예언이 아직 성취되지 않았다고 생각합니다. 그러나 이러한 오해는 고대 이스라엘 민족이 70년간의 바벨론 포로 생활 후에 본국으로 귀향하는 예언을 잘못 해석하였기 때문에 비롯된 것입니다.

고대 이스라엘 민족은 하나님의 뜻과 말씀에 불순종하는 반역의 길을 걸어갔습니다. 그 결과, 하나님께서는 바벨론의 군대에 포로로 잡혀서 끌려가거나 죽임을 당하는 고난을 허락하실 수밖에 없었습니다. 그러나 사랑의 하나님께서는 여러 선지자들을 통하여 이스라엘이 다시 고향 땅으로 돌아갈 것이라는 예언을 주심으로써, 그들의 소망을 고취시키셨습니다. 과연 바벨론 포로생활 70년 만에, 페르샤의 고레스 왕이 유브라데스 강의 하상을 통하여 바벨론 성으로 침입해 들어가는 기이한 전략을 성공시킴으로써 바벨론 제국은 몰락되었고, 그 결과 이스라엘 민족은 바벨론의 압제로부터 해방되어 고국으로 돌아갈 수 있는 길이 열리게 되었는데, 이로써 이스라엘이 회복될 것이라는 예언은 과거에 이미 정확하게 성취되었습니다.

물론, 구약에 나오는 여러 선지자가 이스라엘의 미래에 관하여 영광스럽게 묘사하고 있으며, 다른 나라들을 다스리게 될 이스라엘의 명예에 대한 수많은 약속이 구약 성경에 기록되어 있는 것은 사실이지만, 위에서 언급한 것처럼 하나님의 약속과 축복은 분명한 조건 하에서만 성취됩니다.

그러므로 하나님께서 구약시대에 고대 이스라엘을 영광스럽게 하시겠다고 약속하셨기 때문에, 유대 민족에 대한 하나님의 약속은 그들의 배도와 반역과는 상관없이 무조건적으로 성취되어야 하며 또한, 그러한 약속을 성취시키기 위해서 유대 민족은 언젠가는 민족 전체가 예수 그리스도의 품으로 다시 돌아오는 극적인 사건이 일어나야 한다는 생각은 성서적인 것도 아니며 합리적인 생각도 아닙니다.

2) 당대에는 유대 민족에게, 미래에는 세계적으로!

기간적인 예언을 해석하는데 있어서, 1일을 1년으로 환산하는 것과 마찬가지로, 성경에 나오는 예언을 해석하는데 있어서도 한 가지 분명한 원칙이 있습니다. 만일 이 원칙을 염두에 두지 않는다면, 아무도 다니엘과 요한계시록을 올바르게 이해할 수 없으며, 이스라엘이 역사와 예언에 있어서 어떤 위치를 차지하고 있는지에 대하여 심각한 혼돈에 빠지게 됩니다. 이 원칙에 대한 오해로 인하여 세계적으로 일어나게 될 아마겟돈 전쟁이 중동 지역의 국부 전쟁으로 제한되어 버리고 말았으며, 아마겟돈 전쟁의 주인공을 유대민족으로 바꾸어 놓고 말았습니다.

그렇다면, 그 중요한 성경 해석 원칙이란 무엇일까요? 예언은 1차적으로 당대에 지역적으로 그리고 문자적으로 적용되며, 2차적으로는 미래에 전 세계적으로 그리고 영적으로 적용시킬 수 있습니다. 하나님께서는 당신의 모든 영광스러운 약속이 일차적으로 고대 이스라엘에게 이루어지기를 기대하셨습니다. 그러나 유대 민족은 반역의 길을 선택했으며, 그 결과 "순종"이라는 일정한 조건하에서만 성취되는 하나님의 축복과 약속은 유대 민족에게 성취될 수 없었습니다.

그러나 비록 유대 민족의 불충실함으로 인하여 하나님의 약속이 1차적으로 당대의 유대 민족에게 성취되지 못했을지라도, 그 약속들은 결코 무효가 되거나 취소되지 않습니다. 그 약속들은 2차적으로 신약시대에 태어나는 참된 하나님의 백성을 대상으로 세계적이고 영적으로 적용됩니다. 다시 말하자면, 유대 민족의 거절과 반역으로 성취되지 못한 하나님의 약속은 세계 곳곳에 있는 신약 시대의 영적 아브라함 자손들을 통하여 영광스럽게 성취됩니다.

이러한 원칙이 어떻게 적용되는지를 살펴보기 위해서 한 가지 예를 들어 보겠습니다. 고대 이스라엘이 원수들을 쳐부수는 승리의 장면에서, 에스겔 선지자는 곧 건축하게 될 장엄한 성전에 대해서 기록하였습니다. 에스겔 40~48장에는 그 성전의 크기와 실제 모양이 어떠한지가 설명되어 있습니다. 그러나 그 성전은 결코 완성되지 않았습니다. 다른 선지자들 역시 그 성전의 건축내지 재건 계획에 대해서 언급하였는데, 그 중 아모스 선지자는 성전의 재건에 대해서 이렇게 예언하였습니다. "그날에 내가 다윗의 무너진 천막을 일으키고 그 틈을 막으며 그 퇴락한 것을 일으켜서 옛적과 같이 세우고"(암 9:11).

이러한 구약 성경의 예언을 근거로 해서, 어떤 사람들은 미래의 어느 때에 구약 성경에 기록된 성전이 유대 땅에 실제로 건축이 될 것이라고 말합니다. 그러나 예언이 당대에 문자 그대로 이루어지지 않았을 때 그것을 영적으로, 그리고 세계적으로 적용시킬 수 있다는 예언 해석 원칙을 유의해야 합니다.

사도 바울은 성취되지 않은 아모스 선지자의 예언을 세계적으로 그리고 영적인 의미로 적용시켰습니다. "하나님이 처음으로 이방인 중에서 자기 이름을 위할 백성을 취하시려고 저희를 권고하신 것을 시므온이 고하였으니, 선지자들의 말씀이 이와 합하도다 기록된바 이후에 내가 돌아와서 다윗의 무너진 장막을 다시 지으며 또 그 퇴락한 것을 다시 지어 일으키리니"(행 15:14-16). 여기서 바울은 "다윗의 무너진 장막을 다시 지으며 또 그 퇴락한 것을" 재건한다는 아모스 선지자의 예언을 인용하면서, 그것을 복음을 받아들인 이방인들의 그리스도 교회가 세워지는 것에 적용하여 해석하였습니다.

그리스도의 십자가 이후부터, 즉 신약 성경에 기록된 성전은 문자적인 성전을 의미하는 것이 아니라, 그리스도를 받아들인 온 세상의 이방인들로 구성된 영적인 교회를 가리킵니다. "너희가 하나님의 성전인 것과 하나님의 성령이 너희 안에 거하시는 것을 알지 못하느뇨"(고전 3:16).

3) 빗나간 적용의 결과

위에서 살펴본 바와 같이 구약 성경에 기록된 성취되지 않은 예언을 오늘날 중동 지방에 있는 이스라엘 국가에 적용할 때에 심각한 오해를 낳을 수밖에 없습니다. 유대 국가가 그들에게 주어진 70주일이라는 예언적 기간이 끝마쳐지는 마지막 순간까지 메시아를 거절함으로써, 오늘날의 유대 국가는 더 이상 하나님의 이스라엘이 아닙니다. 신약시대에 들어와서는 유대인이든지 이방인이든지를 막론하고 구세주를 받아들이는 모든 사람이 하나님의 백성이고 교회입니다.

그러나 사도 요한은 요한계시록을 기록하면서 그들이 오랫동안 사용해 오던 관습에 따라서, 그리고 그 당시 사람들의 이해를 돕기 위해서, 구약시대부터 오랫동안 사용해 오던 표현들과 용어들을 그대로 사용해서 예언을 상징적으로 기록하였습니다. 그러므로 이러한 배경을 미처 이해하지 못한 상태에서 요한계시록을 읽으면, 이스라엘, 성전, 예루살렘, 시온, 이스라엘 지파 등과 같은 어휘들을 문자 그대로 해석하게 되며, 이러한 해석은 요한계시록에 나오는 진짜 이스라엘인 거듭난 그리스도인들의 영광과 승리를 중동지방에 있는 유대 민족에게 돌리는 엄청난 착오를 범하게 합

니다. 이러한 착오가, 아마겟돈 전쟁이 발발하는 때를 전후로 해서 유대 민족 전체가 예수 그리스도를 메시아로 받아들이면서 개신교회로 개종하게 될 것이라는 극적인 시나리오로 발전된 것입니다.

그러나 기억하십시오! 요한계시록은 아마겟돈 전쟁의 승리자들에 대해서 다음과 같이 분명히 못박고 있습니다. "누구든지 깨어 자기 옷을 지켜 벌거벗고 다니지 아니하며 자기의 부끄러움을 보이지 아니하는 자가 복이 있도다"(계 16:15). 그들은 희고 정결한 의의 옷을 입고 다니는 새 이스라엘이지, 2000년 전에 민족과 국가로서 이미 그 운명이 결정된 유대 민족이 아닙니다.

4 아마겟돈 전쟁은 언제, 어떻게 일어날까?
(성경에서 말하는 종말의 시간표)

아마겟돈 전쟁이 언제쯤 어떻게 일어날 것인가를 알아보기 위해서는 요한계시록에 기록되어 있는 마지막 사건들의 순서를 정확하게 이해해야만 합니다. 마지막 사건들이 어떠한 순서로 일어날 것인가를 알면, 아마겟돈 전쟁의 전후에 어떤 일들이 일어날 것이라는 사실을 알 수 있으며, 그것이 어떤 배경을 가지고 일어날 것이라는 사실도 예측할 수 있습니다. 그러면, 요한계시록이 말하고 있는 마지막 사건들의 순서를 살펴보겠습니다.

1) 짐승의 표 강요

마지막 사건은 짐승의 표를 강요하는 사건으로 시작됩니다. "또 짐승의 우상에게 경배하지 아니하는 자는 몇이든지 다 죽이게 하더라 저가 모든 자 곧 작은 자나 큰 자나 부자나 빈궁한 자나 자유한 자나 종들로 그 오른손에나 이마에 표를 받게 하고 누구든지 이 표를 가진 자 외에는 매매를 못 하게 하니"(계 13:15-17). 이 말씀은 사탄과 그의 지상 대리자들에 의해서 전 세계적으로 짐승의 표가 강요되고, 그 표를 받지 않는 사람은 사고 파는 매매를 할 수 없을 뿐만 아니라, 누구나 죽임을 당하게 된다는 사형 명령이 세계적으로 발표될 것이라는 사실을 우리에게 경고해 주고 있습니다.

오늘날에는 마치 하나님과 사탄 중간에 서 있는 사람들이 많이 있는 것처럼 보이지만, 짐승의 표가 세계적으로 강요되는 그날이 오면, 모든 사람은 하나님을 경배하던지 사탄을 경배해야 하는 마지막 선택을 해야만 하는데, 그때에 세상은 완전히 두 개의 진영으로 나누어지게 됩니다. 하나님의 참 백성은 하나님을 경배하게 될 것이고, 사탄에게 속한 무리는 짐승을 경배함으로써 그의 표를 받게 될 것입니다. 안타깝게도, 대다수의 사람은 짐승의 표를 받을 뿐 아니라, 짐승의 우상에게 경배하기를 거절하고 그 표를 받지 않는 소수의 참된 그리스도인들을 핍박하고 나아가서는 그들을 죽일 것인데, 바로 이것이 지구 역사의 마지막에 있는 선과 악의 마지막 대쟁투입니다.

그런데 한 가지 특이한 사실은, 온 세계가 둘로 나누어지는 배경에는 누구를 경배(Worship, 예배)할 것인가에 대한 문제가 깊이 관련되어 있다는 사실입니다. "경배"라는 단어는 종교계에서만 사용되는 말입니다. 그러므로 하나님을 경배하는 무리뿐만 아니라, 짐승을 경배하는 무리도 그리스도인들이라는 사실을 알 수 있습니다. 다시 말하자면, 양쪽 다 그리스도인들이 중심 세력을 이루게 될 것인데, 한 무리는 하나님의 참 백성으로만 형성될 것이며, 다른 무리는 거짓 그리스도인들과 이방 종교, 그리고 세상 사람들의 연합으로 이루어지게 될 것입니다.

그런데 한 가지 의문 사항은 "어떻게 이방 종교와 세상 사람들이 거짓 그리스도인들과 연합하게 될 것인가?"라는 점입니다. 요한계시록 13장에는 이 의문에 대한 힌트가 기록되어 있습니다. "큰 이적을 행하되 심지어 사람들 앞에서 불이 하늘로부터 땅에 내려오게 하고 짐승 앞에서 받은바 이적을 행함으로 땅에 거하는 자들을 미혹하며"(계 13:13,14). 바로 여기서 우리는 사탄이 이방 종교인들과 세상 사람들을 하나로 끌어 모으는 방법을 볼 수 있는데, 그것은 놀라운 거짓 그리스도인들이 행하는 놀라운 "기적과 이적"입니다. 사탄은 자신의 대리자인 거짓 그리스도인들에게 능력을 줌으로써 온갖 기적을 행하게 하는데, "심지어 사람들 앞에서 불이 하늘로부터 땅에 내려오게 하고 짐승 앞에서 받은바 이적을 행함으로" 세상 사람들이 경이로운 마음을 가지고 짐승의 우상에게 경배하도록 미혹할 것입니다(p.33, 34, 36 참조).

2) 은혜의 시간의 끝과 7 재앙의 시작

마지막 시대를 위한 가장 두려운 경고의 말씀이 요한계시록 14장 9, 10절에 나타나 있습니다. "다른 천사 곧 셋째가 그 뒤를 따라 큰 음성으로 가로되 만일 누구든지 짐승과 그의 우상에게 경배하고 이마에나 손에 표를 받으면 그도 하나님의 진노의 포도주를 마시리니 그 진노의 잔에 섞인 것이 없이 부은 포도주라 거룩한 천사들 앞과 어린 양 앞에서 불과 유황으로 고난을 받으리니"

이 말씀은 하나님의 자비와 은혜가 짐승의 표를 받고 그 우상에게 경배하는 자들에게로부터 완전히 거두어지면서 그들에게 하나님의 진노의 잔이 부어지게 될 것을 경고하고 있습니다. 사탄의 세력은 짐승의 우상을 세우고 온 세상 사람들에게 경배케 함으로써 하나님의 자비와 은혜를 최종적으로 거절할 뿐만 아니라 하나님의 참 백성을 핍박하고 죽이는 일들을 자행함으로써, 인류의 반역과 죄악은 그 한계를 채우게 됩니다. 그리하여 하나님께서는 짐승의 표를 받은 자들에 대한 은혜와 자비의 손을 거두실 수밖에 없게 되고, 이로써 마지막 7 재앙은 시작됩니다. "일곱 천사가 일곱 재앙을 가졌으니 곧 마지막 재앙이라 하나님의 진노가 이것으로 마치리로다"(계 15:1).

온 세상이 사탄의 대리자들이 일으키는 기적과 이적에 기만당하여 짐승의 우상을 경배하지만, 하나님의 참 백성은 목숨을 걸고 짐승의 우상에 대한 경배와 짐승의 표를 거절합니다. 이러한 거절이 하나로 연합된 사탄의 대리자들과 세상 사람들의 마음속에 핍박의 정신을 불타오르게 만듭니다. 수많은 성도가 순교자의 길을 걷게 될 것입니다. 마지막 대쟁투는 선과 악의 쟁투입니다. 마지막 대쟁투는 짐승의 표를 받은 악인들과 그것을 거절한 의인들 사이의 쟁투입니다.

짐승의 표를 받은 사람들은 자신들의 숫자가 훨씬 더 많고, 하늘의 놀라운 기적과 능력이 자신들과 함께 하는데, "왜 너희는 하나님의 계명을 지킨다는 이유로 짐승에게 경배하지 않는가"라고 말하면서 의인들을 핍박하며 죽이려고 달려들 것입니다. 이때, 하나님의 참 백성은 온 세상 사람들에게 비난과 조롱과 오해의 대상이 될 것입니다.

바로 이러한 장면에서, 하나님께서는 일곱 재앙을 악인들에게만 내리도록 하심으로써 당신의 백성을 보호하십니다. 악인들은 재앙의 원인을 의인에게로 돌림으로써, 박해의 불길을 더욱 드높일 것이지만, 계속되는 재앙들을 통하여 악인들의 마음에 "왜 우리와 연합하지 않는 저 소수의 사람에게는 재앙이 내리지 않는데, 우리에게는 온갖 재앙이 내릴까?"라는 의혹이 생기게 될 것입니다. 물론, 7재앙이 의인들에게도 불편과 어려움을 줄 것은 사실이지만, 악인들에게는 직접적으로 가해질 것입니다.

짐승의 표 강요 사건이 세계적으로 일어날 것이기 때문에, 그것을 받은 악인들에게 내리는 일곱 재앙 역시 세계적으로 이루어지게 됩니다. 일곱 재앙의 순서와 내용을 살펴보면 다음과 같습니다.

첫째 재앙

"첫째가 가서 그 대접을 땅에 쏟으매 악하고 독한 헌데가 짐승의 표를 받은 사람들과 그 우상에게 경배하는 자들에게 나더라." 지금은 의인과 악인이 공히 질병과 전염병의 피해를 당하지만, 이때부터는 오직 짐승의 표를 받은 악인들에게만 재앙이 집중적으로 내립니다.

둘째 재앙

"둘째가 그 대접을 바다에 쏟으매 바다가 곧 죽은 자의 피같이 되니 바다 가운데 모든 생물이 죽더라."

셋째 재앙

"셋째가 그 대접을 강과 물 근원에 쏟으매 피가 되더라."

넷째 재앙

"넷째가 그 대접을 해에 쏟으매 해가 권세를 받아 불로 사람들을 태우니 사람들이 크게 태움에 태워진지라."

다섯째 재앙

"다섯째가 그 대접을 짐승의 보좌에 쏟으니 그 나라가 곧 어두워지며 사람들이 아파서 자기 혀를 깨물고 아픈 것과 종기로 인하여 하늘의 하나님을 훼방하고 저희 행위를 회개치 아니하더라." 다섯째 재앙은 짐승의 보좌가 있는 장소를 암흑으로 둘러치는 재앙입니다. 이 재앙을 통하여 하나님께서는 짐승의 세력의 정체와 그가 존재하고 있는 장소를 밝히 드러내실 것이며, 누구 때문에 일곱 재앙을 내리게 되었는지를 나타내 보이십니다. 이때부터 하나님께서는 누가 진짜 하나님의 백성이며, 어떤 무리가 하나님께서 함께하시는 무리인지를 온 세상 앞에 드러내기 시작하실 것입니다.

여섯째 재앙

"여섯째가 그 대접을 큰 강 유브라데에 쏟으매 강물이 말라서 동방에서 오는 왕들의 길이 예비되더라 또 내가 보매 개구리 같은 세 더러운 영이 용의 입과 짐승의 입과 거짓 선지자의 입에서 나오니 저희는 귀신의 영이라 이적을 행하여 온 천하 임금들에게 가서 하나님 곧 전능하신 이의 큰 날에 전쟁을 위하여 그들을 모으더라 보라 내가 도적같이 오리니 누구든지 깨어 자기 옷을 지켜 벌거벗고 다니지 아니하며 자기의 부끄러움을 보이지 아니하는 자가 복이 있도다 세 영이 히브리 음으로 아마겟돈이라 하는 곳으로 왕들을 모으더라"(계 16:12-16).

바로 이것이 우리가 지금 공부하고 있는 주제인 아마겟돈 전쟁입니다. 요한계시록은 아마겟돈 전쟁은 일곱 재앙 중에서 여섯 번째로 내리는 심판으로 소개하고 있습니다. 아마겟돈 전쟁은 사탄의 편과 하나님의 편 사이에 벌어지는 대쟁투인데 이 세상에 있는 모든 사람이 참여하게 되는 영적 전쟁입니다. 사탄의 편에서 전쟁을 주도하는 세력은 "세 더러운 영" 즉 "귀신의 영"들이고, 하나님의 편에서는 "깨어 자기 옷을 지켜 벌거벗고 다니지 아니하며 자기의 부끄러움을 보이지 아니하는 자"들, 즉 하나님께 목숨을 다하여 충성을 바치는 진짜 이스라엘인 거듭난 그리스도인들입니다.

일곱째 재앙

"일곱째가 그 대접을 공기 가운데 쏟으매 큰 음성이 성전에서 보좌로부터 나서 가로되 되었다 하니 번개와 음성들과 뇌성이 있고 또 큰 지진이 있어 어찌 큰지 사람이 땅에 있어옴으로 이같이 큰 지진이 없었더라 큰 성이 세 갈래로 갈라지고 만국의 성들도 무너지니 큰 성 바벨론이 하나님 앞에 기억하신바 되어 그의 맹렬한 진노의 포도주 잔을 받으매 각 섬도 없어지고 산악도 간데없더라 또 중수가 한 달란트나 되는 큰 우박이 하늘로부터 사람들에게 내리매 사람들이 그 박재로 인하여 하나님을 훼방하니 그 재앙이 심히 큰 이러라." 이러한 일곱 재앙을 통과하면서 지구는 황폐하게 될 것이고, 그때에 예수님께서 재강림하셔서 의인들을 구원하실 것입니다.

3) 질문에 대한 답변

자 이제, "아마겟돈 전쟁은 언제, 어떻게 일어날까?"라는 질문에 대한 정확한 대답을 할 수 있게 되었습니다. 먼저, 짐승의 우상에게 경배하고 그의 표를 강요하는 무리와 그것을 거절하는 무리 사이에 마지막 대쟁투가 세계적으로 시작되고, 짐승의 표를 거절하는 성도들이 핍박과 순교를 당하는 사건들이 생기게 되며, 이러한 와중에 내리는 일곱 재앙 중에서 다섯 번째 재앙이 내린 직후에 세계적으로 아마겟돈의 대쟁투가 일어납니다.

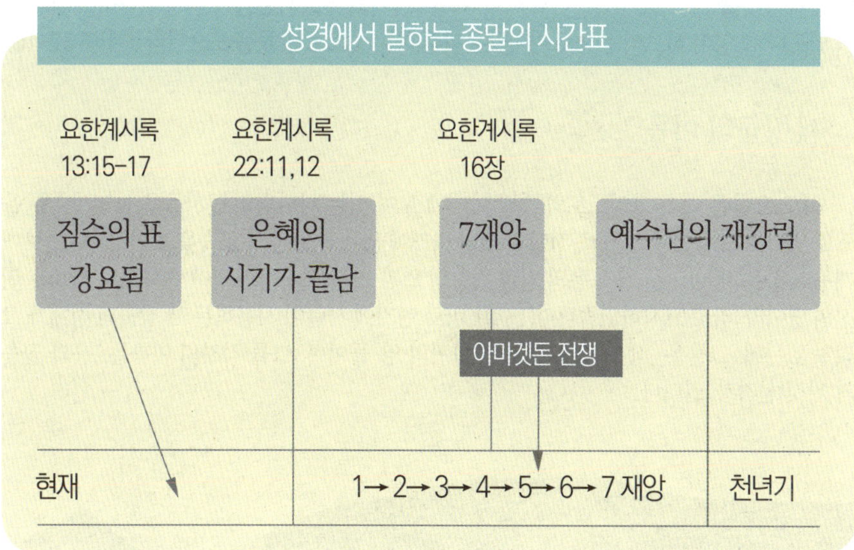

5 사탄의 군대를 지휘할 세 장군의 전략을 아는가?

사탄은 자신의 수하에서 싸우는 세 장군의 정체가 폭로되는 것을 굉장히 싫어합니다. 왜냐하면, 만일 이것이 폭로되면, 아마겟돈 전쟁이 중동지역에서 일어나는 핵전쟁이나 제3차 세계대전이 아니라, 세계적인 영적 대쟁투라는 진실이 드러날 것이기 때문입니다.

사탄과 악령들의 능력과 사주를 받아서 최전방에 나서서 싸우게 될 세 장군의 정체를 올바로 파악한다면, 우리는 모두 아마겟돈 전쟁을 위하여 세워놓은 사탄의 전략이 무엇인지도 알 수 있습니다.

누가 또는 무엇이 사탄이 사용하는 세 장군일까요? 요한계시록 16장에 나오는 아마겟돈 전쟁의 장면을 자세히 살펴보겠습니다.

"여섯째가 그 대접을 큰 강 유브라데에 쏟으매 강물이 말라서 동방에서 오는 왕들의 길이 예비되더라 또 내가 보매 개구리 같은 세 더러운 영이 용의 입과 짐승의 입과 거짓 선지자의 입에서 나오니 저희는 귀신의 영이라 이적을 행하여 온 천하 임금들에게 가서 하나님 곧 전능하신 이의 큰 날에 전쟁을 위하여 그들을 모으더라 보라 내가 도적같이 오리니 누구든지 깨어 자기 옷을 지켜 벌거벗고 다니지 아니하며 자기의 부끄러움을 보이지 아니하는 자가 복이 있도다 세 영이 히브리 음으로 아마겟돈이라 하는 곳으로 왕들을 모으더라"(계 16:12-16).

세 장군의 이름

사도 요한은 예수 그리스도의 깃발 아래에 모여 있는 하나님의 군사들을 보면서 "옷"을 입고 있다고 묘사했던 것처럼, 사탄의 깃발 아래에 있는 사람들의 모습을 보면서 "내가 보매 개구리 같은 세 더러운 영이 용의 입과 짐승의 입과 거짓 선지자의 입에서 나오니 저희는 귀신의 영이라"라고 묘사하였습니다(13절). 바로 여기에 사탄이 사용하는 세 장군의 정체가 그려져 있는데, 그들은 "세 더러운 영" 즉 "마귀의 영"들이며, 그들 각자의 이름은 "용과 짐승과 거짓 선지자"입니다.

세 장군의 전략

사도 요한은 세 장군 즉 용과 짐승과 거짓 선지자가 아마겟돈 전쟁에서의 승리를 위하여 어떻게 사람들을 기만하여 사탄의 편으로 끌어들인다고 했습니까? "이적을 행하여 온 천하 임금들에게 가서 하나님 곧 전능하신 이의 큰 날에 전쟁을 위하여 그들을 모으더라"(14절). 그들의 전략은 "이적"을 사용하는 것입니다! 온 세상 사람들을 짐승의 우상에게 경배시키고, 그의 표를 강요하기 위하여 사용했었던 전략인 "이적으로 끌어 모으는 작전"은 아마겟돈 전쟁에까지 그대로 이어집니다. 아마겟돈 전쟁에서 사탄은 세 더러운 영들 즉, 거짓 선지자와 짐승과 용을 사용해서 온 세상 사람들뿐만 아니라 "온 천하 임금들" 즉 각국 정부의 권력자들까지도 기적으로 미혹해서 자신의 편으로 끌어들일 것입니다.

세 장군의 정체

한 가지 분명한 사실은 사탄의 세 장군은 총과 미사일을 사용하는 군대가 아니라 종교적인 세력이라는 사실입니다. 왜냐하면 "이적"은 종교의 영역 안에서만 가능한 것이며, 세 장군의 이름 중의 하나가 "거짓 선지자"라고 표현된 것을 보아서도, "세 더러운 영"의 용과 짐승과 거짓 선지자는 하나님을 믿는다고 공언하는 기독교회뿐만 아니라 뉴에이지나 강신술과 같은 이방 종교를 포함한 종교적 세력임이 틀림없기 때문입니다. 서로 다른 종교들이 사탄이 베푸는 놀라운 기적을 통하여 하나의 연합된 세력으로 뭉치게 됩니다.

개구리가 혀로 파리와 메뚜기 같은 먹이를 잡아채어 먹는 것처럼, 이들 세 가지 종교 세력도 그들의 입으로 거짓 가르침과 이적을 행함으로써 사람들을 사탄의 먹이로 만들어 갑니다. "내가 보매 개구리 같은 세 더러운 영이 용의 입과 짐승의 입과 거짓 선지자의 입에서 나오니 저희는 귀신의 영이라"(13절). 용은 이교의 세계와 세상에서 역사 하는 사탄의 강신술과 거짓 계시들을 말하며, 짐승은 교황권의 세력을 말하고, 거짓 선지자는 타락한 교회들을 의미합니다. (용의 정체에 대해서는 짐승의 표를 다룰 때에 설명하기로 하겠습니다.)

세 장군의 기만 전술을 피하는 방법

사탄이 조종하는 이 세 장군의 기만으로부터 피할 수 있는 방법은 없을까요? 이것을 알기 위해서는 마지막 시대에 하나님과 사탄 사이에 벌어지는 대쟁투의 쟁점과 공격 목표를 이해해야만 합니다. 그렇다면, 무엇이 이 마지막 대쟁투의 핵심 쟁점(Issue)일까요? 요한계시록 12장에는 사탄이 마지막 시대에 총력을 기울여서 싸우는 공격 목표가 나오며, 14장에는 짐승의 표를 거절하고 승리하는 사람들의 모습이 기록되어 있습니다.

먼저 사탄의 공격 목표를 살펴봅니다. "용(사탄)이 여자(교회)에게 분노하여 돌아가서 그 여자의 남은 자손 곧 하나님의 계명을 지키며 예수의 증거를 가진 자들로 더불어 싸우려고 바다 모래 위에 섰더라"(계 12:17).

사탄과 그의 세 장군은 "여자의 남은 자손"을 없애기 위하여 총력을 기울일 것인데, 그 "여자의 남은 자손"은 "곧 하나님의 계명을 지키며 예수의 증거를 가진 자들"입니다. 그렇습니다! 마지막 시대에 사탄의 공격 목표는 "하나님의 계명을 지키며 예수의 증거를 가진 자들" 입니다.

그렇다면 마지막 시대에 짐승의 우상을 경배하지 않고 그의 표를 받지 않는 사람들 역시 사탄의 공격 목표인 "하나님의 계명을 지키며 예수의 증거를 가진 자들"이 되어야 하지 않겠습니까?

다시 사도 요한의 계시를 살펴보겠습니다. "그 고난의 연기가 세세토록 올라가리로다. 짐승과 그의 우상에게 경배하고 그 이름의 표를 받는 자는 누구든지 밤낮 쉼을 얻지 못하리라 하더라. 성도들의 인내가 여기 있나니 저희는 하나님의 계명과 예수 믿음을 지키는 자니라"(계 14:11,12). 요한계시록 12장과 14장에 기록된 이 두 말씀은 모두 마지막 시대에 하나님과 사탄 사이에서 벌어지는 대쟁투가 "하나님의 계명"을 중심으로 전개될 것이라는 사실을 우리에게 알려주고 있습니다. "하나님의 계명", 바로 이것이 마지막 시대에 일어나는 대쟁투의 중심이며, 모든 혼돈과 기만을 벗어날 수 있는 열쇠입니다.

그렇다면, 우리는 여기서 또 한 가지 논리적인 예측을 할 수 있는데, 그것은 아마겟돈 전쟁에서 승리하는 자들도 "하나님의 계명"대로 순종하는 거룩한 생애를 사는 자들이 될 것이라는 것입니다. 다시 사도 요한의 계시록으로 가서 과연 어떤 사람들이 아마겟돈 전쟁에서 승리를 거두게 되는지를 확인해 보겠습니다. "누구든지 깨어 자기 옷을 지켜 벌거벗고 다니지 아니하며 자기의 부끄러움을 보이지 아니하는 자가 복이 있도다"(계 16:15).

역시 하나님의 말씀은 아마겟돈 전쟁의 최후 승리자들의 모습에 대해서도 동일한 묘사를 하고 있습니다. "누구든지 깨어 자기 옷을 지"키는 자들은 그리스도의 의를 상징하는 흰옷을 입은 자들입니다. 그들은 진짜 이스라엘이며, 참으로 거듭난 그리스도인들로서, 하나님의 진리와 계명에 순종하는 삶을 통하여 거룩한 성령의 열매를 맺는 자들입니다. 사탄이 "이적"을 통하여 온 세상을 기만할 때, 하나님께서는 "하나님의 계명"을 통하여 당신의 백성을 인도하십니다.

그러므로 결론적으로, 사탄과 세 더러운 영들인 용과 짐승과 거짓 선지자들의 기만을 피하는 유일한 방법은 자신을 부인하고, 좁은 길을 걸으면서 하나님의 계명을 지키는 거룩한 그리스도인의 생애를 사는 것입니다. 반면에 마음속에 숨겨져 있는 이기심과 탐욕을 버리지 않은 채, 각종 은사와 기적을 추구하면서, 그것을 통해서 자신의 구원에 대한 감정적 확신을 얻고자 노력하는 자들은 세 가지 종교 세력들에 의해서 가장 쉽게 기만당할 수 있는 자들입니다.

그러므로 "하나님의 계명"이 폐하여졌다고 가르치면서, 기적과 각종 은사만을 강조하는 종교 세력을 조심하십시오! 계명에 순종하지 않는 죄된 삶을 살아도 구원에는 아무런 지장이 없다고 설교하는 종교 세력을 조심하십시오! 하나님의 계명에 순종하는 것은 율법주의라고 가르치는 거짓 선지자들을 조심하십시오! 오늘날 기독교회 안에, "하나님의 계명"에 대해서 그토록 많은 오해와 비난이 쏟아지게 된 이유가 바로 여기에 있다는 사실을 기억하십시오!

바로 이러한 이유 때문에 사도 바울도 "그때(말세)에 불법한 자가 나타나리니 … 모든 능력과 표적과 거짓 기적과 불의의 모든 속임"을 행할 것이라고 경고하였던 것입니다(살후 2:9,10). 말세에 "불법한 자" 즉 적 그리스도가 나타나서 모든 능력과 기적과 속임수를 행할 것이라는 바울의 경고를 간과하지 마시기 바랍니다.

예수 그리스도께서도 마태복음 24장에서 예수님 재림의 징조를 설명하시면서 "사람의 미혹을 주의하라"라는 경고를 6번이나 반복하시면서 "거짓 그리스도들과 거짓 선지자들이 일어나 큰 표적과 기사를 보이어 할 수만 있으면 택하신 자들도 미혹하게 하리라"고 경고하셨던 것입니다(마 24:24).

사탄과 악령들은 온 힘을 다하여 사람들을 기만할 것입니다. 그리하여 외면적으로 볼 때에는 거짓 그리스도인들에게 마치 하늘의 놀라운 능력과 기적이 임하는 것처럼 보이게 될 것인데, 온 세상 사람들과 이방 종교인들도 그들의 놀라운 기적 앞에 무릎을 꿇게 될 것입니다. 이와 같은 놀랍고도 기만적인 분위기 하에서 온 세상의 국가와 정부 권력자들까지도 미혹 당하여 세 종교 세력 즉, 사탄이 지도하는 이방 종교의 강신술 세력(용)과 교황권 세력(짐승), 그리고 타락한 교회(거짓 선지자)의 연합된 요구에 따라서 짐승의 우상에게 경배하고 그 표를 받지 않는 사람들에게는 사형 명령을 내리는 일을 추진하게 될 것이며, 이러한 놀라운 기만적 분위기는 아마겟돈까지 연결될 것입니다.

마지막 시대의 대쟁투는 연합된 종교 세력과 국가가 연합하여 하나님의 백성을 핍박함으로써, 극에 달하게 됩니다. 그러나 "하나님의 계명"을 지키는 소수의 무리는 온 세상의 비난과 조롱과 핍박 하에서도 하나님의 충성된 백성으로 그들의 자리를 지키게 될 것입니다.

갈멜산에서의 투쟁과 마찬가지로, 아마겟돈 대쟁투에서도 거짓 종교세력과 정치세력이 연합하여 하나님의 백성들을 핍박할 것입니다.

6 아마겟돈 전쟁은 어디서 일어날까?

아마겟돈 전쟁을 사탄의 편에서 주도하는 세 더러운 영들이 어디로 사람들을 모은다고 하였습니까? "세 영이 히브리 음으로 아마겟돈이라 하는 곳으로 왕들을 모으더라."(계 16:16) 사도 요한은 전쟁이 일어나는 곳을 "히브리 음으로 아마겟돈"이라고 소개하고 있습니다. 그렇다면 히브리 음으로 아마겟돈이라고 불리우는 곳은 어디일까요? 히브리어와 헬라어에 정통한 학자들은 사도 요한이 말한 아마겟돈(Armageddon)은 헬라어로 Har-megiddon(산-므깃도) 이며, 이것은 "므깃도의 산"이라는 뜻을 가지고 있다는 데에 의견을 모읍니다.

그러면 "므깃도"란 어디를 말합니까? 그것은 구약 시대에 하나님의 선지자 엘리야와 바알신의 거짓 선지자들 사이에 대쟁투가 벌어졌었던 "갈멜산"의 아래에 펼쳐져 있는 조그만 평야와 계곡의 지명입니다. 그러므로 히브리음으로 아마겟돈, 그리고 헬라어로 Har-megiddon(므깃도의 산)이라고 불리우는 곳은 구약 성경에 나오는 "갈멜산"일 가능성이 많습니다.

그렇다면, 아마겟돈 전쟁을 실제적인 중동 전쟁으로 오해하는 사람들이 말하는 것처럼, 이 갈멜산 아래에 있는 평야와 계곡에 온 세상의 군대들이 집결하여 이스라엘 군대를 공격하는 전쟁을 벌인다는 말일까요? 결코 그럴 수 없습니다. 왜냐하면, 그렇게 많은 군대가 모여들어서 전쟁을 벌이기에는 이 갈멜산 아래에 있는 평야가 너무나 협소한 곳이기 때문입니다. 그곳을 한번 방문해본 사람이라면, 아무도 그곳에서 온 세계로부터 집결한 수많은 군대가 전쟁을 치루게 될 것이라고 생각하지 못할 것입니다. 그러므로 아마겟돈 전쟁을 중동 지역에서 일어나는 실제적인 전쟁이라고 생각하는 견해는 비 성서적이라는 결론을 내릴 수밖에 없습니다.

그렇다면, 사도 요한은 마지막 시대에 하나님의 백성과 사탄의 대리자들 사이에서 벌어지는 대쟁투를 설명하면서, 왜 "히브리 음으로 아마겟돈이라 하는 곳"인 갈멜산을 언급하고 있을까요?

사도 요한은 구약 시대에 갈멜산에서 있었던 선지자 엘리야와 바알 신의 거짓 선지자들 사이에 있었던 투쟁을 통하여 아마겟돈 전쟁을 묘사하기 원했기 때문입니다. 그러므로 갈멜산에서 있었던 투쟁과 아마겟돈 전쟁에서의 대쟁투의 비교표를 살펴보면, 아마겟돈 전쟁에 대한 실체를 좀 더 정확하게 알 수 있습니다.

비교	갈멜산에서의 대쟁투	아마겟돈 전쟁
대결하는 두 세력	하나님 편 : 선지자 엘리야 사탄의 편 : 바알 신의 거짓 선지자들과 타락한 이스라엘 전체	하나님 편 :"하나님의 계명을 지키는 남은 자손"인 하나님의 백성 사탄의 편 : 더러운 세 영으로 상징된 세 가지 종교 세력의 연합체와 이들에 의해서 기만 당한 세상 전체
전쟁의 양상	우상숭배로 배도한 온 이스라엘 백성들을 갈멜산으로 집결시켜서 참 하나님이 누구인지를 드러냈음	땅의 왕들과 백성들이 아마겟돈으로 집결 하는데. 이 때 참 진리가 드러나게 됨
투쟁의 결과	바알신의 거짓 선지자들이 모두 죽임을 당했음. 사탄의 대리자인 짐승과 거짓 선지자들이 죽임을 당하게 됨	"짐승이 잡히고 그 앞에서 이적을 행하던 거짓 선지자도 함께 잡혔으니 이는 짐승의 표를 받고 그의 우상에게 경배하던 자들을 이적으로 미혹하던 자라 이 둘이 산채로 유황불 붙은 못에 던지우고"(계 19:20)

요한은 구약 시대에 있었던 갈멜산에서의 투쟁을 통하여 세상 끝에 있을 아마겟돈 전쟁을 상징적으로 조명하였습니다. 그 당시의 정치 세력인 아합왕권과 종교 세력인 바알신의 거짓 선지자들이 연합하여 하나님의 참 백성인 엘리야를 향하여 집중적으로 공격하였던 극적인 클라이맥스가 갈멜산에서 있었던 것처럼, 사탄의 거짓 종교 세력과 그들에 의해서 미혹 당한 세상 정권들이 연합하여 마지막 시대의 엘리야인 소수의 하나님의 백성을 향하여 핍박과 박해의 불길을 치솟게 하는 클라이맥스가 아마겟돈 전쟁입니다. 이 마지막 투쟁의 결과, 갈멜산 위에서 바알의 거짓 선지자들의 기만이 폭로되어 죽임을 당했던 것처럼, 아마겟돈 전쟁에서도 짐승과 거짓 선지자들의 기만의 정체가 폭로되고, 산채로 유황불 못에 들어가게 되는 심판을 받게 됩니다.

아마겟돈 전쟁은 어디서 일어날까요? 이 전쟁은 중동이 아니라 전 세계적으로 일어나는 하나님의 참 백성에 대한 핍박의 불길인 동시에, 선과 악 사이에 존재하는 마지막 영적 대쟁투입니다.

7 유브라데 강물이 마른다는 의미를 아는가?

이제, 우리는 아마겟돈 전쟁에서 가장 극적인 장면에 대해서 살펴보아야 합니다. "또 여섯째가 그 대접을 큰 강 유브라데에 쏟으매 강물이 말라서 동방에서 오는 왕들의 길이 예비되더라"(계 16:12). 이 말씀의 진정한 의미는 무엇일까요? 글자 그대로 유브라데 강물이 실제적으로 마르면서 동쪽으로부터 오는 엄청난 군사력에 의해서 이스라엘 국가가 마지막 순간에 기적적으로 구원받는다는 의미일까요? 아니면, 이것은 어떤 다른 상징적 의미를 가지고 있는 것일까요?

1) 실제가 아니라 상징

유브라데 강이 마르는 사건을 실제로 해석하지 않고, 상징으로 해석해야만 하는 이유는, 유브라데 강은 그것이 말라야만 현대식 장비를 갖추고 있는 군대가 도하 작전을 펼칠 수 있을 만큼 넓고 깊은 강이 아니기 때문입니다. 강물이 아무리 많이 불어나 있을 때라도 요즘처럼 현대화된 군대에게는 전혀 장애가 될 수 없습니다. 가장 도하하기에 적합한 지역으로 볼 수 있는 시리아 지역의 강폭은 불과 1마일 미만에 불과합니다.

1944년 제2차 세계대전 당시, 낡은 장비를 가지고 있던 연합군도 악천후 속에서 폭이 100마일이 넘는 영국 해협을 도하하는데 성공하였던 사실을 돌이켜 보면, 오늘날의 초현대식 군대가 유브라데 강이 기적적으로 마르기를 기다렸다가 도하 작전을 실시하게 된다는 이야기는 너무나 시대에 뒤떨어진 이야기입니다.

바로 이러한 이유 때문에, 우리는 유브라데 강이 마르는 사건을 상징적으로 받아들여야만 하는 것입니다. 그렇다면 예수님께서 재강림하시기 직전에 사탄의 대리자들에 의해서 핍박당하면서 쫓기는 하나님의 백성이 유브라데 강물이 마르는 기적을 통하여 구원을 받게 된다는 것이 무슨 의미를 포함하고 있을까요?

사도 요한은 구약 성경으로부터 두 가지 사건을 빌려와서 아마겟돈 전쟁을 상징적으로 묘사하고 있는데, 하나는 앞에서 설명하였던 갈멜산에서의 사건이고 나머지 다른 하나는 지금 설명하고자 하는 페르샤의 고레스 왕이 유브라데 강을 기이한 방법으로 말림으로써 바벨론을 멸망시켰던 사건입니다.

그러면 이제부터 고레스 왕이 유브라데 강물을 말리게 된 사건의 배경과 모습을 살펴봄으로써 아마겟돈 전쟁에서 유브라데 강물이 마르는 사건의 의미를 알아보도록 하겠습니다.

2) 고대 유브라데 강물이 말랐던 사건

먼저, 이 사건의 시대적 배경을 잠시 살펴보겠습니다. 하나님께서는 이스라엘이 계속적으로 불순종의 길을 걷자, 바벨론 제국의 포로로 잡혀가서 종살이하는 고난을 허락하셨습니다. 페르샤의 고레스 왕이 바벨론을 정복하던 해는 이스라엘 백성이 바벨론에 포로로 잡혀간 지 거의 70년이 되던 때였습니다. 고레스 왕은 그 당시 난공불락으로 여겨졌던 바벨론 성을 함락시키기 위해서 특별한 전략을 생각해 내어야만 하였습니다.

역사가들의 기록에 의하면, 고레스 왕은 비밀리에 유브라데 강물을 옆으로 빼어 돌림으로써, 강물의 수위를 크게 낮추는 데 성공하였고, 이로 인하여 유브라데 강물이 관통하여 흐르던 성 밑 수문에 커다란 구멍이 생기게 되었습니다. 그리하여 달밤에 고레스 왕의 군대는 유브라데 강의 하상을 도보로 걸어서 바벨론 성안으로 침입하여 들어가는데 성공하였던 것입니다.

그런데 한 가지 놀라운 사실은, 하나님께서는 고레스 왕이 이 땅에 태어나기 150년 전에 이미 "고레스"란 이름을 정확하게 지목하시면서 위에서 언급한 고레스 왕의 전략을 미리 예언해 놓으셨던 것입니다. "깊음에 대하여는 이르기를 마르라 내가 네 강물들을 마르게 하리라 하며 고레스에 대하여는 이르기를 그는 나의 목자라 나의 모든 기쁨을 성취하리라 하며 예루살렘에 대하여는 이르기를 중건되리라 하며 성전에 대하여는 이르기를 네 기초가 세움이 되리라 하는 자니라"(사 44:27,28).

하나님께서는 고레스 왕이 유브라데 강물을 말리는 전략을 통하여 이스라엘 백성을 바벨론으로부터 해방할 것과 폐허가 된 예루살렘 성전이 중건될 수 있는 계기가 마련될 것을 아셨습니다. 얼마나 놀라운 예언적 안목입니까!

사도 요한은 바로 이러한 고레스 왕의 전략을 인용하면서, "강물이 말라서 동방에서 오는 왕들의 길이 예비되더라"고 기록하였던 것입니다(계 16:12). 유브라데 강은 바벨론 성을 관통하면서 흐름으로써, 고대 바벨론을 유지시키는 젖줄이었습니다. 유브라데 강물이 마른다는 것은 곧 바벨론의 생명줄이 끊어지는 것을 의미하였습니다.

그러므로 이것을 영적으로 아마겟돈 전쟁에 적용시키면, 구약 시대에 고레스 왕이 유브라데 강물을 빼돌림으로써 바벨론성을 함락시켰던 것처럼, 마지막 시대의 아마겟돈 전쟁에서는 하나님께서 사탄의 세 장군(용, 짐승, 거짓 선지자)으로 등장하는 세 가지 종교 세력인 영적 바벨론을 지지, 후원하던 젖줄을 마르게 하심으로써 사탄의 세 장군을 몰락시킨다는 의미입니다.

그런데 사탄의 세 장군인 영적 바벨론을 지지하던 세력이 어떻게 마르게 될까요? 요한계시록 17장에 그 힌트가 나옵니다. "물은 백성과 무리와 열국과 방언들이니라"(계 17:15). 그렇습니다! 유브라데 강의 "물"은 백성들, 즉 많은 사람을 의미합니다.

그러므로 유브라데 강이 마른다는 뜻은 온 세상 사람들이 사탄의 세 장군(용, 짐승, 거짓 선지자)에게 보내던 지지와 후원을 중지함으로써, 그 세력을 잃어버리게 된다는 의미입니다. 고대 유브라데 강이 바벨론을 유지시키는 주요 자원이지만, 후에는 바벨론을 멸망시키는 원인이 되었던 것과 마찬가지로, 영적 유브라데 강의 "물"(백성, 사람들)은 영적 바벨론의 세력을 파멸시키는 원인이 됩니다.

3) 유브라데 강물이 갑자기 마르는 이유

그런데 왜 온 세상 사람들이 사탄의 대리자들에게 보내던 지지와 후원을 갑자기 중지할까요? 왜냐하면, 하나님께서 일곱 재앙을 악인들에게만 내리고 하나님의 백성을 보호하시기 때문입니다.

여섯째 재앙인 아마겟돈 전쟁의 전후에 나오는 다섯째 재앙과 일곱째 재앙, 그리고 계속해서 이어지는 요한계시록 17장에 차례로 나오는 장면들은 유브라데 강물이 갑자기 마르는 이유와 과정을 적나라하게 보여줍니다.

다섯째 재앙 : "다섯째가 그 대접을 짐승의 보좌에 쏟으니 그 나라가 곧 어두워지며"(계 16:10).

하나님께서는 "짐승의 보좌"가 있는 장소를 암흑으로 둘러치심으로써, 사탄의 세 장군 중의 하나인 짐승의 정체와 그가 존재하고 있는 장소를 밝히 드러내실 것이며, 누구 때문에 일곱 재앙이 내리게 되었는지를 나타내 보이기 시작하십니다. 또한, 이때부터 하나님께서는 누가 진짜 하나님의 백성이며, 어떤 무리가 하나님께서 함께 하시는 무리인지를 온 세상 앞에 드러내기 시작하심으로써, 사탄의 대리자들의 기만적인 정체를 드러내십니다.

일곱째 재앙 : "큰 성이 세 갈래로 갈라지고 만국의 성들도 무너지니 큰 성 바벨론이 하나님 앞에 기억하신 바 되어 그의 맹렬한 진노의 포도주 잔을 받으매"(계 16:19).

여기서는 아마겟돈 전쟁에서 사탄의 세 장군 역할을 했었던 세 더러운 영인 용, 짐승, 거짓 선지자의 연합 세력이 바벨론이라는 이름을 달고서 등장합니다. 일곱 번째 재앙에는 하나님의 참 백성을 괴롭히던 바벨론이 무너지는 장면이 나오는데, "큰 성 바벨론이 세 갈래로 갈라"진다는 뜻은 사탄의 연합 세력인 용, 짐승, 거짓 선지자의 세 종교적 연합 세력이 세 갈래로 분열된다는 의미입니다. 이때에 종교 세력뿐만 아니라, 이들을 후원하던 각국의 정치적 세력들도 붕괴됩니다. "만국의 성들도 무너지니"(계 16:19).

악인들은 재앙의 원인을 의인에게로 돌림으로써, 박해의 불길을 드높이지만, 계속되는 재앙들을 통하여 악인들의 마음에 "왜 우리와 연합하지 않는 저 소수의 사람에게는 재앙이 내리지 않는데, 우리에게는 온갖 재앙이 내릴까?"라는 의혹이 생기게 됩니다.

또한, 자신들이 핍박하는 소수의 사람들의 생애와 품성에 나타나는 거룩한 증거들을 보면서 자신들이 사탄에게 기만당했음을 마침내 깨닫게 됩니다. 이러한 일곱 재앙의 고통스러운 과정 속에서, 사탄의 세 장군에게 보내던 세상 사람들의 지지와 후원은 완전히 중단됩니다.

요한계시록 17장 : 요한계시록 17장에는 유브라데 강물이 마르는 장면이 좀 더 자세하게 묘사되어 있는데, 여기서는 바벨론이 음녀의 모습으로 등장합니다.

"많은 물 위에 앉은 큰 음녀의 받을 심판을 네게 보이리라 땅의 임금들도 그로 더불어 음행하였고 땅에 거하는 자들도 그 음행의 포도주에 취하였다 … 그(여자) 이마에 이름이 기록되었으니 비밀이라, 큰 바벨론이라 … 음녀의 앉은 물은 백성과 무리와 열국과 방언들이니라 … 음녀를 미워하여 망하게 하고 벌거벗게 하고 그 살을 먹고 불로 아주 사르리라"(계 17:1,2,5,15,16).

요한계시록 17장 후반부에는, 세상 사람들이 사탄의 세 장군(용, 짐승, 거짓 선지자)에게 보내던 지지와 후원을 완전히 중단할 뿐 아니라, 그들을 향하여 참혹한 복수를 가하는 두려운 장면이 나옵니다. 바로 이러한 과정이 영적 유브라데 강물이 말라가는 과정이고, 이러한 과정을 통하여 "동방에서 오는 왕들의 길이 예비"됩니다.

8 동방에서 오는 왕들의 정체를 아는가?

이제 우리는 아마겟돈 전쟁에서 제일 마지막 장면을 살펴볼 준비를 갖추었습니다. "또 여섯째가 그 대접을 큰 강 유브라데 강에 쏟으매 강물이 말라서 동방에서 오는 왕들의 길이 예비되더라"(계 16:12). 하나님의 백성을 위기의 순간에 극적으로 구원해 내기 위하여 동쪽 방향에서 나타나는 동방의 왕들은 누구일까요?

아마겟돈 전쟁을 설명하는 요한계시록 16장 본문에서 직접 그 정체를 확인할 수 있습니다. "저희는 귀신의 영이라 이적을 행하여 온 천하 임금들에게 가서 하나님 곧 전능하신 이의 큰 날에 전쟁을 위하여 그들을 모으더라 보라 내가 도적같이 오리니 누구든지 깨어 자기 옷을 지켜 … 부끄러움을 보이지 아니하는 자가 복이 있도다"(계 16:14,15). 이 말씀에는 사탄의 세 장군인 "세 더러운 영"들이 이적을 통하여 온 천하의 사람들을 끌어모으는 장면이 나오면서, 예수님께서 "도적같이" 재강림하시는 모습이 나타나고, 이어서 재강림 때에 승리하며 살아남게 될 사람들의 모습이 파노라마처럼 그려져 있습니다. 그렇습니다! 동방(동쪽)에서 오는 왕들은 예수 그리스도이십니다.

성경은 예수 그리스도께서 당신의 백성을 구원하시기 위하여 나타나는 방향을 동쪽으로 표현합니다. "번개가 동편에서 나서 서편까지 번쩍임 같이 인자의 임함도 그러하리라"(마 24:27). "이스라엘 하나님의 영광이 동편에서부터 오는데 … 땅은 그 영광으로 인하여 빛이 나니"(겔 43:2). "또 보매 다른 천사가 살아계신 하나님의 인을 가지고 해 돋는 데(동쪽)로부터 올라와서"(계 7:2).

그러면 왜 예수님의 재강림을 "동방에서 오는 왕들"이라는 복수로 표현하였을까요? 왜냐하면 그 때에는 천천만만 천사들을 대동하고 오시기 때문입니다. 요한계시록 19장에는 "동방의 왕들"이 오는 모습이 "하늘에 있는 군대들"이 오는 모습으로 묘사되어 있습니다. "하늘에 있는 군대들이 희고 깨끗한 세마포를 입고 백마를 타고 그를 따르더라 … 그 옷과 그 다리에 이름 쓴 것이 있으니 만왕의 왕이요 만주의 주라 하였더라"(계 19:14,16).

계속해서 이어지는 장면에는 예수님께서 천천만만 천사들의 대군과 함께 재강림하시면서 아마겟돈 전쟁의 전범들을 체포하여 심판하시는 모습이 나옵니다. "짐승이 잡히고 그 앞에서 이적을 행하던 거짓 선지자도 함께 잡혔으니 이는 짐승의 표를 받고 그의 우상에게 경배하던 자들을 이적으로 미혹하던 자라 … 말탄 자의 입으로 나오는 검에 죽으매 모든 새가 그 고기로 배 불리우더라"(계 19:20,21).

고레스 왕은 이스라엘의 구원자

구약 시대의 고레스 왕의 이야기를 아마겟돈 전쟁에서 유브라데 강물이 마르는 사건에 영적으로 적용하였다면, 마지막 시대에 하나님의 백성을 위기의 순간에 극적으로 구원하는 사건에도 적용할 수 있어야 하지 않겠습니까? 그렇습니다! 구약 시대에 고대 이스라엘을 바벨론의 압제에서부터 구원하기 위해서 동방에서 온 고레스는 영적 이스라엘을 영적 바벨론에서 구출하는 "동방에서 오는 왕들"을 표상하는 인물입니다. 하나님께서 고레스 왕을 소개하는 표현들을 살펴보면, 마지막 시대에 아마겟돈 전쟁에서 하나님의 백성을 구원해 내는 동방에서 오는 왕들이 누구인지를 재확인할 수 있습니다.

"누가 동방에서 사람을 일으키며 … 나의 목자라 … 나의 기름 부음을 받은 고레스 … 열국으로 그 앞에 항복케 하며"(사 41:2, 44:28, 45:1). 이스라엘 백성을 해방한 고레스 왕에 대해서 사용하고 있는 다음과 같은 4가지 표현 즉,

❶ 동쪽 방향에서 나타나시고,
❷ 목자라는 호칭을 가지고 있으며,
❸ 하나님께로부터 기름 부음을 받았으며
❹ 모든 악인의 세상을 굴복시키실 분이 누구입니까?
오직 한 분밖에 없는데, 그분은 예수 그리스도이십니다.

마지막 시대에 사탄의 대리자들에게 쫓기고 핍박받는 하나님의 백성에게 있어서 그리스도의 재림이야말로 유일한 소망입니다. 애굽의 바로왕 군대에게 쫓기던 고대 이스라엘 백성을 구원하기 위하여 홍해를 가르셨던 예수님께서 아마겟돈 전쟁에서는 마지막 위기의 순간에 하늘을 가르시면서 나타나심으로써 당신의 백성을 구원하셔서 하늘로 데려가실 것입니다.

결론
아마겟돈 전쟁에 대한 성경적인 이해

1 누가 마지막 시대의 이스라엘인가?

이번 소책자에서 다룬 아마겟돈에 대한 정보들은 독자들로 하여금 그것이 과연 성경적으로 무엇을 의미하는지를 이해하는데 큰 도움을 주었을 것입니다.

오늘날 많은 기독교인이 성경에 기록된 마지막에 관한 예언들을 해석하는 과정에서 한 가지 중요한 개념에 대한 이해를 등한시하기 때문에 자주 엉뚱한 결론에 도달하거나 아니면 전혀 이치에 맞지 않는 미래를 기대하게 되는 현실을 보게 됩니다. 그 중요한 한 가지란 마지막 종말 시대에 이스라엘이 누구인가 하는 문제입니다. 마지막 시대에 일어날 전쟁 무대에서 하나님께서 사용하실 선택된 그룹이 누구인가 하는 사실입니다.

본 소책자에서 이미 충분히 설명했던 것처럼, 마지막 시대의 이스라엘은 영적인 하나님의 교회를 의미하는 것이지 문자적인 이스라엘 나라를 말하는 것이 아닙니다. 성경적인 해석상 그럴 수가 없습니다. 그래서 사도 바울은 교회를 "하나님의 이스라엘"이라고 불렀고(갈 6:16 참조) 또한, 예수님의 이복형 야고보는 소아시아 지방에 흩어져 있던 초대 기독교회들을 "흩어져 있는 열두 지파"라고 불렀던 것입니다(약 1:1 참조). 계시록 7장에서 14만 4천이 열두 지파에서 나온다는 말씀을 가지고 흔히들 그들이 문자적인 이스라엘 백성이라고 생각을 합니다.

그러나 실재적으로, 흩어진 북방 이스라엘의 10지파들은 혼합된 결혼과 핍박 그리고 세상에 흩어짐을 통하여서 더 이상 그 줄기를 찾을 수 없다는 사실은 누구나 다 알고 있는 일입니다. 그리고 계시록 7장의 12 지파의 이름은 원래 야곱의 아들들의 이름인 12지파의 이름들과 조금 차이가 있는 것을 알게 됩니다. 그러므로 계시록 7장의 12 지파의 이름은 인간의 각기 다른 개성과 성격들을 나타내는 의미를 담은 교회를 말하는 것입니다.

사도 바울은 로마서 11장에서 개인적으로 예수 그리스도를 메시아로 받아들인 유대인들과 복음을 듣고 교회로 들어온 이방인들이 합하여 이스라엘을 이룬다고 명확하게 설명해 두었습니다. "형제들아 너희가 스스로 지혜 있다 함을 면키 위하여 이 비밀을 너희가 모르기를 내가 원치 아니하노니 이 비밀은 이방인의 충만한 수가 들어오기까지 이스라엘의 더러는 완악하게 된 것이라 그리하여 온 이스라엘이 구원을 얻으리라"(롬 11:25,26). 이 단순한 가르침을 지나쳐 버리게 되는 이유는 과거에 들었던 잘못된 성경 지식으로 인한 편견 때문입니다.

현재 중동 지방에 존재하는 이스라엘은 마지막 시대에 하나님께서 사용하시는 교회가 아니라는 사실을 이해하게 되면, 아마겟돈 전쟁에 대한 문제는 매우 간단하게 풀리게 됩니다. 더 이상 우리는 러시아나 중국 군대가 동쪽으로부터 실재 이스라엘 나라를 향하여 쳐들어오는 전쟁으로 볼 필요가 없게 되는 것입니다. 아마겟돈 전쟁은 오히려 전 세계적으로 마귀에게 사로잡힌 악인들이 하나님의 의인들을 멸절하려고 벌이는 전쟁으로 이해하게 됩니다.

2 악인들에게 내리는 재앙으로 소개되는 아마겟돈 전쟁

또 한 가지 중요한 문제가 있습니다. 아마겟돈은 마지막 7재앙 가운데 하나라는 사실입니다. 7재앙은 온 세상에 대한 은혜의 시간이 끝난 후에 임하는 하나님의 심판입니다. 7재앙이 내릴 때에는 회개할 기회가 더 이상 없는 하나님의 진노의 시간입니다. 의인들을 괴롭히고 핍박했으며 또한, 멸절시키려고 달려드는 악인들에게 내리시는 하나님의 진노의 잔인 것입니다.

그 7재앙들을 다루고 있는 계시록 16장은 1절에서 그것은 하나님의 진노라고 말씀하고 있으며 2절에서는 짐승의 우상에게 경배하며 그 표를 받은 자들에게 임하는 것이라고 설명하고 있지 않습니까! 또한, 5절은 이 재앙들이 하나님의 심판이라고 말씀하고 있으며 또한, 6절은 재앙들을 이 세상에 내리시는 이유가 악인들이 의인들을 핍박하며 피를 흘렸기 때문이라고 말씀하고 있습니다. 또한, 재앙을 받는 악인들이 회개하지 않는다는 사실도 9절과 11절에서 언급하고 있는 것을 볼 수 있습니나.

그리고 계시록 17장은 이 7재앙을 받는 대상이 큰 음녀인 바벨론이라는 사실을 명백하게 말해 주고 있습니다. "또 일곱 대접을 가진 일곱 천사 중 하나가 와서 내게 말하여 가로되 이리 오라 많은 물 위에 앉은 큰 음녀의 받을 심판을 네게 보이리라"(계 17:1). 성경에서 정결한 처녀는 참된 교회를 상징하는 반면에 음녀란 타락한 교회를 말합니다. 그러므로 아마겟돈 전쟁은 일곱 재앙 중의 여섯 번째 재앙이요. 또한, 영적인 전쟁을 말하는 것임에 틀림이 없습니다.

3 용, 짐승, 거짓 선지자의 정체와 그들의 종말

아마겟돈 전쟁은 전 세계를 무대로 하나님의 백성과 사탄의 백성 사이에 일어나는 전쟁입니다. 악인들은 세계적으로 연합하여 하나님을 대항하여 싸우지만, 오히려 전쟁의 종말에 가서는 바벨론의 세력을 지지하던 사람들이 그 지지함을 그치고 음녀를 불태워 죽이게 되는 것으로 성경은 설명하고 있습니다. "네가 본 바 이 열 뿔과 짐승이 음녀를 미워하여 망하게 하고 벌거벗게 하고 그 살을 먹고 불로 아주 사르리라"(계 17:16).

아마겟돈 전쟁으로 악인들을 몰아오는 세 더러운 영은 용의 입과 짐승의 입과 거짓 선지자의 입에서부터 나온다고 말씀하고 있습니다. 용은 계시록 12장 9절에서 "옛 뱀 곧 마귀라고도 하고 사탄이라고도 하는 온 천하를 꾀는 자"라고 설명해 주고 있고, 짐승은 계 13장 1-10절까지에서 42개월 동안 하나님을 대항하며 성도들을 죽이고 핍박하는 세력이라고 말씀하고 있습니다(42개월은 3년 6개월이고, 이것은 1260일이므로 1일=1년 원칙에 의거하여 42개월이라는 예언적 기간은 1260년을 뜻함). 이렇게 긴 천년 이상의 기간 동안 성도들을 박해 해 온 종교적인 세력은 로마 교황권 밖에는 역사에서 다른 세력을 찾아볼 수가 없습니다. 다니엘서 7장에 나타나는 작은 뿔 세력이 바로 이 세력을 말하는 것입니다.

그러므로 종교 개혁자들은 한결같이 이 짐승의 세력을 교황의 세력이라고 확정지어 가르쳐 온 것입니다. 그런데 현대에 들어와서 그리스도인들의 마음이 갑자기 변하여 버린 것은 무슨 까닭일까요? 현대 기독교인들이 과거의 종교 개혁자들이나 선조들보다 더 신앙이 좋고 똑똑해졌다는 말인가요? 더 나아가서 거짓 선지자의 세력은, 교황권의 세력에 무릎을 꿇고 타협하는 개신교회의 타락한 교회들을 상징하는 것입니다. 프로테스탄트의 뜻은 항거한다는 뜻으로서 교황권에 항거한다는 의미로 불려지게 된 것입니다. 현재 에큐메니칼(종교연합) 운동의 뒤에 숨은 목적과 동기를 살펴보면 더 이상 항거하기를 그치고 로마 천주교회로 돌아가는 대다수의 타락한 개신교회들의 상태를 이해하는데 별 어려움을 느끼지 않게 됩니다.

계시록 19장 20절은 "짐승이 잡히고 그 앞에서 이적을 행하던 거짓 선지자도 함께 잡혔으니 이는 짐승의 표를 받고 그의 우상에게 경배하던 자들을 이적으로 미혹하던 자"라고 말씀하고 있습니다. 이것은 짐승과 거짓 선지자가 함께 망하는 모습입니다. 여기에서 성경은 거짓 선지자의 모습을 묘사하면서, 사람들로 하여금 짐승의 표를 받게 하고 짐승의 우상에게 경배하는 자들을 이적으로 미혹하던 자라고 말씀하고 있는 것을 볼 수 있습니다.

4 요한계시록에 등장하는 미국

그런데 짐승의 표를 강요하고 그 앞에서 이적을 행하는 세력인 거짓 선지자에 대하여 계시록 13장은 그 정체를 드러내고 있는데, 그 세력은 다름이 아닌 두 뿔 가진 새끼 양 같은 짐승입니다. 이 새끼 양 같은 짐승은 계시록 13장의 첫 번째 짐승 곧 교황권이 죽게 되는 상처를 받는 시기(1798년도에 나폴레옹의 세력에 의해 불란서 감옥으로 끌려간 교황 피우스 6세가 그곳에서 죽게 되어 중세기의 1260년 동안 계속되었던 교황권의 세력이 몰락한 사건을 말함)에 일어나는 나라로서 새끼 양 같은 즉, 예수 그리스도를 믿는 기독교 정신을 가지고 일어난 미국을 말하는 것입니다(살아남는 이들 5호, 미국에 관한 예언 참조). 미국의 건국 시기가 1776년도가 아닙니까! 이 새끼 양 같은 짐승이 먼저 나온 짐승 곧 교황권을 위하여 이적을 행하며 미혹한다고 설명하고 있습니다.

이러한 이해를 하고 요한계시록 13장 11-16절을 읽어 보도록 하십시오. "내가 보매 또 다른 짐승이 땅에서 올라오니 새끼 양 같이 두 뿔이 있고 용처럼 말하더라 저가 먼저 나온 짐승의 모든 권세를 그 앞에서 행하고 땅과 땅에 거하는 자들로 처음 짐승에게 경배하게 하니 곧 죽게 되었던 상처가 나은자니라 큰 이적을 행하되 심지어 사람들 앞에서 불이 하늘로부터 땅에 내려오게 하고 짐승 앞에서 받은바 이적을 행함으로 땅에 거하는 자들을 미혹하며 땅에 거하는 자들에게 이르기를 칼에 상하였다가 살아난 짐승을 위하여 우상을 만들라 하더라 저가 권세를 받아 그 짐승의 우상에게 생기를 주어 그 짐승의 우상으로 말하게 하고 또 짐승의 우상에게 경배하지 아니하는 자는 몇이든지 다 죽이게 하더라 저가 모든 자 곧 작은 자나 큰 자나 부자나 빈궁한 자나 자유한 자나 종들로 그 오른손에나 이마에 표를 받게 하고"

계시록 19장에는 짐승과 거짓 선지자가 잡혀 죽는 모습이 나오며, 계시록 20장에는 용이 이 땅에 천 년 동안 결박당하여 있는 모습이 나옵니다. 악인들은 다 멸망하였고, 의인들은 하늘로 승천하여 올라간 후에, 황폐하고 아무도 없는 이 지구상에는 사탄과 악한 영들만이 쓸쓸히 남아서 아무도 더 이상 미혹할 자가 없는 상태에서 묶여 있는 형편이 계시록 20장 초반에 나옵니다.

아마겟돈이란 히브리 말의 뜻은 "므깃도의 산"이라는 뜻입니다. 므깃도 평야에서 바라보면 보이는 산이 바로 갈멜산입니다. 엘리야가 바알 선지자들과 일대의 결전을 벌인 그 유명한 산입니다. 그곳에서 엘리야는 바알 선지자들을 대항하여 누가 참 하나님이신지를 보여 주는 큰 영적인 전쟁을 치루었습

니다. 이스라엘 백성은 바알 신이 그들의 조상을 애굽에서 이끌어 내 주신 여호와인 줄로 생각하고 있었습니다.

그들은 그토록 철저하게 기만당하여 있었던 것입니다. 그때 바알 신이 불을 내려 줄 것을 기도하면서 광란하며 이상한 음악에 맞추어서 춤을 추던 바알 선지자들은 심지어 자기의 몸을 칼로 베어 가면서 하루 종일 소리를 질렀지만 불이 내려오지 않았습니다. 그러나 엘리야는 겸손하고 온유하게 그러나 진지하게 하나님께 기도하였습니다. 그의 기도는 간략하고 솔직하였습니다. 그때 참 하나님께로부터 불이 내려와 제물과 제단을 다 불살라 버렸습니다. 놀란 이스라엘 백성에게 엘리야는 그들을 속이고 기만하던 바알 선지자들을 다 죽이라고 명하였습니다.

바로 이 므깃도의 산(갈멜산)에서 엘리야와 바알 선지자 사이에 일어났던 영적 전쟁을 상징으로 마지막 시대에 있을 최후 전쟁을 묘사한 예언이 아마겟돈 전쟁입니다. 그래서 계시록 13장은 거짓 선지자가 심지어는 하늘에서 불이 내려오게까지 하면서 사람들을 미혹할 것이라고 말씀하고 있는 것입니다. 이제 곧 머지않은 장래에 지구 최후의 싸움인 아마겟돈 전쟁이 치러지게 될 것입니다. 두 무리가 갈라지고 있으며 서로 전쟁을 위하여 칼들을 갈고 있습니다. 그러므로 누구나 스스로 물어보아야 할 마지막 질문은 이것입니다. 그때에 나는 과연 어느 무리에 속해 있까요?

성경공부
종말의 준비

6장

적그리스도를 찾습니다

적그리스도를 알면 사탄의 기만에서 벗어날 수 있다

제1부

적그리스도를 정확하게 찾아내는 방법

1 적그리스도에 대한 성서적인 이해

왜 이 문제가 중요할까요? 누가 적그리스도인지 정확하게 아는 것이 그렇게도 중요한 일일까요? 그러한 문제는 자세히 몰라도 구원만 받으면 되는 것이 아닌가요? 흔히들 그리스도인들이 생각하는 질문들입니다. 그러나 이 주제에 대한 연구를 시작하는 마당에 한 가지 중요한 사실을 짚고 지나가는 것이 좋을 듯싶습니다. 그것은 우리가 무엇을 통하여 구원에 이르게 되는가 하는 문제입니다. 물론 예수 그리스도를 통하여서입니다. 그러나 우리가 예수 그리스도를 어떻게 알고 배우게 될까요? 그것은 하나님의 말씀인 성경을 통해서가 아닌가요? 그래서 예수님께서는 요한복음 17장 17절에 다음과 같은 중요한 말씀을 기록하여 놓으셨습니다. "저희를 진리로 거룩하게 하옵소서 아버지의 말씀은 진리니이다."

또한, 요한복음 5장 39, 40절을 읽어 봅시다. "너희가 성경에서 영생을 얻는 줄 생각하고 성경을 상고하거니와 이 성경이 곧 내게 대하여 증거하는 것이로다. 그러나 너희가 영생을 얻기 위하여 내게 오기를 원하지 아니하는도다." 다시 말해서 성경을 올바로 이해하는 일은 우리의 구원에 절대적인 일이라는 것입니다. 유대인들은 메시아에 대한 성경 예언을 잘못 이해함으로 인류를 구원하러 오신 하나님의 아들을 알아보기는커녕 오히려 십자가에 못 박아 죽여 버렸습니다. 마찬가지로 우리가 적그리스도가 누구인지 그 정체를 잘못 이해하게 되면 마귀의 미혹과 기만에 빠져 진리를 배반하고 멸망에 빠질 수가 있는 것입니다. 그러므로 이번 소책자에 다루고 있는 적그리스도의 정체에 대한 연구는 결코 가볍게 넘겨버릴 주제가 아닙니다.

또 한 가지 알고 지나가야 할 사실은, 신약 성경이 적그리스도를 벌써 교회 안에 들어와 있는 세력으로 묘사하고 있다는 점입니다. 성경은 적그리스도가, 미래에 그리스도인들을 핍박하기 위하여 일어날 하나님을 믿지 않는 어떤 정치적인 세력이라고 말씀하지 않았습니다. 오히려 적그리스도의 세력은 교회 안에서 하나님의 진리를 짓밟고 성도들을 괴롭히며 하나님을 대적하여 싸우고 있는 종교적인 세력으로 묘사하고 있습니다. 그런데 왜 요즈음 많은 그리스도인이 적그리스도를 마치 미래에 올 어떤 폭군 같은 세력으로 해석하고 그러한 존재를 기다리고 있는 것일까요? 도무지 모를 일입니다.

요한일서 2장 18절은 이렇게 말씀하고 있습니다. "아이들아 이것이 마지막 때라 적그리스도가 이르겠다 함을 너희가 들은 것과 같이 지금도 많은 적그리스도가 일어났으니 이러므로 우리가 마지막 때인 줄 아노라." 적그리스도란 그리스도의 가르침을 반대하고 핍박하며 오류를 높이는 존재입니다. 사도 바울은 "적그리스도"의 존재를 다음과 같이 적어 놓았습니다.

"누가 아무렇게 하여도 너희가 미혹하지 말라. 먼저 배도하는 일이 있고 저 불법의 사람 곧 멸망의 아들이 나타나기 전에는 이르지 아니하리니 저는 대적하는 자라. 범사에 일컫는 하나님이나 숭배함을 받는 자 위에 뛰어나 자존하여 하나님 성전에 앉아 자기를 보여 하나님이라 하느니라. 내가 너희와 함께 있을 때에 이 일을 너희에게 말한 것을 기억하지 못하느냐. 저로 하여금 저의 때에 나타나게 하려 하여 막는 것을 너희가 아나니 불법의 비밀이 이미 활동하였으나 지금 막는 자가 있어 그 중에서 옮길 때까지 하리라. 그 때에 불법한 자가 나타나리니 주 예수께서 그 입의 기운으로 저를 죽이시고 강림하여 나타나심으로 폐하시리라. 악한 자의 임함은 사탄의 역사를 따라 모든 능력과 표적과 거짓 기적과 불의의 모든 속임으로 멸망하는 자들에게 임하리니 이는 저희가 진리의 사랑을 받지 아니하여 구원함을 얻지 못함이라. 이러므로 하나님이 유혹을 저희 가운데 역사하게 하사 거짓 것을 믿게 하심은 진리를 믿지 않고 불의를 좋아하는 자로 심판을 받게 하려 하심이니라"(살후 2:3-12).

얼마나 확실한 말씀입니까? 위의 사도 바울의 말씀에 의하여 우리는 다음과 같은 힌트들을 얻을 수가 있게 됩니다.

2 바울이 기록한 적그리스도에 대한 힌트들

1. 적그리스도의 정신과 움직임은 벌써 바울이 살던 당시부터 싹트기 시작했다.
2. 그 세력은 결국 크게 성장하여 교회 안에서 하나님처럼 숭배받는 자로 군림하게 된다.
3. 적그리스도의 존재는 불법의 존재이다. 즉, 진리에서 떠나게 하는, 다시 말해서 배도하게 하는 세력이다.
4. 그는 진리를 모르는 자들을 능력과 표적과 거짓 기적과 거짓된 가르침 등으로 속이고 미혹한다.
5. 그의 세력은 예수님께서 재림하실 때까지 계속될 것이며 예수님의 능력 앞에서 결국 멸망하게 된다.

이것만 보아도, 적그리스도의 세력을 마치 하나님을 믿지 않는 이교적인 독재자의 세력으로 생각하여, 앞으로 미래에 갑자기 출현하여 그리스도인들을 핍박할 존재로 해석하는 것은 참으로 황당한 해석이 아닐 수가 없습니다.

다니엘서 7장에 나오는 네 번째 짐승의 머리에 있는 열 뿔 사이에서 올라오는 작은 뿔의 세력이 바로 이 적그리스도의 세력입니다. 요한계시록 17장에 나오는 짐승을 타고 있는 음녀의 심판에 대한 예언은 이 다니엘서의 예언을 더 확실하게 뒷받침하여 주고 있습니다. 마틴 루터, 요한 칼빈, 허스, 제롬, 요한 낙스, 요한 웨슬리 등 많은 빛나는 별 같은 종교 개혁자들이 이 적그리스도의 세력을 이미 교회 안에 존재해 오고 있으며 진리를 타락시키고 성도들을 핍박하고 죽인 교황권의 세력으로 해석하는 의견의 일치를 하고 있었습니다. 그러한 성경적인 해석이 종교 개혁을 일으키게 된 것이었습니다.

그런데 오늘날 왜 우리는 우리의 선조와 전혀 다른 입장의 해석들을 듣거나 읽게 될까요? 갑자기 성경의 내용이 바뀌었습니까? 아니면 우리의 신앙의 선조들의 성경 해석이 잘못되었든지 아니면 그들의 머리가 우리보다 좀 모자라는 우둔한 사람들이었단 말인가요?

성경에는 북극성 같은 예언들이 있습니다. 어두운 밤에 항해하는 배들을 위하여 정확한 방향을 알려주는 나침반 같은 별 말입니다. 우리가 지금 어디에 와 있으며 어디를 향하여 항해하고 있는지 그 좌표를 분명히 알려 주기 위하여 존재하는 이 중요한 예언을 우리가 잘못 이해하여 가르친다면 교회 안에 치명적인 문제가 생기게 됩니다. 진리가 오해되고 또한 교인들이 사탄이 사용하고 있는 세력을 마치 진리의 기수인 양 미혹 당하여 따르게 되는 것입니다. 참으로 심각한 일이 아닐 수가 없습니다. 이러한 글을 쓰는 일은 결코 쉬운 일이 아닙니다. 그러나 누군가가 반드시 해야 하는 일입니다. 이것은 종교 개혁의 일환입니다.

이번 기사들을 읽으면서 여러분께서 하나님의 진리를 더 밝게 터득하게 되시기를 바랍니다. 하나님의 인도하심에 대하여 더 확실한 개념을 갖게 되시기를 바랍니다. 진리의 사랑을 받아, 다시 말해서 진리를 사모하여 찾아 애쓰는 태도로 성경을 상고하게 되고 적그리스도의 미혹에서 벗어나게 되기를 간절하게 기도드립니다. 오늘날 많은 그리스도인이 잘못된 적그리스도를 향하여 총부리를 겨누고 있습니다.

3 잘못된 적그리스도를 겨냥함

대단한 인기를 끌었던 베스트셀러이며, 영화로 제작되어 많은 돈을 벌어들인 '남겨진 자들'(Left behind)이라는 책은 세상 종말에 있을 사건들을 허구적으로 꾸며내어 쓰인 소설입니다. 이 책은 비밀 휴거라는 잘못된 교리를 토대로 쓰인 책으로서 전 세계에 흩어져 있는 수백만의 그리스도인들이 비밀스럽게 공중으로 사라져 버린 후, 지상에 남겨진 자들에 관한 이야기로 시작됩니다. 이 책에 의하면, 지구에 남겨진 자들은 그로부터 7년 동안 있을 적그리스도의 압제적인 통치를 겪어야 합니다.

니콜라 칼파디아라는 이름의 영리한 로마사람이 적그리스도로 등장합니다. 그는 강력한 힘과 카리스마적인 개성을 갖춘 교활한 정치가로 묘사되었습니다. 비밀 휴거가 일어나자, 칼파디아는 신속하게 유엔을 통솔하여 강력한 힘을 소유합니다. 거기서부터 그는 세계 단일 정부를 설립합니다. 그의 궁극적인 목표는 전 세계가 그를 숭배하게 하는 것입니다. 읽는 독자들이나 영화를 보는 관객들은 이것이 꾸며낸 이야기라는 것을 알고 있지만, 정말 이 사건들이 이렇게 전개될 것인가라는 사실에는 의문을 갖게 됩니다.

과연 누가 진짜 적그리스도인가요? 그는 가시적인 예수님의 재림이전에 7년 동안 세상을 지배할 니콜라 칼파디아와 같은 잔인한 한 독재적인 인물일까요? 성경은 적그리스도에 대하여 실제로 어떻게 묘사하고 있습니까? 성경이 말하는 적그리스도라는 단어는 성경에서 단지 5번 사용되었으며, 그 5번 모두 요한일서와 이서에 기록되어 있습니다.

"아이들아 이것이 마지막 때라 적그리스도가 이르겠다 함을 너희가 들은 것과 같이 지금도 많은 적그리스도가 일어났으니 이러므로 우리가 마지막 때인 줄 아노라 저희가 우리에게서 나갔으나 우리에게 속하지 아니하였나니 만일 우리에게 속하였더면 우리와 함께 거하였으려니와 저희가 나간 것은 다 우리에게 속하지 아니함을 나타내려 함이니라"(요일 2:18,19).

이 말씀을 비추어 볼 때, 초기 그리스도인들은 적그리스도가 오리라는 것에 대하여 듣고 있었던 사실을 알 수 있습니다. 이 사실은 적그리스도의 출현을 미래의 사건으로 보게 합니다. 그러나 사도 요한은 명백하게 "지금도 많은 적그리스도가 일어났으니"라고 기록하고 있습니다. 이 말씀을 미루어 보아, 적그리스도 혹은 적그리스도들을 단지 세상 마지막 때에 나타날 것으로만 적용할 수 없습니다. 적그리스도의 기간은 많은 세기를 거치게 됩니다. 게다가 한 명의 개인이 아닌 많은 적그리스도가 있다는 것을 이 말씀을 통해서 알 수가 있습니다. 그러므로 우리는 적그리스도를 어떠한 악마적인 한 개인으로 적용시켜서는 안 됩니다.

사도 요한은 이 적그리스도들이 "저희가 우리에게서 나갔으나"라고 묘사합니다. 다시 말해서, 적그리스도나 적그리스도들, 또는 적그리스도의 정신은 참 그리스도 정신으로부터 분리된 것입니다. 적그리스도는 무신론자나 어떤 세속적인 인도주의자가 아닙니다. 적그리스도는 한때 참 교회에 속해 있었던 자입니다.

"거짓말하는 자가 누구뇨 예수께서 그리스도이심을 부인하는 자가 아니뇨 아버지와 아들을 부인하는 그가 적그리스도니 아들을 부인하는 자에게는 또한 아버지가 없으되 아들을 시인하는 자에게는 아버지도 있느니라 너희는 처음부터 들은 것을 너희 안에 거하게 하라 처음부터 들은 것이 너희 안에 거하면 너희가 아들의 안과 아버지의 안에 거하리라 그가 우리에게 약속하신 약속이 이것이니 곧 영원한 생명이니라 너희를 미혹케 하는 자들에 관하여 내가 이것을 너희에게 썼노라"(요일 2:22-26).

적그리스도는 아들 되신 예수님과 하나님 아버지를 부인합니다. 그러나 어떻게 부인할까요? 그는 아주 교묘하고 매혹적으로 그 일을 행합니다. 사도 요한은 "너희를 미혹케 하는 자들에 관하여 내가 이것을 너희에게 썼노라"고 기록했습니다. 이 성경 절은 적그리스도가 아버지와 아들에 관하여 말하지 않는다고 기록하지 않았습니다. 이 성경 설이 말하고 있는 것은 적그리스도가 그리스도인들을 미혹하는 방법으로 하나님 아버지와 아들을 부인한다는 것입니다. 그렇다면 하나님 아버지와 아들 예수께서는 어떠한 관계를 가지고 계십니까? 예수께서 "내가 곧 길이요 진리요 생명이니 나로 말미암지 않고는 아버지께로 올 자가 없느니라"고 말씀하셨습니다. 사도 바울은 "하나님은 한 분이시요 또 하나님과 사람 사이에 중보도 한 분이시니 곧 사람이신 그리스도 예수라"고 말하였습니다.

적그리스도는 하나님 아버지께 나아가는 길이 오직 예수 그리스도를 통해서만 이루어진다는 사실을 부인할까요? 확실히 그렇습니다. 만일 당신이 하나님 아버지와 아들 예수님과의 관계를 부인한다면, 당신은 또한 예수님을 부인하는 것입니다. 적그리스도가 하나님 아버지와 예수님과의 관계를 부인하면서 여전히 예수 그리스도를 따른다고 공언할 수 있습니까? 그들은 그렇게 합니다. 이것이 바로 적그리스도가 얼마나 교활한가를 보여주는 것입니다.

다시 언급하지만, 이 성경 절(요일 2:18,19)은 적그리스도를 먼 미래의 것으로 언급하지 않습니다. 실제로 사도 요한은 그의 동료인 1세기 그리스도인들에게 적그리스도에 의해서 미혹 당하지 않도록 경고하고 있습니다.

"예수를 시인하지 아니하는 영마다 하나님께 속한 것이 아니니 이것이 곧 적그리스도의 영이니라 오리라 한 말을 너희가 들었거니와 이제 벌써 세상에 있느니라 자녀들아 너희는 하나님께 속하였고 또 저희를 이기었나니 이는 너희 안에 계신 이가 세상에 있는 이보다 크심이라…미혹하는 자가 많이 세상에 나왔나니 이는 예수 그리스도께서 육체로 임하심을 부인하는 자라 이것이 미혹하는 자요 적그리스도니"(요일 4:3,4, 요이 1:7).

사도 요한은 적그리스도를 미래에 나타날 것으로만 제쳐 놓았습니까? 그렇지 않습니다. 요한은 "이제 벌써 (적그리스도의 사상이) 세상에 있느니라"고 말하고 있습니다. 그리고 거듭 언급하지만, 사도 요한은 적그리스도의 개념을 한 개인으로 국한하지 않았습니다. 요한은 "자녀들아 너희는 하나님께 속하였고 또 저희(적그리스도들)를 이기었나니"라고 기록하고 있습니다.

"남겨진 자들"(Left behind) 이라는 책을 읽는 독자들이나 영화를 보는 관객들은 적그리스도의 세력이 오기 전에 휴거의 경험을 할 것이기 때문에 그리스도인들은 적그리스도의 세력을 직면하지 않을 것이라는 생각을 하게 합니다. 그러나 우리가 방금 읽은 성경 절에서 그리스도인들 즉, "하나님의 자녀들"이 적그리스도들을 이긴다는 것을 알 수 있습니다. 누가 진정으로 적그리스도에 대항하여 싸우게 될까요? 그것은 그리스도인들입니다.

요한일서와 이서에 기록된 이 말씀들은 적그리스도가 예수 그리스도께서 육체로 임하셨다는 것을 부인한다는 것에 그 초점을 맞추고 있습니다. 이 말씀은 적그리스도가 예수 그리스도를 인류 역사상의 인물이나, 심지어 하나님의 아들이라는 사실을 부인한다고 말하지 않습니다. 적그리스도가 부인하는 것은 예수 그리스도께서 실제로 인간의 본성을 취하셨다는 사실입니다.

4 적그리스도를 분별하는 기준들

자 그렇다면, 과연 누가 성경에서 말하는 적그리스도인가요? 루터로부터 밀러에 이르기까지 모든 종교 개혁자들은 "일반적인 카톨릭"이 아닌 바로 교황권이 적그리스도 세력이라는 통일된 견해를 저술하고 설교하였습니다.

✻ 웨스트민스터 신앙 고백 (1647년):

"교회의 머리는 오직 한 분 예수 그리스도이시지, 예수 그리스도를 대적하여 교회에 앉아 자신을 높이는 저 불법의 사람 곧 멸망의 아들, 적그리스도인 로마 교황은 어떤 의미에서도 교회의 머리가 될 수 없다"

✻ 그라타 기네스:

"종교 개혁운동을 시작했을 때부터 줄곧 이 운동은 예언의 말씀으로 인도되었고 힘을 얻었다. 루터는 교황권이 적그리스도라는 것을 인식하기 전까지 교황권의 배교에 대항해야만 한다는 강력한 사실을 인식하지 못하였다. 교황권이 적그리스도라는 것을 안 후에 루터는 교황의 칙서를 불태워 버렸다. 요한 낙스로 하여금 종교 개혁자로서의 길을 걷게 한 그의 첫 설교는 교황권에 관한 예언 연구의 말씀이었다."

교황권은 성경이 적그리스도의 특징으로 기록하고 있는 모든 조건을 충족시킬까요? 그렇습니다! 적그리스도의 정신은 이미 초대 교회 시대에 활동하고 있었습니다. 그 당시에 다른 교인들을 지배하려는 사상을 가진 사람들이 있었습니다. 사도 요한은 "내가 두어 자를 교회에게 썼으나 저희 중에 으뜸 되기를 좋아하는 디오드레베가 우리를 접대하지 아니하니 이러므로 내가 가면 그 행한 일을 잊지 아니하리라 저가 악한 말로 우리를 망령되이 폄론하고도 유위부족하여 형제들을 접대치도 아니하고 접대하고자 하는 자를 금하여 교회에서 내어 쫓는도다"라고 기록하고 있습니다(요삼 1:9,10).

이 성경 말씀은 으뜸 되기를 좋아하는 디오드레베가 사도 요한에 의해서 환영받지 못한 놀라운 사실을 말해주고 있습니다. 그 당시에 누군가가 교회 안에서 사도 요한을 대항하여 일한다는 사실을 생각해 보십시오! 디오드레베는 심지어 다른 교인들을 교회에서 내어 쫓는 왕 같은 압제적인 힘을 행사했습니다.

사도 바울은 적그리스도의 정신에 대해서 다음과 같이 말하고 있습니다. "내가 떠난 후에 흉악한 이리가 너희에게 들어와서 그 양 떼를 아끼지 아니하며 또한 너희 중에서도 제자들을 끌어 자기를 좇게 하려고 어그러진 말을 하는 사람들이 일어날 줄을 내가 아노니 그러므로 너희가 일깨워 내가 삼 년이나 밤낮 쉬지 않고 눈물로 각 사람을 훈계하던 것을 기억하라"(행 20:29-31).

초대 교회 안에서 교인들을 자기편으로 끌어들이기 위해서 잘못된 교리들을 가르치고 어그러진 말을 하는 자들이 있었습니다. 이런 장로와 감독들 중 어떤 이들은 양 떼를 아끼지 아니하는 흉악한 이리와 같은 사람들이었습니다.

5 재림 직전에 완전히 정체가 드러나는 적그리스도

신약성경의 저자들은 초대 교회 당시에 이미 적그리스도 사상이 존재한 것을 인정하는 동시에, 미래에 적그리스도의 정체가 완전히 드러나게 될 것임을 지적하였습니다. 사도 요한은 "형제들아 우리가 너희에게 구하는 것은 우리 주 예수 그리스도의 강림하심과 우리가 그 앞에 모임에 관하여 혹 영으로나 혹 말로나 혹 우리에게서 받았다 하는 편지로나 주의 날이 이르렀다고 쉬 동심하거나 두려워하거나 하지 아니할 그것이라 누가 아무렇게 하여도 너희가 미혹하지 말라 먼저 배도하는 일이 있고 저 불법의 사람 곧 멸망의 아들이 나타나기 전에는 이르지 아니하리니 저는 대적하는 자라 범사에 일컫는 하나님이나 숭배함을 받는 자 위에 뛰어나 자존하여 하나님 성전에 앉아 자기를 보여 하나님이라 하느니라 내가 너희와 함께 있을 때에 이 일을 너희에게 말한 것을 기억하지 못하느냐 저로 하여금 저의 때에 나타나게 하려 하여 막는 것을 지금도 너희가 아나니 불법의 비밀이 이미 활동하였으나 지금 막는 자가 있어 그 중에서 옮길 때까지 하리라 그 때에 불법한 자가 나타나리니 주 예수께서 그 입의 기운으로 저를 죽이시고 강림하여 나타나심으로 폐하시리라"(살후 2:1-8).

이 성경 말씀의 주제는 예수께서 성도들을 모으실 때인 "우리 주 예수 그리스도의 강림하심"(1절)에 관한 것입니다. 그 당시 어떤 이들은 예수님께서 즉시로(아마도 몇 주 안에) 오실 것이라고 가르쳤습니다. 그러나 사도 바울은 어떤 즉각적인 예수님의 강림하심에 대하여 동심하거나 두려워하거나 하지 말라고 말하고 있습니다(2절). 먼저 배도하는 일이 있고 저 불법의 사람 곧 멸망의 아들이 나타나기 전에는 영광스럽고 복된 예수 그리스도의 재림이 이르지 않을 것이라고 말하였습니다(3절).

대부분의 성경학자들은 사도 바울이 말한 “불법의 사람 곧 멸망의 아들”을 성경에서 예언된 적그리스도의 세력으로 인정합니다. 웨스트민스터 신앙 고백이 바로 그 예입니다. 남겨진 자들(Left behind) 의 저자는 데살로니가후서 2장 1-8절의 말씀을 예수께서 다시 오셔서 그리스도인들을 지구로부터 “비밀리에 훔쳐” 가실 비밀 휴거의 가정된 시기로 적용합니다. 또한, 적그리스도의 세력은 비밀 휴거 사건 이후에 일어날 것이라고 가르칩니다. 그러나 사도 바울은 적그리스도가 먼저 올 것이라고 분명히 명시하였습니다. “먼저 배도하는 일이 있고 저 불법의 사람 곧 멸망의 아들이 나타나기 전에는 … 주의 재림이 … 이르지 아니하리니”(살후 2:3).

이 말씀에 나오는 “배도하는 일”이라는 용어는 헬라어의 “아파스타시아” 영어로 배도라는 뜻-에서 유래합니다. 다시 말해서 예수 그리스도의 재림은 교회 안에서 큰 배도의 세력이 나타난 이후에 이루어진다는 것입니다. 이 배도하는 일로 인해 불법의 사람 곧 멸망의 아들이 출현하게 됩니다.

과연 누가 이 불법의 사람입니까? 사도 바울은 그에 대해서 “범사에 일컫는 하나님이나 숭배함을 받는 자 위에 뛰어나 자존하여 자기를 보여 하나님”이라고 주장하는 자라고 기록하였습니다. 교황권은 하나님보다 자신을 높입니까? 그렇습니다. 교황권은 하나님의 율법을 바꿀 수 있는 권위가 그들에게 있다고 주장하는 참람된 과오를 범해 오고 있습니다.

또한, 성경은 “하나님의 성전에 앉아 자기를 보여 하나님이라 하느니라”고 말합니다(3,4절). 이 말씀은 “남겨진 자들”이라는 책에서 말하는 것처럼 예루살렘에 또 다른 성전을 건축한다는 것을 의미하는 것일까요? 그렇지 않습니다. 왜냐하면, 첫째로 “앉아”라는 단어는 실제적으로 의자에 앉아 있는 자세를 묘사하는 의미로 쓰인 것이 아닙니다. 예수님께서 하늘로 올라가신 후에 하나님의 오른편에 앉으셨다고 성경은 표현하고 있습니다. 그러나 이 표현은 실제로 계속해서 앉아 있는 모습을 묘사한 것이 아니라 오히려 이 표현은 예수님께서 하나님의 권위를 가지고 계시다는 사실을 표현한 것입니다. 예수님께서 하나님의 보좌 우편에 앉아 계시다는 것은 예수님의 권위에 대한 아버지 하나님의 계속적인 총애와 축복이 함께한다는 것을 상징합니다.

“성전”이라는 단어의 원어인 “나오스”라는 그리스 단어는 실제적인 의미보다는 영적인 의미로 쓰입니다. 예를 들어서 사도 바울은 “너희가 하나님의 성전인 것과 하나님의 성령이 너희 안에 거하시는 것을 알지 못하느냐.”라고 기록했습니다(고전 3:16). 여기에 사도 바울이 사용한 그리스 단어 “나오스”는 교회의 교인들에게 적용됩니다.

그러므로 "불법의 사람이 성전(기독교 단체)"에 앉아 있는 것은 그가 교인들에게 하나님과 같은 권위를 갖는다는 표현인 것입니다. 그렇다면 교황권이 바로 그와 같은 권위를 가졌다고 주장합니까? 참람되게도 그들은 그렇게 하고 있습니다.

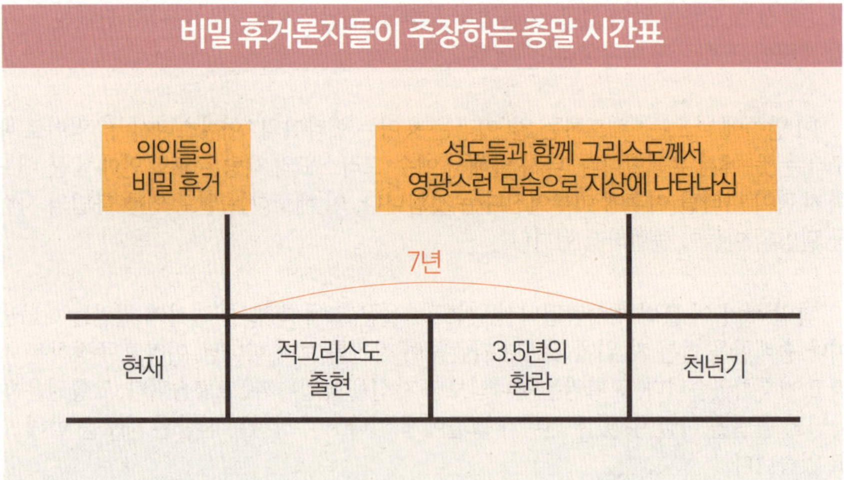

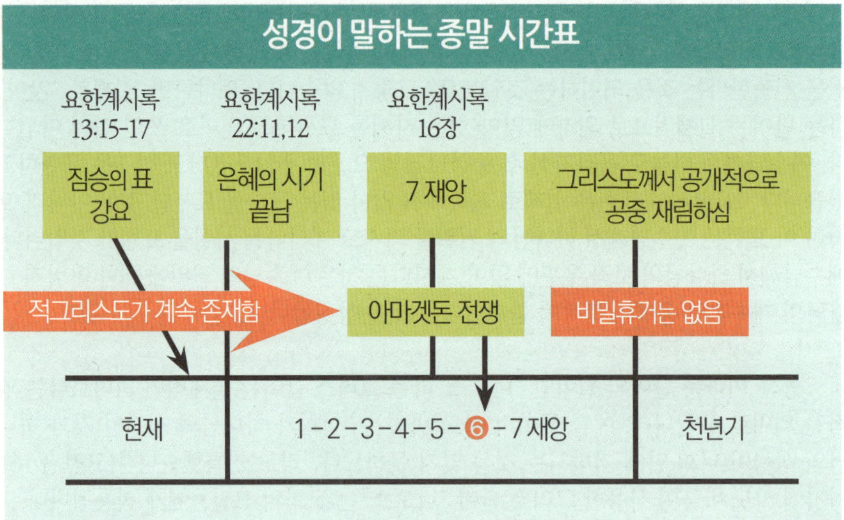

사도 바울은 데살로니가교회 교인들에게 "이런 일들"을 이미 그들에게 말했다고 말하고 있습니다(5절). 바울은 어떠한 힘이 그 불법의 사람이 저의 때에 나타나게 하기 위하여 그를 막고 있다는 사실을 데살로니가 교인들에게 상기시켜 주고 있습니다(6절). 적그리스도의 사상인 "불법의 비밀이 이미 활동하고 있지만 지금 막는 자가 있어 그 중에서 옮길 때까지 하리라"(7절) 그 막는 자란 바로 교황이 잠시 동안 황제의 왕좌에 오르지 못하게 하여 세상을 지배하지 못하게 한 로마의 황제들을 말하는 것입니다.

사도 바울은 "그 불법한 자"(Lawless one: 실제 의미로는 법을 지키지 않는 자)와 예수님의 재림으로 결말을 맺습니다. "남겨진 자들"의 이야기는 적그리스도가 예수님의 재림 때에 힘을 얻을 것이라고 합니다. 그러나 사도 바울은 그 반대로 예수님의 재림 때에 적그리스도가 멸망할 것이라고 기록합니다.

6 요약

결론적으로 우리는 지금까지 적그리스도에 대하여 아래와 같이 연구하였습니다.

1 적그리스도의 사상은 이미 초대 교회 시대에 활동하고 있었다. 그 사상은 바로 지배하려는 욕망인 우월주의인 것이다. 더욱이 이 거만한 사상은 하나님의 권위를 가진 것처럼 성전에 앉아서 스스로를 하나님보다 높인다.

2 적그리스도는 그리스도 교회 안에서 파생된 것이다. 그것은 종교적인 세력으로서 진리로부터 배교한 세력인 것이다.

3 적그리스도는 초기 교회 시대로부터 예수님의 재림 때까지 오랜 세월 동안 존재한다.

4 적그리스도는 오랜 세월 동안 예수님 대신 자신들이 중보자의 역할을 수행할 수 있다고 주장하였다. 그러므로 그들은 예수님께서만이 하나님 아버지께로 나아갈 수 있는 유일한 분 되심을 부인하므로 하나님 아버지와 아들 예수님을 부인한다. 최근에 교황권은 우리가 성자들과 마리아를 통하여 하나님 아버지께 나아갈 수 있다며 그 참람된 주장을 더하고 있다. 이 잘못된 가르침은 옛 성자들에 대한 이상한 견해를 갖게 하는 동시에 더불어 죽은 자들에 대한 잘못된 가르침인 영혼 불멸설을 옹호하는 것이다.

5 적그리스도 세력은 성경의 가르침인 예수님께서 인간과 같은 육신의 본성으로 이 땅에 오신 사실을 부인한다. 천주교회는 마리아 자신도 죄 없이 수태되어 태어났다고 가르친다. 이것은 예수님께서 성령으로 잉태되어 죄 없는 본성을 가진 어머니로부터 태어나셨다는 잘못된 가르침으로 발전된다(무염시태설). 그러므로 예수님께서는 그 형제들과 같지 않으시다고 주장한다. 그러나 사도 바울은 하나님께서 자기 아들을 죄 있는 육신의 모양으로 보내셨다고 가르친다(롬 8:3과 히 2:14-18절 참조). 예수님께서는 죄 있는 육신을 성령을 통해서 받은 것이 아니라 마리아를 통해서 받으셨다. 천주교회는 마리아의 본성에 대한 그들의 잘못된 가르침 때문에 이 진리를 부인한다.

안타깝게도 오늘날 많은 개신 교회가 적그리스도에 대한 잘못된 사상들을 가르치고 있습니다. 그 결과, 적그리스도는 더 쉽게 그 세력을 확장할 것입니다. 그러나 더 비극적인 사실은 개신 교회들이 오늘날 적그리스도의 세력과 손을 잡고 일하고 있다는 것입니다. 그러나 개신 교회들은 이 사실을 모르고 있습니다.

많은 이들을 혼란스럽게 하고 있지만, "남겨진 자들"을 읽는 사람 중에서 어떤 사람들은 오히려 적그리스도에 대해서 더 연구하게 될 것입니다. 무엇이 진리이고 거짓인지 분별하기 위하여 우리가 모두 스스로 성경을 연구하게 되어야 합니다. 그래서 이 혼란과 기만이 편만한 세상에 진리를 찾고 있는 다른 이들에게 참된 진리를 전할 수 있는 자가 되어야 하지 않겠습니까?

제2부 꺼져가는 적그리스도에 대한 진리

1 잊혀져 가고 있는 중세기의 역사

중세기에 종교개혁자들은 로마 천주교회가 적그리스도라는 사실을 증명하였습니다. 그것은 그 당시에 큰 개혁과 부흥을 일으키는 원동력이 되었습니다. 하지만, 오늘날에는 그 사실이 거의 감추어지고 말았습니다. 수백만의 그리스도인들이 종교 개혁운동에 참여하였습니다. 로마 천주교회는 종교 개혁자들을 이단자라고 지명하였고 그들을 없애기 위하여 천여 년 이상 동안 성공적이라고 증명된 계략을 사용하기 시작하였습니다. 깊은 자연의 요새 속에 숨어서 격리되어 있던 몇 몇의 충실한 그리스도인 단체들을 제외하고는 로마 천주교회의 핍박은 놀라울 정도로 성공적이었습니다. 이 성공은 국가의 강력한 군대들에 의해서 이루어졌습니다.

그리하여 로마 천주교회의 권위에 복종하지 않은 수백만의 사람들은 무자비하게 죽임을 당하였습니다. 역사학자들은 순수한 성경의 진리를 지키기 위해서 고문을 당하거나 순교를 당한 사람들의 숫자가 얼마나 되는지에 대해서 서로 다른 견해를 가지고 있습니다. 그러나 대략 5천만 명에서 1억 명으로 추정된다. 교황권이 지배하던 중세기 시대에 남자들은 물론이거니와 여자들과 어린아이들까지도 성경을 따른다는 이유로 죽임을 당하였습니다. 이 일은 거의 모두가 교황권을 추종하는 세속적인 국가들에 의하여 이루어졌습니다.

16세기에 들어와서는 그 판도가 달라졌습니다. 교황권의 부패와 만행에 질려버린 많은 군주와 왕들은 종교 개혁자들의 선언을 받아들였고, 더 이상 교황권의 모든 명령에 복종치 않게 되었습니다. 그리하여 로마 천주교회의 절대권을 수행할 유럽 국가의 군대들이 줄어들게 되었습니다. 이런 상황들은 자연히 로마 천주교회를 놀라게 하였습니다. 교황권은 이런 상황들에 익숙해 있지 않았습니다. 그러므로 유럽을 휩쓸고 있었던 종교 개혁의 빠른 확산에 대항하기 위하여 새로운 계책이 고안되어야 하였습니다.

이 새로운 계책의 발전을 이해하기 위해서는 14세기 사건들을 살펴보아야만 합니다. 그때에는 사방에 종교적인 투쟁이 있었습니다. 새로운 교황, 얼반 6세가 프랑스의 아비뇽에서 7년 동안의 망명 생활을 마치고 교황의 위치를 회복하여 로마로 돌아왔습니다. 그러나 추기경 중 많은 이들이 얼반의 완고한 통치에 반란을 일으켰습니다. 그들은 아비뇽으로 되돌아가서 제네바의 주교인 켄바레이의 로버트를 교황 크레멘트 7세로 추대했습니다.

이리하여 그 당시에 두 교황이 존재하게 되었습니다. 그때가 1378년이었습니다. 그 후 31년 동안 로마와 아비뇽에서 서로 자기들의 교황이 절대무오이며, 베드로의 계승자이고, 그리스도의 대리자라고 주장하며 상대방의 교황이 적그리스도라고 선언하였습니다. 영국 루터월트 교구의 목사이며 유력한 성직자인 존 위클리프는 그들 서로의 주장에 동의하였습니다.

"사탄은 더 이상 한 교황 안에서 군림하지 못한다. 그러나 이제 두 명의 교황 안에서 역사하므로 사람들이 더 쉽게 그리스도의 이름으로 그들을 이길 수 있게 되었다. 이제 적그리스도는 나누어졌고, 한 교황이 다른 교황을 대항하여 싸우고 있다"(Emma H. Adams, John Wycliffe, Pacific Publishing Association, Oakland, 1890).

교황권의 과세에 반대한다는 이유 때문에 위클리프는 위험에 처할 뻔 하였지만, 그의 친구들과 영국 왕가와의 특별한 친분으로 위험에서 벗어날 수 있었습니다.

그러나 40여년 후, 보헤미야의 위대한 개혁자인 존 허스와 프라하의 제롬은 교황권에 대항하다가 결국 화형을 당하였습니다. 그들은 위클리프에게 아주 큰 영향을 받았습니다. 교황권이 적그리스도라는 사실의 입증은 종교 개혁의 변함없는 주제가 되었습니다. 마틴 루터는 교황 개인에 한한 것이 아니라 교황권 전체가 적그리스도라고 믿었습니다. 츠빙글리, 칼빈, 낙스, 그리고 다른 종교 개혁자들도 마틴 루터와 같은 의견을 가지고 있었습니다. 다음은 몇몇 종교 개혁자들의 언급입니다. 그들의 의견들은 놀라울 정도로 일치합니다.

2 적그리스도에 대한 종교 개혁자들의 입장

1) 마틴 루터

"바울이 데살로니가 후서 2장 3,4절에 '하나님이나 숭배함을 받는 자 위에 뛰어나 자존하여 하나님 성전에 앉아 자기를 보여 하나님이라 하느니라'라고 기록하였던 그 존재가 여기에 있다. 적그리스도인 '불법의 사람 곧 멸망의 아들'이 있는데, … 그는 하나님의 법을 폐지하였으며, 하나님의 계명 위에 자신이 만든 계명을 높였다. 우리는 여기서 교황권이 진짜 적그리스도의 권좌에 앉아 있다는 사실을 확신하는 바이다."(LeRoy Froom, The Prophetic Faith of Our Fathers, Volume 2, page 281)

2) 요한 칼빈

"나는 교황이 그리스도의 대리자 됨을 부인한다. … 그는 적그리스도이다. - 나는 그가 교회의 머리됨을 부인한다."(John Calvin Tracts, Volume 1, pages 219, 220)

3) 요한 낙스

"수 세대에 걸쳐서 교회 위에 군림해 온 교황권이 바로 바울이 말한 적그리스도요 멸망의 아들이다."(The Zurich Letters, page 199)

4) 필립 멜랑히톤

"로마 교황권이 거대한 조직과 왕국을 가지고 있는 적그리스도라는 사실은 전혀 의심할 여지가 없는 명백한 진리이다. …데살로니가 후서 2장 2절에서, 바울은 죄의 사람이 자신을 하나님보다 높임으로써 교회를 지배하게 될 것이라고 분명하게 말하였다."(LeRoy Froom, The Prophetic Faith of Our Fathers, Volume 2 page 296-299)

5) 아이작 뉴턴

"교황권은 나머지 열 뿔과는 다른 종류의 왕국이었다. …로마 교회는 선지자 노릇을 하였으며, 동시에 왕이었다."(Sir Isaac Newton, Observations of the Prophecies, page 75)

6) 요한 웨슬리

"로마 교황권이 바로 죄의 사람이라는 사실을 강조하는 바이다."(John Wesley, Antichrist and His Ten Kingdoms, page 110)

7) 사무엘 리 (17세기 유명한 성직자)

"로마 교황권이 적그리스도라는 사실은 영국에 있는 모든 주요 교단들 사이에서 공통적으로 받아들여지고 있는 가르침이다."(Samuel Lee, The Cutting Off of Antichrist, page 1)

장로교회에서도 채택되었던, 영국교회의 "Westminster Confession of Faith"에서 인용한 다음의 내용은 참으로 중요한 자료입니다.

"예수 그리스도 외에 다른 사람이 교회의 머리가 될 수 없다. 특히 로마의 교황은 어떤 면에서든지 교회의 머리가 될 수 없다. 교황은 바로 그 불법의 사람이고 멸망의 아들로서 범사에 일컫는 하나님과 예수 그리스도 위에 자기 자신을 높이는 적그리스도이다."(The Westminister Confession of Fatih, Section 6, Chapter 24)

스위스의 헬베트 회의에서 교황권이 바로 성경에서 예언된 적그리스도라고 언급하였습니다. 스말칼드(Smalcald) 조항에 있는 루터 교회의 성명서에 교황은 자신을 스스로 높이고 그리스도를 대적하는 바로 그 적그리스도라고 언급하고 있습니다. 1680년의 "뉴잉글랜드 신앙의 고백"은 교회의 머리는 예수 그리스도이시지, 멸망의 아들이며 적그리스도인 로마의 교황이 아니라고 말합니다.

"교황권을 적그리스도와 동일시하는 것은 종교 개혁의 중심을 이루는 사상이었다. 이러한 견해는 루터와 다른 종교 개혁자들에게 교황권을 대항할 수 있게 하였던 큰 원동력이 되었다."(Encyclopedia Brittanica, 1962 edition, Volume 2, page 61)

초창기에 힘 있게 밀고 나가던 종교 개혁운동이 점차 약화하기 시작하였습니다. 그러나 적어도 19세기 말까지는 거의 모든 개신교 교단이 여전히 교황권과 적그리스도를 동일시 하고 있었습니다. 그러나 오늘날 세계적으로 이루어지고 있는 교회(종교) 연합운동에 의해서 조성된 분위기 속에서는 교황권과 적그리스도를 동일시하는 것은 매우 보기 드문 일이 되어 버렸습니다. 몇몇 복음주의 그리스도인들은 오늘날 현대 사회에서 별로 중요시할 문제가 아니라며 이 문제를 무시해왔습니다.

3 적그리스도에 대한 여러 가지 오해들

적그리스도의 개념은 선지자 다니엘이 "작은 뿔"이라고 불렀던 배교의 세력에 대하여 예언했을 때인 기원전 6세기까지 거슬러 올라갑니다(단 7:8-11, 24-26; 8:9-12, 23-25). 그리스도께서 탄생하기 전 시대에 살았던 유대인들은 이 세력을 적 메시아의 출현으로 적용하였습니다.

기원전 2세기에는 세레시드의 왕, 안티오커스 에피파네스가 예루살렘 성전을 강제로 재봉헌하게 하여 예루살렘 성전을 더럽히고 신성을 모독한 사건이 있었습니다. 그 시대에 강력한 유대 족속의 한 부류였던 마카비 집안은 이 사건에 의해 이 작은 뿔(적 메시아)의 예언이 이루어졌다고 오해하였습니다.

또한, 어떤 그리스도인들은 로마에 있던 많은 그리스도인을 무자비하게 죽인 네로 황제(A.D. 68년에 죽음)가 이 다니엘의 예언을 성취시킨 작은 뿔이었을 것이라고 오해했습니다. 그러나 사도 요한의 말씀을 볼 때, 안티오커스 에피파네스나, 또는 네로 황제를 적그리스도로 보기에 부적합하다는 것이 입증됩니다. A.D. 1세기가 거의 마쳐갈 즈음에 쓴 사도 요한의 말씀은 적그리스도가 한 사람이 아닌 많은 사람이고, 또 그 중 어떤 이들은 사도 요한의 시대에 존재했다는 것을 말하고 있습니다.

"아이들아 이것이 마지막 때라 적그리스도가 이르겠다 함을 너희가 들은 것과 같이 지금도 많은 적그리스도가 일어났으니 이러므로 우리가 마지막 때인 줄 아노라."(요일 2:18)

적그리스도의 이름이 성경에서 단지 다섯 번만 언급되었고, 게다가 오로지 사도요한에 의해서만 기록되었다는 사실은 많은 사람을 놀라게 합니다. 그러나 이것이 예수 그리스도의 십자가와 구원과 진리에 가장 강력한 원수는 적그리스도라는 사실을 부인하게 하지 못합니다. 그동안 각 시대를 거쳐 오면서 적그리스도를 다른 것으로 적용하려는 노력이 계속되어 왔었습니다. 참혹했던 2차 세계대전 당시에 어떤 이들은 아돌프 히틀러가 적그리스도라고 주장했습니다. 다른 이들은 강력한 무슬림 세력이, 또 그 후에는 무신론의 공산주의가 적그리스도라고 주장하였습니다.

"적그리스도"라는 말은 성경에서 자주 사용되지 않은 반면에, "배교의 세력"이라는 말은 성경에서 폭넓게 사용되고 있습니다. 사도 바울은 "불법의 사람"과 "멸망의 아들"이라는 용어를 사용합니다. 그는 적그리스도의 출현이 그리스도의 재림 이전에 있을 것을 정확하게 지적합니다.

"누가 아무렇게 하여도 너희가 미혹하지 말라 먼저 배도하는 일이 있고 저 불법의 사람 곧 멸망의 아들이 나타나기 전에는 이르지 아니하리니 저는 대적하는 자라 범사에 일컫는 하나님이나 숭배함을 받는 자 위에 뛰어나 자존하여 하나님 성전에 앉아 자기를 보여 하나님이라 하느니라."(살후 2:3,4)

요한 계시록에서 사도 요한은 정결하지 못한 여자인 (음녀) 바벨론은 짐승을 타고 있는 존재로 설명하면서 적그리스도를 나타내고 있는데 여러 가지 다른 상징들을 사용합니다.

"저가 먼저 나온 짐승의 모든 권세를 그 앞에서 행하고 땅과 땅에 거하는 자들로 처음 짐승에게 경배하게 하니 곧 죽게 되었던 상처가 나은 자니라."(계 13:12)

"큰 성이 세 갈래로 갈라지고 만국의 성들도 무너지니 큰 성 바벨론이 하나님 앞에 기억하신 바 되어 그의 맹렬한 진노의 포도주 잔을 받으매"(계 16:19)

"곧 성령으로 나를 데리고 광야로 가니라 내가 보니 여자가 붉은 빛 짐승을 탔는데 그 짐승의 몸에 참람된 이름들이 가득하고 일곱 머리와 열 뿔이 있으며 그 여자는 자주 빛과 붉은 빛 옷을 입고 금과 보석과 진주로 꾸미고 손에 금잔을 가졌는데 가증한 물건과 그의 음행의 더러운 것들이 가득하더라 그 이마에 이름이 기록되었으니 비밀이라, 큰 바벨론이라, 땅의 음녀들과 가증한 것들의 어미라 하였더라."(계 17:3-5)

먼저 언급한 것처럼, 구약의 선지자 다니엘은 적그리스도를 작은 뿔이라는 상징으로 묘사합니다.

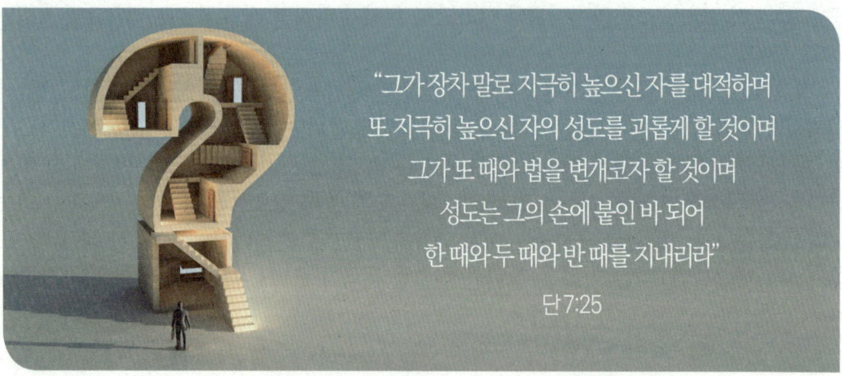

"그가 장차 말로 지극히 높으신 자를 대적하며 또 지극히 높으신 자의 성도를 괴롭게 할 것이며 그가 또 때와 법을 변개코자 할 것이며 성도는 그의 손에 붙인 바 되어 한 때와 두 때와 반 때를 지내리라."(단 7:25)

"과연 적그리스도는 누구이며 또 무엇일까?"라는 질문은 세기에 걸친 의문입니다. 이것은 한 개인일까요? 혹은 계승되는 것일까요? 아니면 한 국가나 어떠한 세력일까요? 과연 적그리스도는 이미 과거에 나타났던가요? 지금 현재에 존재할까요? 아니면 미래에 나타나게 될까요?

복음주의 교회의 많은 사람은 세상 마지막 바로 직전에 나타나 예루살렘에 다시 지어진 성전에 앉아서 참람되이 성전을 모독하며 무자비한 핍박을 자행할 악마와 같은 한 사람으로의 적그리스도가 나타날 것을 기다리고 있습니다. 그러나 그러한 해석은 종교 개혁주의의 전체적인 복음의 이해를 무시하는 것입니다.

1841년에 장로교회 협의회 출판소에서 출판된 "The Church of Rome, The Apostasy"라는 책에서 윌리윔 커닝엄은 로마 교황권을 불법의 사람과 적그리스도로 특별히 명시합니다. 그는 로마 천주교회가 사탄과 신상 숭배와 마리아의 숭상과 우상숭배의 죄에 대한 책임이 있다고 지적합니다. 그는 또한 로마 천주교회에 의해서 이루어진 수 없이 많은 신성모독의 실례들을 지적합니다. 그는 바벨론에서부터 나오라는 외침(계 18:4,5)을 로마 천주교회에서 나오는 외침과 동일시합니다.

버지니아의 놀폴크의 장로교회 목사이었던 사무엘 제이 카설스는 1846년에 "그리스도와 적그리스도"라는 책을 썼습니다. 이 책은 로마 천주교회가 적그리스도임을 이해하기 쉽게 증명한 책 중 하나입니다. 이 책은 그 당시 장로교회, 감독교회, 감리교회와 침례교회의 지도자들에게 완전히 인증되었습니다.

4 빗나가기 시작한 과녁

그러나 19세기 말이 되어서, 교황권이 적그리스도라는 사실이 간과되기 시작하였습니다. 사무엘 앤드류는 그의 책 "Christianity and Anti-Christianity in Their Final Conflict"에서 요한 계시록 13장에 묘사된 짐승을 압제하는 세속적인 정부로 명시하고 있습니다. 20세기 전의 신교도들이 이 짐승을 교황권으로 증명한 것과는 반대로 그는 이 짐승을 교황권으로 간주하지 않습니다. 20세기 초반에 와서 미래주의적 예언 해석이 거의 모든 개신교도에 의해서 받아들여졌습니다.

그러나 몇몇 소수의 개신교도들은 여전히 정확하게 교황권과 적그리스도를 동일시했습니다. 1920년경에 "The Present Antichrist"라는 책을 쓴 프레드 제이 피터스가 바로 그들 중 한 사람입니다. 그는 왈덴스인들과 허스, 제롬, 루터, 칼빈, 아이작 뉴턴 경, 래티머, 번연, 무디, 스펄젼과 같은 헌신적인 그리스도인들이 모두 불법의 사람이 바로 적그리스도인 교황이라는 사실에 의견을 같이한다고 언급했습니다. 피터스는 다니엘서 9장에 있는 70주일 예언이 하나님의 택함 받은 백성으로 유대인들에게 남겨진 490년의 기간이라는 것과 그 기간이 A.D. 34년에 끝났다는 것을 정확하게 해석했습니다.

바로 로마 교황권이 성경에 예언된 적그리스도라는 사실을 입증하며 드러내는 일이 더 이상 없기 때문에 심지어 보수적인 개신교도들까지도 천주교도들과 감히 손을 잡고 연합하는 일이 일어난 것입니다. 만일 종교 개혁자들이 이런 일들을 본다면 큰 슬픔에 빠질 것입니다. "역사적인 선언"이라고 불리어 지는 가운데 팻 로버트슨과 척 콜슨을 포함한 개신교의 복음주의자들이 로마 천주교회의 지도자들과 함께 전국에서 가장 크고 정치적으로 영향력이 있는 종교단체를 만들어 연합하는데 성공하였습니다.

이들은 가톨릭교도들과 개신교의 복음주의교도들에게 낙태와 포르노를 금지하는 데에 노력을 기울이며, 가치 있는 교육을 양성하는데 힘을 기울일 것을 촉구하였습니다. 반면에 서로에게 교리적인 대립을 피하고 서로의 교인들에게 적극적인 개종의 권유를 금하라고 촉구하였습니다. 미국, 동유럽과 남미에 있는 가톨릭교도들과 개신교의 복음주의교도들 사이에 있는 긴장관계의 주된 원인을 언급하면서, 그 선언문은 서로 다른 그리스도 종교 단체의 현 교인들을 자신의 단체로 개종시키려는 것은 교리적으로 합법적인 것이 아니요, 지혜로운 재원의 사용이 아니라고 명시하였습니다(The San Bernardino Sun, March 30, 1994, p 42).

5 예언의 미래주의로 성공한 천주교회의 시도

로마 카톨릭 교회는 교황권이 적그리스도 세력이라는 명백한 성경적인 증거를 없애 버리겠다고 결심을 하였습니다. 그들은 적그리스도는 단지 세상 마지막 때에 나타날 한 개인이며, 그는 실제적 기간인 3년 반이라는 기간 동안 기독교회에 재난을 가져올 것이라고 주장합니다.

오늘날에는 로마 천주교회의 예수회(Jesuit)에 의해서 만들어진 미래주의의 사상이 개신교도들에 의해 받아들여지고 있습니다. "His Apocalypse"(1924)라는 책에서 쟌 퀸시 아담은 적그리스도가 세상 마지막 때에 나타날 악마적인 세력이라고 하는 미래주의의 견해를 제시했습니다. 이 잘못된 개념은 또한, "The Coming Superman"(1928)이라는 책을 쓴

F.M. 메신저에 의해 지지 되었습니다. 최근에 이 미래주의 견해가 무디 출판사에서 1969년에 나온 헤르만 홀트의 책 "The End Time"에 의해서 지지 되었습니다. 그러나 적그리스도에 대한 사도 요한의 묘사는 적그리스도가 한 개인일 것이라는 가능성을 배제합니다.

시간은 걸렸지만, 예수회(Jesuit)는 성공적으로 일을 성취시켰습니다. 1545년에서 1563년 동안 열린 트랜트 회의에서 로마 천주교회의 주교들이 가졌던 가장 무거운 부담 중에 하나가 바로 적그리스도를 교황권과 동일시하는 개신교도들의 영향을 파괴하는 것이었습니다. 결국, 그 일은 정선된 지식인들로 새롭게 구성된 예수회(The Jesuits)에게 주어졌습니다. 프랜시스코 리베라는 미래주의 예언해석을 1585년에 고안해 내었습니다. 적그리스도는 미래에 있을 한 사람으로서 세상 마지막에 하나님의 권위에 도전하고, 하나님의 백성에게 큰 핍박을 주는 개인이라는 것이 그의 이론이었습니다.

영국 국교회 안에서 가톨릭 부흥 운동이 19세기 초기에 일어났습니다. 옥스퍼드 대학교의 교수인 S.R 마이트랜드, 제임스 토드, 그리고 윌리암 벌은 로마 천주교회와의 재 연합을 반대하는 충실한 영국 국교회원들의 항의를 무마하기 위해서 리베라의 미래주의의 사상을 들여와 가르쳤습니다.

종교 개혁의 선구자들은 단지 보복을 위해서 로마 교황권을 성경 예언의 큰 적그리스도의 세력으로 지적한 것이 아닙니다. 그들은 영감적인 하나님의 말씀을 올바로 분별하였던 것입니다. 왜 적그리스도의 신분을 입증하는 것이 마지막 시대를 사는 하나님의 백성에게 그렇게 중요한지 다음에 몇 가지 이유를 지적합니다.

6 적그리스도를 정확하게 지적해야만 하는 3가지 이유

❶ 적그리스도의 신분을 입증하므로 이 적그리스도의 세력이 자기의 깃발 아래로 온 세계를 연합시키려 할 때에 그 기만에 우리가 속지 않게 하기 위해서이다(계 13:8).

❷ 요한계시록 18장 4,5절에 기록되어 있는, 하나님의 백성을 그 배교의 세력에서 나와 하나님의 충만한 진리 가운데로 나오라는 그 부르심의 복음을 우리가 진지하게 받아들이기 위해서이다. 진정한 복음주의 개신교도들은 교황권이 적그리스도라는 사실을 입증하는 것을 증오와 복수심으로 하지 않는다. 오히려 인류를 사랑하는 마음에서 이 진리를 전한다. 위탁된 복음 선포의 중요한 사명은 남녀들을 구원으로 이끌어 죄의 기만과 속박에서 그들을 자유케 하는 일에 있다. 지구 역사의 어느 시대보다도 바로 이 시대에 적그리스도의 정체를 확인하는 것과 바벨론에서 사람들을 나오라고 초청의 복음을 전하는 일이 꼭 이루어져야 한다.

❸ 요한계시록 14장 8-12절에 있는 둘째와 셋째 천사의 복음은 이 적그리스도의 세력과 그것을 따르는 자들에게 다가올 멸망과 몰락에 그 초점을 맞추고 있다. 온 세상에 경고하기 위해서 이 세력의 정체를 밝히는 것이 필요하다. 만일 복음주의 개신교도들이 예수님께서 재림하시기 전에 사람들에게 중요한 경고의 메시지를 전하는 책임감을 가지고 있다면, 그들이 지난 수십 년 동안 적그리스도의 정체를 밝히는 일에 태만히 했던 태도를 바꿔야 한다. 하나님께서는 로마 교황권인 적그리스도와 그의 만행에 대해서 경고하기를 요구하신다. 이 일을 하기 위해서 복음주의 개신교도들이 추구하는 현 정책을 완전히 개정해야 할 것이다. 그리하여 그들이 지금 걷고 있는 길에서 돌아선다면, 그들은 루터와 16세기 종교 개혁자들에 의해서 이루어졌던 본래의 복음주의의 자리로 돌아갈 것이다.

7 적그리스도 정체를 알려주는 성경 절 모음

❶ 다니엘 7:1-7 바람이 바다로 몰려 불면서 네 짐승이 출현
❷ 요한계시록 17:15 예언에서 물은 백성(많은 사람들)을 의미
또한 바다는 큰 무리, 바람은 싸움과 전쟁을 의미(렘 49:36,37에 의거)
❸ 다니엘 7:17,23 네 짐승: 네 나라, 네 왕(바벨론, 메데 바사, 헬라, 로마)
❹ 다니엘 7:7,8 넷째 짐승에 달린 열 뿔 사이에서 하나의 작은 뿔(적그리스도 세력)이 나옴.
❺ 다니엘 7:24 열 뿔: 넷째 나라(로마)에서 일어날 열 왕(열나라)
작은 뿔: 열국 시대에 강력한 세력으로 나타난 로마 교황권
❻ 다니엘 7:8,20,24 작은 뿔이 먼저 나온 열 뿔 중에서 세 뿔을 뽑아버림. 교황권의 영향력으로 인하여 세 나라(헤룰리, 반달, 동 고트)가 제거됨.
❼ 다니엘 7:25 작은 뿔의 역할
❶ 하나님을 대적하며 자칭 하나님의 대리자라고 주장함
❷ 성도를 괴롭힘: 수많은 성도를 죽임
❸ 때와 법을 변개: 하나님께서 제정하신 십계명을 변경시킴
❽ 데살로니가후서 2:3,4 바울이 때와 법을 변경시키는 불법의 사람(교황권)의 출현을 예언.
❾ 다니엘 7:25 하단 에스겔 4장 6절에 의거하여 작은 뿔의 활동 기간인 한때와 두 때와 반 때 즉, 3년 반(1260일) 이라는 예언적 기간은 1260년으로 환산.
❿ 요한계시록13:3 중세기 종교암흑시대의 끝에 죽었던 교황권의 세력이 다시 회복되는 예언. 현재 거의 완전히 회복되어 있음.
⓫ 다니엘 7:27 결국 하나님의 백성이 승리하게 됨.
⓬ 마태복음 7:22,23 불법을 행하는 자들은 모두 멸망할 것임

성경공부
종말의 준비
7장

하늘나라, 그곳은 정말 존재하는가?

성경이 설명하는 하늘나라와 성도들의 삶

제 1 부

하늘나라, 그곳은 정말 존재하는가?

하늘나라, 내세의 삶, 천국에 대한 믿음, 그리고 천국의 보상, 타락한 지구의 회복(구속) 등은 기독교 저변에 깔려있는 중요한 교리이며, 기독교인들에게 있어 아주 절실한 것으로 자리 잡고 있습니다. 성경에는 하늘에 대한 묘사가 이곳저곳에 나와 있습니다. 우리는 "다시 와서" "예비된 처소"로 "너희를 영접하여" 데리고 가시리라는 예수님의 약속과 함께, 그 구절들을 구슬 맞추듯이 꿰어 천국에 대한 총체적인 이미지를 구축하여 알 수 있습니다. "죽음 이후에는 삶이 있는가?" "있다면 그 삶은 어떤 것이며, 어느 곳에서 이어질까?" 이것은 많은 사람의 마음속에 일어나고 있는 질문입니다. 자 그러면 성경에 나타나 있는 하늘의 실체에 대한 문제를 질문과 답변의 형식으로 꾸며서 알아봅시다.

그런데 이 문제를 연구하기에 앞서 먼저 강조하고 싶은 것은, 우리가 진정한 그리스도인이라면 설사 천국에 대한 보상이 없더라도, 우리를 창조하신 창조주 하나님을 전심으로 사랑하고 마땅히 그분을 섬겨야 한다는 것입니다. 구원을 얻으려고, 혹은 천국에서의 보상을 바라면서 믿는 태도는 극히 이기적인 초보의 신앙이라고 할 수 있습니다.

천국의 보상은 성숙한 믿음을 가진 그리스도인이 열심히 하나님을 사랑하고, 그분의 은혜와 능력으로 온전하신 아버지 하나님의 성품을 이룰 때에 자연적으로 얻어지는 것입니다. 성숙한 그리스도인은 설령 그런 보상이 없다 하더라도, 하나님을 진정으로 사랑하고 죄된 상태에서 새로 태어남을 경험하게 해주신 하나님의 은혜가 너무 고맙고 감사하여, 또한 매일의 생활에서 하나님과 교통하는 기쁨이 너무나 크기 때문에 그저 하나님을 섬기며 자신의 신앙을 지켜나갑니다. 그들에게 있어서 보상은 그렇게 문제 되지 않을 것입니다.

당신도 그런가요? 천국이 없다 해도 하나님을 지금처럼 열심히 믿으시겠습니까? 한번 자신에게 질문해보십시오. 나는 어떤 신앙을 가졌는지를...

그러나 수고와 염려가 그치지 않는 고통과 고난의 길을 걸어가는 그리스도인들에게 있어서 "하늘"에 대한 소망은 너무나 절실한 것이라는 사실은 숨길 수 없습니다. 하나님을 알고 우리가 존재하는 생의 이치를 깨달은 것만 해도 감사한데, 거기에 더해 하늘에 가서 사랑하는 하나님과 예수님과 함께 얼굴을 맞대고 영원히 살 수 있다는 특권은 얼마나 엄청난 것입니까! 또한 영적으로 마음과 정신이 통하는 사람들과 영원히 함께 하는 삶이란 얼마나 아름다울까요!

이 연구가 하늘에 대한 당신의 소망에 불을 붙이게 되며, 어렵고 힘든 이 땅에서 이어가는 신앙생활에 용기와 활력을 주기를 바랍니다.

재림의 약속과 광경, 그리고 성도들의 보상

1 재림의 약속

Q 예수님께서 다시 오신다는 것을 성경 어디에서 찾을 수 있는지요? 이 세상이 끝나고 새로운 세상이 온다는 것을 어떻게 알 수 있습니까?

A 예수님께서 다시 오시겠다는 약속은 성경 여러 곳에서 발견할 수 있습니다. 성경은 이 타락한 지구의 역사가 끝나고 새로운 세상이 도래한다고 말하고 있습니다.

여러 해 전에 한 해군장교가 자기의 사랑스러운 아내에게 약속을 하였습니다. "이번 한 번만 더 항해를 끝내고 시골에 좋은 집을 사서 여생을 그 곳에서 평안하고 안락하게 보내도록 합시다." 그러나 그는 불행스럽게도 결코 돌아오지 못할 항해의 길을 떠나고 말았습니다.

한 아버지가 다섯 살 난 아들에게 다정하게 말했습니다. "여기 머물러 있도록 해라. 현철아, 아빠는 계곡을 조금만 더 올라갔다 네게 빨리 돌아올게." 그러나 바위 등성에서 비극이 그 아버지에게 덮쳤습니다. 현철은 밤이 새도록 기다렸지만 아빠는 돌아오지 않았습니다.

인간의 약속들과 서약들은 진실된 마음으로 이루어졌지만 때때로 실패합니다. 그러나 하나님의 약속은 결코 실패를 모릅니다. 사도 베드로는 "주의 약속은 어떤 이의 더디다고 생각하는 것 같이 더딘 것이 아니라"(벧후 3:9)고 선언하였습니다. 사도 베드로의 언급을 더 자세히 살펴보면, 주님을 믿지 않는 사람들이 "주의 날"(재림)에 관하여 믿지 않는 사실을 지적하며 이렇게 말하고 있음을 알 수 있습니다. "먼저 이것을 알지니 말세에 기롱하는 자들이 와서 자기의 정욕을 좇아 행하며 기롱하여 가로되 주의 강림하신다는 약속이 어디 있느뇨?"(벧후 3:3,4).

또한 사도 바울의 예수님의 재림에 관한 다음과 같은 약속을 읽을 수 있습니다. "잠시 잠깐 후면 오실 이가 오시리니 지체하지 아니하시리라"(히 10:37). 성경의 역사를 보면, 초창기부터 그리스도의 재림에 관한 진리는 신봉되고 가르쳐졌습니다. 예를 들면 에녹, 욥, 아브라함, 다윗, 이사야, 이들 모두는 우리 주의 재림에 관하여 예언 하였습니다(유 14, 욥 19:25-27, 히 11:8-16, 시 102:16, 사 25:9 참고).

ⓐ 예수님께서 제자들에게 말씀하심

"너희는 마음에 근심하지 말라 하나님을 믿으니 또 나를 믿으라. 내 아버지 집에 거할 곳이 많도다. 그렇지 않으면 너희에게 일렀으리라. 내가 너희를 위하여 처소를 예비하러 가노니 가서 너희를 위하여 처소를 예비하면 내가 다시 와서 너희를 내게로 영접하여 나 있는 곳에 너희도 있게 하리라"(요 14:1-3).

ⓑ 예수님께서 심문을 받으실 때 증거하심

"예수님께서 가라사대 네가 말하였느니라. 그러나 내가 너희에게 이르노니 이 후에 인자가 권능의 우편에 앉은 것과 하늘 구름을 타고 오는 것을 너희가 보리라 하시니"(마 26:64).

ⓒ 예수님께서 요한에게 보증하심

"보라 내가 속히 오리니 이 책의 예언의 말씀을 지키는 자가 복이 있으리라 하더라" "보라 내가 속히 오리니 내가 줄 상이 내게 있어 각 사람에게 그의 일한 대로 갚아 주리라" "이것들을 증거하신 이가 가라사대 내가 진실로 속히 오리라 하시거늘 아멘 주 예수여 오시옵소서"(계 22:7,12,20).

예수님께서는 지상에 사실 때에 자신의 재림에 관한 진리를 명백히 증거하셨습니다. 그분은 당신을 이해하는 제자들에게 뿐만 아니라, 당신을 받아들이지 않는 서기관과 바리새인 앞에서도 다음과 같이 재림에 관하여 말씀하셨습니다. "내가 너희에게 이르노니 이제부터 너희는 찬송하리로다 주의 이름으로 오시는 이여 할 때까지 나를 보지 못하리라 하시니라"(마 23:39). 그리고 요한에게는 "내가 속히 오리라"는 약속을 세 번이나 반복해서 말씀하셨습니다.

성경에 나타난 예수 그리스도의 이러한 일치된 증거는 그리스도가 다시 오시리라는 것을 확신할 수 있는 충분한 증거가 됩니다. 우리의 미쁘신 창조주 하나님은 거짓말을 하지 않으시는 분입니다. 예수님께서는 반드시 다시 오실 것입니다.

사도 바울은 그의 서신들 가운데서 그리스도의 재림에 관하여 여러 번 언급하였는데, 그가 쓴 신약성경에는 그리스도의 재림에 관한 진리가 매우 빈번하게 언급되어 있는 것을 알 수 있습니다. 또한 사도 야고보는 "그러므로 형제들아 주의 강림하시기까지 길이 참으라. 보라 농부가 땅에서 나는 귀한 열매를 바라고 길이 참아 이른 비와 늦은 비를 기다리나니 너희도 길이 참고 마음을 굳게 하라. 주의 강림이 가까우니라."(약 5:7,8)고 권면하고 있습니다.

구약의 욥은 "내가 알기에는 나의 구속자가 살아 계시니 후일에 그가 땅 위에 서실 것이라."(욥 19:25)고 재림의 날 주님의 얼굴을 볼 소망에 대해 고백하였으며, 베드로는 "하나님의 날이 임하기를 바라보고 간절히 사모하라 그 날에 하늘이 불에 타서 풀어지고 체질이 뜨거운 불에 녹아지려니와, 우리는 그의 약속대로 의의 거하는 바 새 하늘과 새 땅을 바라보도다."(벧후 3:12,13)라고 하며 이 세상이 끝나고 도래할 새 하늘과 새 땅을 바라보라고 우리에게 권고하였습니다.

이 세상은 지나가고 새 세상이 속히 올 것입니다. 왜냐하면 예수님께서 내가 속히 오리라고 약속하셨기 때문입니다.

2 재림의 광경

Q 예수님께서는 어떻게 재림을 하십니까?

A 성경은 예수님께서 모든 사람이 다 볼 수 있게 이 땅 위에 재림하실 것이라고 말하고 있습니다. 예수님께서 오시는 광경은 이 땅의 모든 살아있는 사람이 눈으로 목격할 것입니다. 예수님께서는 약속하신 대로 빛나는 구름을 타고 천사장의 나팔소리와 천천만만의 천사들과 함께 아버지의 영광으로 강림하실 것입니다.

"번개가 동편에서 나서 서편까지 번쩍임 같이 인자의 임함도 그러하리라. 저가 큰 나팔소리와 함께 천사들을 보내리니 저희가 그 택하신 자들을 하늘 이 끝에서 저 끝까지 사방에서 모으리라"(마 24:27,31).

"볼찌어다 구름을 타고 오시리라 각인의 눈이 그를 보겠고... "(계 1:7).

"인자가 아버지의 영광으로 그 천사들과 함께 오리니 그 때에 각 사람의 행한 대로 갚으리라"(마 16:27).

"또 그 때에 저가 천사들을 보내어 자기 택하신 자들을 땅 끝으로부터 하늘 끝까지 사방에서 모으리라"(막 13:27).

"주께서 호령과 천사장의 소리와 하나님의 나팔로 친히 하늘로 좇아 강림하시리니 그리스도 안에서 죽은 자들이 먼저 일어나고 그 후에 우리 살아남은 자도 저희와 함께 구름 속으로 끌어 올려 공중에서 주를 영접하게 하시리니 그리하여 우리가 항상 주와 함께 있으리라"(살전 4:16,17).

3 성도들의 보상에 대한 한 영감적인 묘사

성도들이 하늘 진주 문에 다다를 때, 헤아릴 수 없이 많은 천사가 도성으로부터 영광스러운 면류관을 가져올 것입니다. 그리고 그 면류관에는 그것을 받을 성도들의 이름이 각각 쓰여 있을 것입니다. 예수님께서 면류관을 달라고 하시면 천사들이 그것을 그분께 가져다 드리고, 사랑하는 예수님께서는 친히 오른손으로 그 면류관을 받아 성도들의 머리에 씌워 주실 것입니다. 얼마나 감격스러운 광경이 될까요!

또한 예수님께서는 성도들에게 각각 거문고를 나누어 주실 것입니다. 지휘하는 천사가 먼저 시작하면 모두가 능숙하게 손을 놀려 거문고를 타고 이에 맞추어 은혜로운 목소리로 아름답게 찬양의 노래를 부를 것입니다. 그 때 얼마나 아름답고 풍부하고 조화된 곡조가 울려 퍼질까요!

그 후에 예수님께서는 구원받은 무리를 도성의 문으로 인도하실 것입니다. 그분께서는 반짝이는 돌쩌귀에 달린 문을 잡고 뒤로 밀쳐 활짝 열어젖힌 다음, 진리를 사수해 온 열국들에게 들어오라고 명령하실 것입니다. 도성 안에 있는 것들은 모두 다 눈을 현혹케 하는 것들일 것입니다. 구원받은 성도들은 어디서나 넘치는 영광을 볼 수 있을 것입니다.

구원받은 성도들의 용모는 예수님처럼 영광으로 빛나고, 그분께서는 자애로운 눈으로 성도들을 바라보시며, 음악처럼 아름다운 음성으로 말씀하실 것입니다. “나는 내 영혼의 수고한 것을 보고 만족하게 여기노라. 너희들은 이 풍성한 영광을 영원토록 누릴지어다. 이제 더 이상 사망이나 슬픔이나 눈물이 없을 것이며 어떠한 고통도 다시는 없을 것이다!” 그러면 구원받은 무리가 부복하며 예수의 발 앞에 그들의 번쩍이는 면류관을 벗어 던지며 감격에 가득 차 찬양을 드릴 것입니다. 그가 자애로운 손으로 그들을 일으켜 세우면 그들은 금 거문고를 타면서 어린양의 노래를 불러 온 하늘을 가득 채울 것입니다.

하늘을 묘사하기에는 우리의 언어가 너무도 빈약합니다. 만약 우리의 눈으로 지금 하늘을 볼 수 있다면, 그리고 성도들이 받을 보상들을 볼 수 있다면, 탁월한 영광과 찬란한 광채에 도취된 채 우리는 소리칠 것입니다. “오! 이 어떠한 사랑입니까! 이 얼마나 놀라운 사랑입니까!” 가장 고상한 언어로도 하늘의 영광과 비길 데 없는 구주의 사랑의 깊이를 묘사할 수 없을 것입니다!”

제2부 예수님께서 마련하신 처소, 하늘나라

1 지구의 타락과 회복 그리고 하늘나라

하나님께서 처음에 이 지구를 창조하셨을 때, 이 세상이 에덴동산처럼 되기를 원하셨습니다. 하나님께서는 인류의 첫 시조 아담과 하와에게 놀라운 선물을 네 가지 주셨는데, 그것은 생명, 의로운 성품, 아름다운 집, 세상을 다스릴 권세 등이었습니다. 그들은 금지된 선악과나무에 대한 하나님의 말씀에 단순히 순종하기로 선택함으로써 그 선물들을 영원히 소유할 수 있었습니다. 창조주 하나님의 사랑의 법과 그분의 세계의 법칙들을 따르는 것은 자연의 법칙처럼 아주 당연하고 자연스러운 것이었으며, 그 법칙은 인간의 영원한 행복을 보장하는 법이었습니다.

하나님께서는 인간 가족이 당신의 뜻을 순종하는 순종을 통하여, 인간 가족을 이상적이고 영원한 행복으로 인도하고자 하셨습니다.

천사들이 죄가 처음으로 인간 가족 안으로 들어온 것을 보았을 때, 그들은 아마 울었을 것입니다. 그리고 즉시로 하나님의 원래의 계획들이 거두어지기 시작했습니다. 아담과 하와는 죄의 결과에 의해 죽어가기 시작했고, 이 세상에 대한 그들의 통치권은 사탄의 손에 넘어갔으며, 하나님의 의로운 형상은 그들 속에서 손상을 입었고, 에덴동산의 집으로부터 쫓겨났습니다.

죄는 이 세상에 불행과 부조화와 슬픔과 비극을 가져왔고, 죄의 영향으로 인해 하나님을 닮은 인간의 속성은 죄 되게 되었고, 영원히 살 수 있는 영생의 권세를 빼앗긴 채, 이 지구는 영원한 파멸을 향해 그저 달려갈 뿐이었습니다. 그러나 하나님의 사랑은 이를 방관하지 않으셨습니다. 그분께서는 예수 그리스도를 이 땅에 보내셔서 인류의 죄 값을 대신 치르게 하셨고, 그분을 믿는 모든 사람을 구원하시는 구속의 경륜을 세워 놓으셨습니다. 그리하여 그 구원의 역사를 받아들이고 믿은 사람들을 데리고 가 영원히 함께 살 "처소"- 하늘을 마련해 놓고 계십니다.

지금 예수님께서 우리를 위하여 준비 중에 있는 하늘 집은, 인간의 완전한 행복을 위하여 하나님께서 오래 전에 계획하셨던 실제적인 거주 장소입니다. 그것은 하나님께서 과거 에덴동산에 꾸며 놓으셨던 그 정교한 아름다움을 재현하게 될 것입니다. 이사야는 그 아름다움을 다음과 같이 묘사하였습니다. “주 외에는 자기를 앙망하는 자를 위하여 이런 일을 행한 신을 예로부터 들은 자도 없고 귀로 깨달은 자도 없고 눈으로 본 자도 없었나이다”(사 64:4). 또한 사도 바울도 “기록된바 하나님이 자기를 사랑하는 자들을 위하여 예비하신 모든 것은 눈으로 보지 못하고 귀로도 듣지 못하고 사람의 마음으로도 생각지 못하였다 함과 같으니라.”(고전 2:9)라고 묘사하고 있습니다. 하늘은 얼마나 좋은 곳일까요!

Q 하늘은 정말 존재하는 것입니까?

A “너희는 마음에 근심하지 말라 하나님을 믿으니 또 나를 믿으라. 내 아버지 집에 거할 곳이 많도다. 그렇지 않으면 너희에게 일렀으리라. 내가 너희를 위하여 처소를 예비하러 가노니, 가서 너희를 위하여 처소를 예비하면 내가 다시 와서 너희를 내게로 영접하여 나 있는 곳에 너희도 있게 하리라”(요 14:1-3).

“주께서 호령과 천사장의 소리와 하나님의 나팔로 친히 하늘로 좇아 강림하시리니 그리스도 안에서 죽은 자들이 먼저 일어나고 그 후에 우리 살아남은 자도 저희와 함께 구름 속으로 끌어 올려 공중에서 주를 영접하게 하시리니 그리하여 우리가 항상 주와 함께 있으리라”(살전 4:16,17).

예수님께서는 구원받은 사람들이 살 곳, 즉 “처소”를 마련하러 하늘로 가신다고 말씀하셨습니다. 또한 예수님께서 당신의 제자 500여명이 지켜보는 가운데 하늘로 승천하실 때, 이 광경을 지켜보는 무리들에게 천사가 나타나 말하기를, “갈릴리 사람들아 어찌하여 서서 하늘을 쳐다보느냐? 너희 가운데서 하늘로 올리우신 이 예수는 하늘로 가심을 본 그대로 오시리라”(행 1:11)고 하였습니다.

예수님께서 하늘로 가시면서 우리를 위하여 있을 곳인 “처소”를 마련한 후, 다시 와서 우리를 영접하여 영원히 함께 살리라고 약속하신 것을 보아 하늘, 우리의 거할 처소인 하늘은 존재한다고 보아 마땅합니다. 또한 사도 바울은 예수님께서 하늘로부터 강림하셔서 우리를 공중으로 끌어올려 주를 영접하게 하시고, 하늘에 영원히 함께 살게 하실 것에 대하여 신약성서 가운데 여러 번 말하고 있습니다.

Q 신약과 구약성경 어디에 하늘에 대한 말이 언급되어 있나요?

A 신약과 구약성경에는 여러 곳에 하나님의 위대한 구속 사역을 통해 타락했던 지구가 회복되고, 하나님의 성도들이 살게 될 새 하늘과 새 땅에 대해서 언급되어 있습니다.

"그 때에 이리가 어린 양과 함께 거하며 표범이 어린 염소와 함께 누우며 송아지와 어린 사자와 살찐 짐승이 함께 있어 어린 아이에게 끌리며 암소와 곰이 함께 먹으며 그것들의 새끼가 함께 엎드리며 사자가 소처럼 풀을 먹을 것이며 젖 먹는 아이가 독사의 구멍에서 장난하며 젖 뗀 어린 아이가 독사의 굴에 손을 넣을 것이라 나의 거룩한 산 모든 곳에서 해 됨도 없고 상함도 없을 것이니 이는 물이 바다를 덮음 같이 여호와를 아는 지식이 세상에 충만할 것임이니라"(사 11:6-9).

"광야와 메마른 땅이 기뻐하며 사막이 백합화 같이 피어 즐거워하며... 그 때에 소경의 눈이 밝을 것이며 귀머거리의 귀가 열릴 것이며, 그 때에 저는 자는 사슴 같이 뛸 것이며, 벙어리의 혀는 노래하리니 이는 광야에서 물이 솟겠고 사막에서 시내가 흐를 것임이라. 뜨거운 사막이 변하여 못이 될 것이며 메마른 땅이 변하여 원천이 될 것이며 시랑의 눕던 곳에 풀과 갈대와 부들이 날 것이며, 거기 대로가 있어 그 길을 거룩한 길이라 일컫는바 되리니 깨끗지 못한 자는 지나지 못하겠고, 오직 구속함을 입은 자들을 위하여 있게 된 것이라. 우매한 행인은 그 길을 범치 못할 것이며, 거기는 사자가 없고 사나운 짐승이 그리로 올라가지 아니하므로 그것을 만나지 못하겠고 오직 구속함을 얻은 자만 그리로 행할 것이며, 여호와의 속량함을 얻은 자들이 돌아오되 노래하며 시온에 이르러 그 머리 위에 영영한 희락을 띠고 기쁨과 즐거움을 얻으리니 슬픔과 탄식이 달아나리로다"(사 35:1, 5-10).

"보라 내가 새 하늘과 새 땅을 창조하나니 이전 것은 기억되거나 마음에 생각나지 아니할 것이라. 너희는 나의 창조하는 것을 인하여 영원히 기뻐하며 즐거워할지니라 보라 내가 예루살렘으로 즐거움을 창조하며 그 백성으로 기쁨을 삼고 내가 예루살렘을 즐거워하며 나의 백성을 기뻐하리니 우는 소리와 부르짖는 소리가 그 가운데서 다시는 들리지 아니할 것이며, 거기는 날 수가 많지 못하여 죽는 유아와 수한이 차지 못한 노인이 다시는 없을 것이라. 곧 백세에 죽는 자가 아이겠고 백세 못되어 죽는 자는 저주 받은 것이리라. 그들이 가옥을 건축하고 그것에 거하겠고 포도원을 재배하고 열매를 먹을 것이며, 그들의 건축한 데 타인이 거하지 아니할 것이며 그들의 재배한 것을 타인이 먹지 아니하리니 이는 내 백성의 수한이 나무의 수한과 같겠고 나의 택한 자가 그 손으로 일한 것을 길이 누릴 것임이며, 그들의 수고가 헛되지 않겠고 그들의 생산한 것이 재난에 걸리지 아니하리니 그들은 여호와의 복된 자의 자손이요 그 소생도 그들과 함께 될 것임이라. 그들이 부르기 전에 내가 응답하겠고 그들이 말을 마치기 전에 내가 들을 것이며, 이리와 어린 양이 함께 먹을 것이며 사자가 소처럼 짚을 먹을 것이며 뱀은 흙으로 식물을 삼을 것이니 나의 성산에서는 해함도 없겠고 상함도 없으리라 여호와의 말이니라"(사 65:17-25).

"나 여호와가 말하노라 나의 지을 새 하늘과 새 땅이 내 앞에 항상 있을 것 같이 너희 자손과 너희 이름이 항상 있으리라. 여호와가 말하노라. 매 월삭과 매 안식일에 모든 혈육이 이르러 내 앞에 경배하리라"(사 66:22,23).

"또 내가 새 하늘과 새 땅을 보니 처음 하늘과 처음 땅이 없어졌고 바다도 다시 있지 않더라. 또 내가 보매 거룩한 성 새 예루살렘이 하나님께로부터 하늘에서 내려오니 그 예비한 것이 신부가 남편을 위하여 단장한 것 같더라. 내가 들으니 보좌에서 큰 음성이 나서 가로되, 보라 하나님의 장막이 사람들과 함께 있으매 하나님이 저희와 함께 거하시리니 저희는 하나님의 백성이 되고 하나님은 친히 저희와 함께 계셔서 모든 눈물을 그 눈에서 씻기시매 다시 사망이 없고 애통하는 것이나 곡하는 것이나 아픈 것이 다시 있지 아니하리니 처음 것들이 다 지나갔음이러라"(계 21:1-4).

"또 저가 수정같이 맑은 생명수의 강을 내게 보이니 하나님과 및 어린 양의 보좌로부터 나서 길 가운데로 흐르더라. 강 좌우에 생명나무가 있어 열두 가지 실과를 맺히되 달마다 그 실과를 맺히고 그 나무 잎사귀들은 만국을 소성하기 위하여 있더라. 다시 저주가 없으며 하나님과 그 어린 양의 보좌가 그 가운데 있으리니 그의 종들이 그를 섬기며 그의 얼굴을 볼 터이요 그의 이름도 저희 이마에 있으리라. 다시 밤이 없겠고 등불과 햇빛이 쓸데없으니 이는 주 하나님이 저희에게 비취심이라 저희가 세세토록 왕 노릇 하리로다"(계 22:1-5).

Q 하늘나라(천국)와 새 하늘과 새 땅의 성서적인 개념은 어떤 것인가요?

A 요한계시록에 쓰여 있는 예언들을 자세히 연구해 보면, 이 세상의 환란과 시험(짐승의 표의 환란)에서 승리한 성도들이 예수님께서 재림하실 때 구원을 받아 하늘(천국)에 올라가 하나님과 함께 살며 천년 동안 왕 노릇 하는 것을 알 수 있습니다. 그리고 천 년이 지난 후, 이 땅 지구에 예수님과, 성도들과, 그들이 거할 집인 새 예루살렘이 내려올 때, 이 땅과 부활한 악인들이 유황불로 멸망을 받아 깨끗하게 되고, 그 때 이 지구가 새 하늘과 새 땅으로 새롭게 창조 될 것을 알 수 있습니다.

그때, 하나님의 장막이 우리와 함께 계시게 되므로 이 땅은 새 하늘과 새 땅, 곧 하늘나라처럼 회복되는 것입니다. 천년기와 악인의 부활에 대해서는 제4부를 자세히 읽어보시기를 바랍니다.

제3부
하늘에서의 생활

Q 하늘은 어떤 곳입니까? 하늘에 대하여 설명해 주십시오.

A 우리 그리스도인들은 하나님의 말씀인 성경을 믿기 때문에, 성경에 나타나 있는 구절들을 토대로 추이해내야만이 하늘이 어떻다는 것을 알 수 있습니다. 성경에 나타난 구절들을 기본으로 하늘의 생활들을 구성할 요소들을 함께 살펴봅시다.

1 실제적인 장소: 하늘과 새 예루살렘

성경을 보면, 예수님께서 우리가 거할 곳인 하늘을 "처소(Place:장소)"라고 부르신 것을 알 수 있습니다. 뉴욕은 한 장소 입니다. 하늘도 뉴욕처럼 실제적인 장소가 될 것입니다. 예수님께서는 당신께서 한 장소를 준비하러 가신다고 말씀하셨고, 다시 오셔서 우리를 그 장소로 데려가시겠다고 하셨습니다.

이것은 어떤 추상적이고, 비현실적인 이야기가 아닙니다. 하늘에 대한 성경의 말씀을 살펴보면, 그곳은 실제적이며 가장 흥미로운 곳입니다. 앞으로 있을 영광스러운 신세계의 수도를 새 예루살렘이라고 부르는데, 예수님과 바울의 증언에 따르면, 그것은 지금 건설 중에 있습니다.

성경은 다음과 같이 말하고 있습니다. "저희가 이제는 더 나은 본향을 사모하니 곧 하늘에 있는 것이라 그러므로 하나님이 저희 하나님이라 일컬음 받으심을 부끄러워 아니하시고 저희를 위하여 한 성을 예비하셨느니라"(히 11:16). 하나님께서 당신의 백성을 위하여 한 성을 예비하고 계시다고 기록되어 있습니다.

그렇다면 하나님께서 당신의 충성스러운 종을 위하여 마련하고 계신 성은 어떻게 생긴 성이며, 언제 그 준비가 끝날 것인가라는 의문이 생기지요? 요한계시록 21장 2절을 보십시오. "또 내가 보매 거룩한 성 새 예루살렘이 하나님께로부터 하늘에서 내려오니"라고 요한은 말했습니다. 하나님께서는 지금 이 순간에도 별들의 세계 저 건너편에 있는 낙원에서 여러분과 저를 위하여 저택을 준비하고 계십니다. 언젠가 그 눈부시게 빛나는 성이 바로 이 지구 위에 내려와 의인들의 영원한 거처로 사용될 것입니다.

ⓐ 새 예루살렘 성의 크기

그러면 그 성의 크기가 어느 정도 일까요? 요한계시록 21장 16절을 보면, "그 성은 네모가 반듯하여 장광이 같은지라 그 둘레로 그 성을 척량하니 일만 이천 스타디온이요."라고 되어 있습니다.

그러므로 성경에 나오는 새 예루살렘 성의 크기를 환산해보면, 그 크기는 미국의 5개주 즉, 버지니아, 콜롬비아, 펜실베니아, 뉴저지, 로드아일랜드를 합친 정도의 크기가 될 것입니다. 그 성은 완전히 정육면체인데, 둘레가 12,000 스타디온(1500마일 혹은 약 3000Km)이라고 합니다. 그러니까 그 성의 한 면이 375마일(약 750Km) 정도 되는 것이지요. 좀 더 구체적으로 말하자면, 그 거대한 성벽 안에 뉴욕만한 도시가 450개 정도 들어갈 수 있습니다.

ⓑ 새 예루살렘 성의 모습

요한계시록 21장을 읽어보면, 예루살렘 성의 모습이 묘사되어 있는데, 그 광경은 사람의 상상으로도 그려보기가 불가능할 정도로 아름답고 휘황찬란한 것을 알 수 있습니다. 성경의 표현을 빌리면, 그 성은 지극히 귀한 보석 같고 벽옥과 수정같이 맑다고 되어 있으며, 또한 그 성의 열 두 개의 기초석들은 각각 다른 보석들로 되어 있는 것을 알 수 있습니다.

사도 요한은 그의 이상 가운데에서 그 새 예루살렘의 영광스러운 모습을 보고, 그 모습이 너무 휘황찬란하여 그 영광에 그만 정신을 잃을 뻔 하였습니다. 그가 이상 중에 빛나는 성벽에 가까이 다가가서 열 두 개의 각기 다른 색깔의 보석으로 된 기초 석들을 보았는데, 그 빛나는 보석들마다 이름이 하나씩 새겨져 있는 것을 보았습니다. 그가 자신의 이름이 그 기초 석 중의 하나에 기록된 것을 보는 순간 어떤 감격을 맛 보았었을까를 상상해 보십시오!

그 성의 거리는 유리처럼 맑게 빛나는 순금으로 되어 있으며, 그 큰 문들은 하나의 커다란 진주로 되어 있습니다. 그 성은 해나 달의 비췸이 쓸데없을 것인데, 그 이유는 하나님과 어린 양의 영광의 빛이 비추고 있기 때문입니다. 얼마나 아름다운 모습입니까? 하나님이 우리를 위하여 마련하신 처소는... 하늘의 아름다움과 영광은 감히 사람의 눈으로 상상하기가 어려운 것입니다.

2 하늘에서의 성도들의 생활

ⓐ 살과 뼈가 있는 몸을 가짐

하늘의 아름다움과 영광은 인간의 언어로 불가능하지만, 하늘은 매우 실제적인 곳이라는 것을 잊지 마십시오. 우리는 환상적이 아닌 실제적인 몸을 가지게 될 것이며, 실제로 여러 가지 활동들을 하게 될 것입니다. 놀라운 일이겠지만, 우리는 살과 뼈가 있는 실제의 몸으로 하늘에 살게 될 것입니다. 이것이 바로 성경이 가르치는 바입니다. 성경 절을 2개만 찾아보아도 그 문제는 분명히 이해가 갈 것입니다.

빌립보서 3장 21절에는, "그가... 우리의 낮은 몸을 자기 영광의 몸의 형체와 같이 변케 하시리라."라는 말씀이 있습니다. 우리의 육체가 변화될 것을 아는 것은 얼마나 즐거운 일입니까? 우리는 부활하신 후의 예수님의 몸과 같은 몸을 가질 것입니다. 예수님께서 이미 당신의 제자들에게 그 몸의 어떠함을 모두 설명하셨기 때문에 의문의 여지가 없습니다. 부활하신 후, 그분께서는 말씀하시기를, "내 손과 발을 보고 나인줄 알라, 또 나를 만져보라, 영은 살과 뼈가 없으되 너희 보는 바와 같이 나는 있느니라."(눅 24:39)고 하셨습니다.

부활 후에 그분께서는 제자들에게 나타나셔서, 당신께서 살과 뼈가 있음을 말씀하셨습니다. 그러고 나서, 그들과 함께 잡수시고 그들 가운데 거하셨던 그 몸으로 승천하셨습니다. 우리 주님의 이러한 일련의 사건은 내세에서의 우리 본성에 관한 많은 의문을 풀어줍니다. 우리는 하늘에서 예수님께서 부활하신 후에 가지셨던 몸과 똑같은 상태의 몸을 갖게 될 것입니다.

ⓑ 우리는 서로 알게 될 것임

우리는 가끔씩 하늘에서의 생활을 상상해 보며 이런 의문을 갖습니다. "우리는 거기서 서로 알게 될까?" 많은 사람은, 하늘은 매우 비인격적인 곳이라는 그릇된 개념을 가지고 있습니다. 그러나 성경은 오히려 반대로 말합니다. 비록 예전의 고통들과 슬픔들이 생각으로부터 지워지긴 하지만, 우리는 친구들과 가족들을 몰라보지는 않을 것입니다. 어떤 숫자나 기호를 통하여 서로를 알아보게 되지는 않을 것입니다. 분명한 사실은 우리가 여기서 지금 서로를 인식하는 것보다도 하늘에서는 더 잘 서로를 알아보게 된다는 것입니다.

바울은 "우리가 이제는 거울로 보는 것 같이 희미하나 그때에는 얼굴과 얼굴을 대하여 볼 것이요, 이제는 내가 부분적으로 아나 그때에는 주께서 나를 아신 것과 같이 내가 온전히 알리라."(고전 13:12)라고 말했습니다. 이것은 우리가 여기서 서로 아는 것보다 그곳에 갔을 때에 서로를 더 잘 알게 될 것이라는 뜻입니다. 여기서는 우리가 사물들을 매우 희미하게 밖에 볼 수 없기 때문에 우리는 서로를 자주 오해합니다. 새로운 세계에서는 이런 일이 결코 일어나지 않을 것입니다. 우리는 서로를 분명하고도 명백하게 알 것입니다.

예수님께서는 "동서로부터 많은 사람이 이르러 아브라함과 이삭과 야곱과 함께 천국에 앉으리"(마 8:11)라고 말씀하셨습니다. 분명히 이것은 우리가 구약의 그 영웅들을 알아보게 될 것이라는 말씀입니다. 이것은 이 세상에서 우리가 사랑하던 사람들과의 영원한 연합뿐만 아니라, 성경 속에서 우리에게 영감의 말씀을 들려주었던 영적인 거성들과도 친해질 수 있다는 뜻입니다.

대부분의 사람들은 재회, 귀향 등을 좋아합니다. 수 십 년 후에 옛 친구를 만나서 옛 정을 새롭게 하는 것은 얼마나 기쁘고 즐거운 일입니까? 만약 다른 사람들을 알아볼 수 없다면 하늘은 그렇게 즐거운 곳이 되지 못할 것입니다. 우리가 만나고 그리워하던 사람들을, 또 영적으로 함께 통하는 늘 함께 살고 싶어 하던 사람들과, 우리가 주님께로 인도한 사람들을 하늘나라의 하나님의 보좌 주변에서 만나게 될 것을 상상해 보십시오! 얼마나 감격스럽고 기쁜 일이겠습니까? 생활에서 생활로, 마음에서 마음으로, 신앙의 감동을 전달한 끝없는 영향력의 순환을 보게 될 것입니다.

ⓒ 성안의 저택과 시골 전원의 땅

"내게 줄로 재어 준 구역은 아름다운 곳에 있음이여 나의 기업이 실로 아름답도다"(시 16:6). 예수님께서 우리를 위해 마련하고 계신 집에 대해서 우리는 만족하게 될까요? 그분께서는 "내가 너희를 위하여 처소를 예비하러 가노니"라고 말씀하셨습니다. "너희를 위하여! 여러분을 위하여!"... 지금이라도 원하시기만 한다면 그 집의 문패에 여러분의 이름을 붙이실 수 있습니다. 예수님께서는 여러분을 위하여 한 집을 마련하러 가셨습니다. 우리는 예수님께서 예비하신 집을 매우 좋아할 것입니다. 왜냐하면 주님께서는 우리가 가장 원하는 것이 무엇인지를 잘 아시는 건축가이시니까요.

우리가 하늘에 가면, 주님께서는 거룩한 성을 우리 모두에게 보여주실 것입니다. 그분께서는 우리를 황금거리로 안내하셔서, 예루살렘 성의 흥미 있는 여러 곳들을 보여주실 것입니다. 그 곳에 오랫동안 죄의 세상에서 방황하던 하나님의 자녀들이 비로소 안식을 얻을 것입니다. 우리가 예수님과 함께 생명 강가를 걸을 때, 우리의 인생에 역사하신, 그렇게도 이해할 수 없었던 삶의 신비들과 하나님의 섭리에 대하여 예수님께서 친히 우리에게 설명해 주실 것입니다. 그분께서는 생명나무 강 위로 뻗어져 있어서 달마다 다른 과실을 맺는 생명나무들을 하나하나씩 우리에게 구경시켜 주실 것이며, 그러는 중에 우리는 한 맨션을 보게 될 것입니다.

우리는 그것을 보자마자 마음에 쏙 드는 것을 느낄 것이며, 생각하기를, "어쩌면! 이것은 내가 항상 원하던 바로 그런 집이구나! 저런 저택을 하나 가졌으면!"이라는 생각을 하게 될 것입니다. 그 때 예수님께서 "이 저택은 바로 너의 집이다. 이 집은 너를 위해서 특별히 지은 것이란다!"라고 말씀하실 것입니다. 그 집들은 아주 훌륭한 집들로서, 은빛으로 빛이 나며 매우 찬란하게 보이는 진주로 아로새긴 기둥들로 되어 있을 것입니다. 그리고 아마 성도들이 자기의 찬란한 면류관을 벗어서 둘 수 있는 금으로 된 진열장들도 있겠지요. 그런 빛나고 아름다운 집에서 성도들이 살게 될 것입니다.

죄와 저주의 흔적이 없는 하늘나라는 하나님께서 창조하신 원래의 모습이 그대로 반영된 아름다움의 극치를 이룬 풍경으로 우리 눈앞에 펼쳐질 것입니다. 햇빛이 쓸데없을 정도의 영광스러운 빛이 우리들의 머리 주위에 늘 비칠 것이며, 성도들은 끊임없이 큰소리로 하나님을 찬양할 것입니다. 그곳에는 온갖 꽃으로 가득 차 있는 끝없는 들판이 있을 것입니다. 그리고 우리는 그 들꽃들을 꺾으면서 "이 꽃들은 영원히 시들지 않으리라!"라고 외칠 것입니다. 또한 키가 큰 풀로 덮인 들판도 있을 것입니다. 그 풀의 빛깔은 생동감 넘치는 녹색으로 왕이신 예수님의 영광을 자랑이라도 하는 듯이 흔들릴 때마다 은빛과 금빛을 반사하여 우리의 탄성을 자아낼 것입니다.

또 우리는 온갖 짐승들로 가득 찬 들판도 볼 것입니다. 거기서는 사자와 어린양과 표범과 이리가 모두 다 완전한 화합을 이루어 평화로이 우리의 뒤를 따를 것입니다. 숲 속은 이 세상에 있는 침침한 숲과는 전혀 다를 것인데, 그 숲 속에는 온통 영광의 빛으로 환하게 빛날 것입니다. 찬란한 빛을 반사하며 이리 저리 흔들리는 나뭇가지들을 보며, 우리는 "광야에서도 안전하게 살 수 있고 숲 속에서도 편히 잠잘 수 있으리!"라고 외칠 것입니다.

ⓓ 질병도 죽음도 없음

"모든 눈물을 그 눈에서 씻기시매 다시 사망이 없고 애통하는 것이나 곡하는 것이나 아픈 것이 다시 있지 아니하리니 처음 것들이 다 지나갔음이러라"(계 21:4). 하늘에는 질병이나 고통, 죽음 등이 없습니다. 그 곳에는 실망도 없고, 슬픔도 없고, 죄도 없고, 병들었다고 말할 사람도 없습니다. 그 곳에는 장례 행렬도 없고, 탄식도 없고, 이별도 없고, 마음 상하는 일도 없습니다. 단지 예수님께서 거기 계시며, 평화가 거기 있습니다. 그 곳에서는 "주리거나 목마르지 아니할 것이며 더위와 볕이 그들을 상하지 아니하리니 이는 그들을 긍휼히 여기는 자가 그들을 이끌되 샘물 근원으로 인도할 것임이니라"(사 49:10).

ⓔ 성도들의 할 일

① 노동, 성장, 연구

"그들이 가옥을 건축하고 그것에 거하겠고 포도원을 재배하고 열매를 먹을 것이며, 그들의 건축한 데 타인이 거하지 아니할 것이며 그들의 재배한 것을 타인이 먹지 아니하리니 이는 내 백성의 수한이 나무의 수한과 같겠고 나의 택한 자가 그 손으로 일한 것을 길이 누릴 것임이며"(사 65:21,22).

어떤 사람들은 말하기를, 하늘은 영원토록 아무 일도 하지 않고 팔짱만 끼고 편히 살기 때문에 지루한 곳일 것이라고 합니다. 그러나 성경은 말하기를, 우리가 그곳에서 농사도 짓고 포도원을 재배하고 아름다운 정원을 가꾸고 집도 지으면서 산다고 말하고 있습니다. 그렇지만 하늘에서 하는 일은 지상에서 하는 일처럼 고되거나 힘들지 않을 것입니다. 구속함을 입은 사람들은 새로 지은 땅에서 태초에 아담과 하와에게 행복을 주었던 그런 유쾌한 일에 종사할 것입니다. 우리는 에덴동산에서의 생활과 같은 생애를 살 것입니다.

우리의 체력과 지능이 계발될 것이며, 모든 재능이 증진될 것입니다. 가장 고상한 희망과 가장 높은 포부도 실현될 것이지만, 거기에는 아직 올라가야 할 새로운 고지, 감복할만한 새로운 기적, 이해하여야 할 새로운 진리, 몸과 마음과 정신의 모든 힘이 요구되는 새로운 연구 재료들이 있을 것입니다. 그리고 아무리 우리의 성품이 회개와 거듭남을 통해 변화되었다 하더라도 아직도 더 장성한 분량의 성품, 하나님의 완전한 성품에 이르지 못했으므로 성도들은 더 무한한 하나님의 성품으로 자라나고 성장을 거듭할 것입니다. 그런데, 그런 성장은 영적인 일뿐만 아니라, 육체적으로도 계속될 것인데, 왜냐하면 처음 아담과 하와가 창조 받았을 때보다 죄의 결과로 인해 사람들이 퇴보되었기 때문에 그러할 것입니다. 아마 만국을 소생시키기 위해 있는 생명과는 성도들을 소생시키고 더 성장하도록 할 것입니다.

또한 우리는 하나님께서 우리를 구원하신 구속의 과학을 연구하게 될 것입니다. 구속의 과학은 모든 과학 중의 과학이며, 천사들과 타락하지 않은 세상의 모든 사람이 연구하기를 원하는 과학입니다. 이 천사들도 살펴보기를 원하는 과학은 영원한 세월을 통하여 구속 받은 자들의 노래가 될 것이며, 우리를 사랑하사 자기를 비우신 하나님의 아들, 예수 그리스도의 성육신의 비밀은 우리가 두고두고 연구해야 할 주제가 될 것입니다. 그 외에 또 우리는 창조의 신비와 과학도 배울 것입니다.

② 천년 동안의 심판과 왕 노릇

"또 내가 보좌들을 보니 거기 앉은 자들이 있어 심판하는 권세를 받았더라 또 내가 보니 예수의 증거와 하나님의 말씀을 인하여 목 베임을 받은 자의 영혼들과 또 짐승과 그의 우상에게 경배하지도 아니하고 이마와 손에 그의 표를 받지도 아니한 자들이 살아서 그리스도로 더불어 천년 동안 왕 노릇 하니... 이 첫째 부활에 참예하는 자들은 복이 있고 거룩하도다 둘째 사망이 그들을 다스리는 권세가 없고 도리어 그들이 하나님과 그리스도의 제사장이 되어 천년 동안 그리스도로 더불어 왕 노릇 하리라"(계 20:4,6).

특별히 언급하고 넘어가야 할 것은, 천 년 동안 구원 받은 성도들이 할 중요한 과제에 대한 것입니다. 그것은 성도들이 악인들을 심판하는 것입니다. 그들은 예수님과 함께 심판석에 앉아 기록 책에 기록된 대로 심판할 것입니다. 그들 앞에는 생명책과 사망의 책이 펴 놓입니다. 생명책에는 성도들의 선한 행실들이 기록되어 있고 사망의 책에는 악한 자들의 나쁜 행실들이 적혀 있습니다(단 7:10 참조). 성도들이 예수님과 함께 심판의 자리에 앉아서 악인들에게 심판을 집행하게 될 때 마땅히 받아야 할 형벌을 그들의 행위에 따라 결정하고 그것들을 그들의 이름 곁에 나란히 써 놓을 것입니다. 그 일은 성도들이 그 도성에서 천년 동안 예수님과 함께 살면서 할 일입니다. 그 때에 성도들은 왜 그 사람이 하늘에 올 수 없었는지에 대한 이유들을 알게 될 것입니다.

3 하늘을 그리며

천년이란 세월은 영원하게 느껴질 것입니다. 영원한 행복과 기쁨 속에서 성도들은 천년을 그렇게 지낼 것입니다. 타락하지 않은 세계의 거민들을 만나기 위해 무한히 크고 넓은 우주와 다른 별 세계들을 여행하는 것을 상상해 보십시오! 상상만으로도 우리는 용기와 희망을 얻을 수 있을 것입니다.

때때로 당신이 이 세상에서 시련을 당하거나 쓸쓸함을 느끼거든 이 암담한 세상으로부터 눈을 돌려 하늘의 찬란한 영광을 바라보십시오! 그리고 당신의 애정을 하늘의 즐거움에 두십시오. 그러면 그대는 이 세상에 있는 시련과 실망을 그렇게 심하게 느끼지는 않을 것입니다. 왜냐하면 당신이 영광스러운 본향과 면류관과 거문고와 사랑스러운 구주께서 거기에 계심을 생각하게 되는 까닭입니다. 예수 그리스도의 은혜로 우리는 그곳에 넉넉히 갈 수 있을 것입니다. 예수님을 너무 사랑하므로 모든 것을 희생하기를 마다하지 않는 사람이라면 말입니다.

제4부 천년기 이후

Q 의인들이 하늘로 승천하여 올라간 후 악인들은 어떻게 됩니까?

A 구원받지 못한 악인들은 예수님께서 재림하실 때 주님의 영광의 빛으로 멸망을 당할 것입니다.

"환난 받는 너희에게는 우리와 함께 안식으로 갚으시는 것이 하나님의 공의시니 주 예수께서 저의 능력의 천사들과 함께 하늘로부터 불꽃 중에 나타나실 때에 하나님을 모르는 자들과 우리 주 예수의 복음을 복종치 않는 자들에게 형벌을 주시리니"(살후 1:7,8).

"그 때에 불법한 자가 나타나리니 주 예수님께서 그 입의 기운으로 저를 죽이시고 강림하여 나타나심으로 폐하시리라"(살후 2:8).

Q 의인들이 승천한 후 사탄은 어떻게 됩니까?

A 예수님께서 재림하여 의인을 데려가신 후, 사탄은 결박되어 황폐된 지구에 갇혀있을 것입니다.

"또 내가 보매 천사가 무저갱 열쇠와 큰 쇠사슬을 그 손에 가지고 하늘로서 내려와서 용을 잡으니 곧 옛 뱀이요 마귀요 사탄이라 잡아 일천 년 동안 결박하여 무저갱에 던져 잠그고 그 위에 인봉하여 천 년이 차도록 다시는 만국을 미혹하지 못하게 하였다가 그 후에는 반드시 잠간 놓이리라"(계 20:1-3).

의인들은 그리스도와 함께 하기 위하여 승천하였으며 악인들은 진멸되었습니다. 땅은 그 주민을 모두 잃어버린 채 아무도 살지 않는 곳이 될 것입니다. 사탄은 이제 자기가 유혹할 수 있는 상대가 아무도 없는 폐허로 변해버린 이 지구에 갇힌 채, 자신이 거둔 결과를 적나라하게 목격할 것입니다. 그리고 이 우주는, 사탄이 이 지구를 통치한 결과, 곧 하나님의 법이 틀렸고 하나님의 법은 공평하지 못하므로 자기가 자유를 주어 하나님보다 이 세계를 더 공평하게 다스릴 수 있다고 장담하여 지구를 다스린 결과를 목격하게 될 것입니다. 저주와 혼란과 황폐만 남은 그 결과를... "무저갱"이란 말은 헬라어 아뷔소스에서 온 것으로 모든 것이 혼돈되어 있는 상태를 말합니다.

Q 천년기 끝에는 어떤 사건이 일어납니까?

A 의인들은 하늘로 승천하여 천 년 동안 왕 노릇하며 악인들을 심판하는 동안, 사탄은 천 년 동안 폐허가 된 세상에 갇혀 있지요. 그러나 그 모든 결과를 보면서도 사탄은 회개하지 않습니다. 이제 천년기가 끝날 때 일어날 사건들의 순서를 함께 연구해 봅시다.

❶ 악인들은 부활된다. "(그 나머지 죽은 자들은 그 천년이 차기까지 살지 못하더라) 이는 첫째 부활이라"(계 20:5). 이보다 1.000년 전에 의인들이 부활되었으므로 이들은 악인들입니다.

❷ 사탄이 풀려난다. " 천년이 차매 사탄이 그 옥에서 놓여"(계 20:7). 마귀는 자유롭게 되어 살아난 악인들 사이에서 극악무도한 기만적인 사업을 계속할 것입니다.

❸ 하늘로부터 새 예루살렘이 내려온다. "또 내가 보매 거룩한 성 새 예루살렘이 하나님께로부터 하늘에서 내려오니 그 예비한 것이 신부가 남편을 위하여 단장한 것 같더라"(계 21:2).

❹ 사탄은 그 성을 빼앗으려는 전쟁을 하기 위하여 악인들을 성 주위로 모은다. "천년이 차매 사탄이 그 옥에서 놓여나와서 땅의 사방 백성 곧 곡과 마곡을 미혹하고 모아 싸움을 붙이리니 그 수가 바다 모래 같으리라 저희가 지면에 널리 퍼져 성도들의 진과 사랑하시는 성을 두르매..."(계 20:7-9).

❺ 악인들은 멸망당한다. "하늘에서 불이 내려와 저희를 소멸하고 또 저희를 미혹하는 마귀가 불과 유황 못에 던지우니 거기는 그 짐승과 거짓 선지자도 있어 세세토록 밤낮 괴로움을 받으리라"(계 20:9,10).

◈ "소멸"이라는 히브리 어원의 뜻은 전적인 멸망, 즉 다 타서 없어지는 것을 말한다. 또한 성경에 "세세토록", "영원토록"이라고 쓰인 단어의 뜻을 연구해 보면, 그것이 다 소멸되어 없어질 때까지의 의미로 되어 있는 것을 알 수 있습니다.

제5부 새 하늘과 새 땅

1 새 하늘과 새 땅은 언제 생기는가?

하늘에서 불이 내려와 사탄과 악인들을 다 태운 후, 하나님께서 이 땅을 새롭게 재창조하실 것입니다. 그 때, 새로 창조함을 받은 이 땅이 새 하늘과 새 땅이 되는 것입니다.

"또 내가 새 하늘과 새 땅을 보니 처음 하늘과 처음 땅이 없어졌고 바다도 다시 있지 않더라. 또 내가 보매 거룩한 성 새 예루살렘이 하나님께로부터 하늘에서 내려오니 그 예비한 것이 신부가 남편을 위하여 단장한 것 같더라"(계 21:1,2). "보라 내가 새 하늘과 새 땅을 창조하나니 이전 것은 기억되거나 마음에 생각나지 아니할 것이라"(사 65:17).

회복된 지구는 성경에 예언된 대로, 하나님의 보좌와 장막이 거하시는 곳이 되므로 온 우주의 중심이 될 것입니다. 또한 죄와 자신과 세상을 이기고 승리한 성도들은, 온 우주에 하나님께서 그들을 구속하신 것을 증거하고 기념하는 특별한 증인들이 되어 하나님 보좌 주위에서 특별한 찬양, 모세와 어린 양의 노래, 경험의 노래를 부르는 찬양대가 될 것입니다. "그러므로 그들이 하나님의 보좌 앞에 있고 또 그의 성전에서 밤낮 하나님을 섬기매 보좌에 앉으신 이가 그들 위에 장막을 치시리니"(계 7:15).

사탄의 파괴 행위는 영원히 끝납니다. 육천년 동안 그는 제 마음대로 불행으로 땅을 충만케 하고 온 우주를 슬프게 하였습니다. 모든 피조물은 함께 탄식하며 함께 고통당해 왔습니다. 그러나 이제 하나님의 피조물들은 사탄의 존재와 유혹에서 영원히 벗어납니다. "온 땅이 평안하고 정온하니 무리가 소리질러 노래하는도다"(사 14:7). 찬송과 승리의 함성이 충성된 온 우주에서 터져 나오는데, "허다한 무리의 음성도 같"고 많은 물소리도 같고 큰 뇌성도 같은 소리로 "할렐루야 주 우리 하나님 곧 전능하신 이가 통치하시도다"(계 19:6)고 노래합니다.

땅이 멸망의 불에 싸여 있는 동안 의인들은 거룩한 성 안에서 안전하게 있을 것입니다. 둘째 사망(둘째 사망은 악인들의 영원한 멸망을 가리키고, 둘째 부활은 천년기 후에 형벌을 받기 위하여 살아나는 악인들의 부활을 가리킴)은 첫째 부활에 참여한 자들을 다스릴 권세가 없습니다. 하나님이 악인에게는 태우는 불이 되지만 당신의 백성에게는 해와 방패가 되시기 때문입니다(계 20:6; 시 84:11 참조). 악인을 태우는 불은 땅을 정결케 할 것입니다. 모든 저주의 흔적은 일소될 것입니다. 구원받은 사람들에게 죄의 무서운 결과를 언제나 생각나게 해 줄 영원히 불타는 지옥은 없을 것입니다.

결론

성경은 구원 얻은 자의 유업을 본향이라고 부릅니다(히 11:14-16 참조). 사람의 언어로는 의인들이 받을 상급을 묘사하기에 적합하지 않습니다. 그것은 오직 바라보는 사람들만이 깨닫게 될 것이기 때문입니다. 유한한 사람으로서는 아무도 하나님의 낙원의 영광을 깨달을 수 없습니다. "하나님이 자기를 사랑하는 자들을 위하여 예비하신 모든 것은 눈으로 보지 못하고 귀로도 듣지 못하고 사람의 마음으로도 생각지 못하였"(고전 2:9)던 것들일 것입니다. 장래의 유업을 지나치게 물질적인 것으로만 생각하게 만들 것을 염려하여 하늘 본향을 바라보게 해주는 진리를 영적으로만 해석하는 사람들이 많습니다. 그러나 정확하게 예수님께서는 당신의 제자들에게 그들을 위하여 아버지 집에 처소를 예비하러 가신다고 보증하셨습니다.

예수님께서 마련하신 그곳, 하늘 본향에서 하늘의 목자 되신 그리스도께서는 당신의 양 무리를 생명수 샘으로 인도하실 것입니다. 생명나무는 달마다 그 열매를 맺고, 그 잎사귀는 만국을 소성하기 위하여 있을 것입니다. 흘러 다함이 없는 강은 수정같이 맑고, 그 강가에 있는 나무들은 구속 받은 주님의 백성을 위하여 준비된 정금 길 위에 그림자를 던지며, 넓은 평원이 아름다운 언덕으로 둘러싸여 있고, 하나님의 산들이 아름답게 펼쳐져 있는 그 평화로운 평원에서, 그 생명 강가에서, 오랫동안 순례자요 방랑자로 살아온 하나님의 사랑하는 백성은 그들이 거할 집을 발견할 것입니다.

그 안전한 하늘의 분위기 속에는 고통이 존재하지 않을 것입니다. 그 곳에는 눈물이 없고, 장례 행렬이 없고, 슬픔의 흔적이 없을 것입니다. "다시 사망이 없고 애통하는 것이나 곡하는 것이나 아픈 것이 다시 있지 아니하리니 처음 것들이 다 지나갔음이러라", "그 거민은 내가 병들었노라 하지 아니할 것이라 거기 거하는 백성이 사죄함을 받으리라"(계 21:4; 사 33:24).

하나님의 성에는 "밤이 없"습니다. 아무도 휴식을 필요로 하거나 원하지 않을 것입니다. 거기서는 하나님의 뜻을 행하고 그분의 이름을 찬양하는데 피곤을 느끼지 않을 것이며, 신선하고 유쾌한 아침의 기분을 언제나 느낄 것입니다. "등불과 햇빛이 쓸데없으니 이는 주 하나님이 저희에게 비취심이라"(계 22:5). 고통스러울 정도로 눈이 부시지 않은 찬란한 빛이 태양 광선을 대신할 것이며, 하나님과 어린양의 영광이 거룩한 성을 끊임없이 비추어 줄 것입니다. 그리고 구속 받은 자들은 태양이 없을지라도 언제나 낮의 빛 가운데로 다닐 것입니다.

하나님의 백성은 아버지 하나님과 아들 하나님으로 더불어 자유롭게 교통하는 특권을 얻을 것입니다. "우리가 이제는 거울로 보는 것같이 희미하"(고전 13:12)지만, 그 때에는 하나님과 우리 사이를 가로막아 놓았던 희미한 휘장 없이 하나님을 직접 대면하여 보게 될 것입니다. 우리는 그분 앞에 서서 그분의 얼굴의 영광을 직접 바라볼 것입니다. 구속 받은 사람들은 주님께서 그들을 아심 같이 그들도 알게 될 것입니다.

하나님께서 친히 마음속에 심어 주신 사랑과 동정은 거기서 가장 진실하고 부드럽게 활용될 것입니다. 거룩한 자들과 나누는 순결한 교제, 축복받은 천사들과 그 옷을 어린양의 피로 씻어 희게 한 각 시대의 충성된 자들과의 조화로운 생활, "하늘과 땅에 있는 각 족속"을 함께 결합시키는 거룩한 유대 관계, 이것들은 구속 받은 자들의 행복을 이루는 요소들이 될 것입니다.

구원 받은 사람들은 하늘에서 창조력의 경이, 우리를 구속하신 하나님의 사랑의 오묘를 결코 사라지지 않을 기쁨으로 명상할 것입니다. 하나님을 등한히 하도록 유혹하던 잔인하고 기만적인 원수, 사탄은 이제 더 이상 없을 것입니다. 모든 능력과 재간은 증가되고 발달될 것이며, 지식을 얻는데 두뇌가 피로해지거나 정력이 소모되는 일이 없을 것입니다. 가장 큰 계획도 실행되고, 가장 고상한 포부도 성취되며, 가장 높은 희망도 실현될 것입니다. 그럴지라도 거기에는 여전히 정복해야 할 새로운 높은 봉우리, 경탄할 수밖에 없는 새로운 경이, 이해해야 할 새로운 진리, 마음과 몸과 영의 능력을 다 기울이게 하는 새로운 연구 대상들이 있게 될 것입니다.

그리고 영원한 세월이 흘러감에 따라 하나님과 그리스도에 대한 더욱 풍성하고 더욱 영광스러운 계시가 나타날 것이며, 또한 지식이 발전되어 감에 따라 사랑과 존경과 행복도 증가될 것입니다. 사람들이 하나님에 대하여 배우면 배울수록 그분의 품성에 대한 그들의 감탄은 더욱 커질 것이며, 또한 예수님께서 그들에게 속죄의 풍성한 축복과 사탄과의 대쟁투에 있어서의 놀라운 결과를 제시해 주실 때 구속 받은 자들의 마음은 더욱 열렬한 헌신의 마음으로 감동되어 더욱 충만한 기쁨으로 금 거문고를 타며 천천만만의 음성을 합하여 찬양의 대 합창을 할 것입니다.

"내가 또 들으니 하늘 위에와 땅 위에와 땅 아래와 바다 위에와 또 그 가운데 모든 만물이 가로되 보좌에 앉으신 이와 어린양에게 찬송과 존귀와 영광과 능력을 세세토록 돌릴지어다"(계 5:13).

머지않아 대 쟁투는 끝날 것입니다. 죄와 죄인들은 없어질 것입니다. 온 우주는 다시 깨끗해질 것이며, 오직 조화와 기쁨의 맥박만이 온 우주의 만물을 통하여 고동 할 것입니다. 생명과 빛과 환희가 만물을 창조하신 분에게서 끝없이 넓은 우주로 퍼져나가며, 가장 작은 원자로부터 가장 큰 세계에 이르기까지, 만물은 생물계와 무생물계를 막론하고 조금도 흠이 없는 아름다움과 완전한 기쁨으로 하나님은 사랑이시라고 선포할 것입니다.

하늘이 가까워오고 있습니다. 구원이 가까워오고 있습니다. 하나님을 개인적으로 만난 경험을 한 사람들, 마음에 이미 천국을 이룬 사람들, 마음이 청결한 사람들은 머지않아 예수님께서 재림하실 때, 구원을 받아 주님께서 마련하신 그 아름다운 하늘 본향에서 주님과 함께 영원히 살게 될 것입니다. 독자들이시여! 하늘을 위해 함께 준비하지 않으시렵니까?

05 소셜 네트워크
SNS & Network

네이버 카페 Naver Cafe

그리스도인
www.kingsm.net

진리의 말씀을 사모하고 그 말씀대로 살길
원하는 사람들을 위한 온라인 카페

카카오스토리 Kakao Story

11HN 기독교방송

팟빵 • 팟캐스트

Podbbang • Podcast

11HN 검색하기
컴퓨터와 스마트폰에 MP3를 듣고 다운받을 수 있습니다.

06 11HN 선교센터
11HN Global Ministry

www.11hn.net ✉ 11hnnet@gmail.com

한국 ☎1544-0091/010-9543-0091
미국 ☎1-917-935-9006
캐나다 ☎1-778-385-0691
일본 ☎81-050-1141-2318
인도네시아 ☎(62) 812-1026-3892

보내주시는 후원과 기도에 진심으로 감사드립니다!

후원 계좌 (예금주 : 열한시)

농 협 301-0019-4151-11	국 민 611601-04-222007	신 한 100-025-300569
우 리 1005-601-482208	우체국 700245-01-002423	하 나 630-006815-376

후원 자동이체 서비스

스마트폰에 [네이버 앱]을 설치하신 후, [QR 코드] 검색하시면 아래와 같이 [렌즈] 인식검색이 보입니다.

음성 음악 렌즈 어라운드

[렌즈]를 누르시고, 오른쪽에 있는 QR코드 이미지를 찍으면 [후원 자동이체 서비스]페이지로 이동합니다.

미국 후원 계좌
Pay to order : **11HN SOSTV Inc**
보내실곳: **4640 Glen Level Dr, Sugar Hill, GA 30518**
11HN SOSTV의 Tax ID No는 82-4291717 이며, 세금 공제 혜택을 받으실 수 있습니다.

11HN 선교센터로 연락하세요. 참 신앙과 새로운 영적경험이 열립니다.
TEL. 1544-0091, 010-9543-0091 E-mail: 11hnnet@gmail.com 카톡 ID: 11HN